Politische Vierteljahresschrift Sonderheft 11/1980

Deutsche Vereinigung für Politische Wissenschaft

Folgen reduzierten Wachstums für Politikfelder

Herausgegeben von Peter Grottian

Westdeutscher Verlag

CIP-Kurztitelaufnahme der Deutschen Bibliothek

Folgen reduzierten Wachstums für Politikfelder/
[Dt. Vereinigung für Polit. Wiss.]. Hrsg. von
Peter Grottian. – Opladen: Westdeutscher Verlag,
1981.
(Politische Vierteljahresschrift: Sonderheft;
11)
ISBN 3-531-11535-9

NE: Grottian, Peter [Hrsg.]; Deutsche Vereinigung
für Politische Wissenschaft; Politische Vierteljahres-
schrift/Sonderheft.

Satz: Friedr. Vieweg & Sohn, Braunschweig
Druck und buchbinderische Verarbeitung: Lengericher Handelsdruckerei, Lengerich

ISBN 3-531-11535-9

Inhaltsverzeichnis

Vorwort

Der letzte Wissenschaftliche Kongreß der Deutschen Vereinigung für Politische Wissenschaft (Oktober 1979 in Augsburg) konzentrierte sich u.a. auf die Thematik der politischen Folgen reduzierten ökonomischen Wachstums (vgl. T. Ellwein (Hrsg.), 1980: Politikfeld-Analysen 1979). Auf einer Podiumsdiskussion und in einer Arbeitsgruppe ging es primär um die Folgen reduzierten Wachstums für die Struktur des politischen Systems in der Bundesrepublik (u.a. Wertwandel und gesellschaftliche Fundamentalpolarisierung; Paradigmenwechsel in westlichen Demokratien; „Modell Deutschland"; Reform und Repression). Mit dieser Arbeitsgruppe stand eine zweite in unmittelbarem Zusammenhang, der die Aufgabe zufiel, die Folgen reduzierten Wachstums für Politikfelder konkret zu untersuchen. In dem nun vorliegenden PVS-Sonderheft wird deshalb der Versuch unternommen,

a) die allgemeine Diskussion über die Folgen reduzierten Wachstums für die Struktur des politischen Systems mit einem vergleichenden Beitrag zum Handlungsspielraum von bürgerlichen und sozialdemokratischen Regierungen fortzusetzen und
b) jene Diskussion auf unterschiedlich strukturierte Politikfelder zu beziehen (Arbeitsmarktpolitik, Sozialpolitik, Steuerreformpolitik, Energie- und Umweltpolitik), um zumeist empirisch orientiert auszumachen, inwiefern einerseits eine neue Dimension von politischen Steuerungsproblemen und andererseits die jeweiligen Politikfelder aus sich selbst heraus einen Wertwandel und Konfliktfelder neuen Typs erzeugen.
c) in einigen Beiträgen nach den politisch-strategischen Konsequenzen zu fragen, um daraus neue Ansatzpunkte über die wissenschaftliche Diskussion hinaus für die politische Praxis zu gewinnen.

Berlin, im September 1980 *Peter Grottian*

Staat und Wirtschaft unter bürgerlichen und sozialdemokratischen Regierungen

Ein Beitrag zur vergleichenden Analyse des Steuerstaates, des Wohlfahrtsstaates und der Lage auf dem Arbeitsmarkt

Manfred G. Schmidt

I. Einleitung und Fragestellung[1]

Wenn man nach den politischen Folgen reduzierten Wachstums – oder allgemeiner: nach den Zusammenhängen zwischen unterschiedlichen wirtschaftlichen und politischen Entwicklungen – frägt, dann empfiehlt es sich, der Beobachtung Rechnung zu tragen, daß das Verhältnis zwischen Politik und Ökonomie in den demokratischen kapitalistischen Ländern erheblich variiert. Zum Beispiel gibt es enorme Unterschiede in der Art und Weise der staatlichen Regulierung, dem Ausmaß, der Flächendeckung, der Lasten-Nutzen-Verteilung und der Treffsicherheit politischer Eingriffe. Man vergegenwärtige sich zum Beispiel die Differenz zwischen der Regulierung des amerikanischen Kapitalismus und der weitaus stärker sozialstaatlich abgesicherten Ökonomie in Schweden. Man denke auch an die politische Diskussion über die heimlichen Schritte zum Sozialismus, die laut konservativer Meinung von sozialdemokratischen Regierungen vorangetrieben würden. Man denke zum Beispiel auch an den Umstand, daß die Wirtschaftskrise in den 70er Jahren nicht in allen Ländern unmittelbar auf den Arbeitsmarkt durchschlug und die Arbeitslosenraten stark anstiegen ließ; in einer ganzen Reihe von Ländern wurde durch aktive arbeitsmarkt- und konjunkturpolitische Maßnahmen derjenige Automatismus zwischen reduziertem Wachstum und steigender Arbeitslosigkeit, der uns von den metropolitanen westeuropäischen und nordamerikanischen Ländern her so vertraut ist, unterbunden (z. B. in Schweden, Österreich, Neuseeland). Woran liegt das? Inwieweit ist hierfür die Politik von Regierungen mit ganz unterschiedlicher politischer Zusammensetzung von Belang? Gibt es systematische Unterschiede zwischen der Politik von sozialdemokratischen und bürgerlichen (liberalen, christdemokratischen, konservativen) Regierungen?

Das ist eine der Leitfragen für ein Forschungsprojekt bei dem es um eine vergleichende Analyse der Determinanten staatlicher Politik in demokratischen kapitalistischen Ländern nach dem 2. Weltkrieg geht. Im folgenden Artikel werden einige Zwischenergebnisse dieses Projektes vorgestellt. Im Vordergrund stehen drei Politikbereiche: die wohlfahrtsstaatliche Politik, die durch einige hochaggregierte Indikatoren erfaßt wird; der Umfang und die Expansion des Steuerstaates – gemessen durch den Anteil der Steuern und der Sozialabgaben am Bruttoinlandsprodukt – und die Lage auf dem Arbeitsmarkt – gemessen durch die Arbeitslosenrate (registrierte Arbeitslose in Prozent der zivilen Erwerbspersonen nach ILO-Statistiken). Die Auswahl dieser Politikbereiche ist letztlich einem reformpolitischen Interesse geschuldet: mich interessieren Bedingungen und Auswirkungen einer staatlichen Reformpolitik zugunsten von unterprivilegierten sozialen Klassen und Gruppen. Zwei unerläßliche Grundvoraussetzungen für eine derartige Reformpolitik lassen sich unschwer benennen: ein potenter Steuerstaat, weil nur dann genügend Mittel für kostspielige Verteilungs- und Umverteilungspolitiken vorhanden sind, und eine niedrige Arbeitslosenrate, weil nur unter dieser Bedingung eine in ökonomischer und politischer Hinsicht günstige Voraussetzung für politische Neuerungen zugunsten von Unterprivilegierten besteht. Selbstverständlich wird eine derartige Reformpolitik nicht automatisch durch einen potenten Steuerstaat und eine niedrige Arbeitslosenrate verbürgt; immerhin sind aber beide eine notwendige Bedingung für reformpolitische Anstrengungen, die nicht von vornherein zum Scheitern verurteilt sein wollen.

Wenn man sich die politikwissenschaftliche Literatur auf die Frage hin durchsieht, welche Bedeutung die unterschiedliche politische Zusammensetzung von Regierungen für die Regierungspolitik hat, dann lassen sich summarisch drei Thesen unterscheiden (Schmidt 1979):

(1) Die These der qualitativen Differenz der Politik von bürgerlichen und sozialdemokratischen Regierungen (Stichwort: „CDU-Staat" (Schäfer/Nedelmann 1969), Sozialdemokratische Politik als "Transition to Socialism" (Stephens 1979)).

(2) Die These der quantitativen Differenz zwischen der Politik sozialdemokratischer und bürgerlicher Regierungen (Stichwort: Sozialdemokratie als „Grenzträger kapitalistischer Herrschaft" (Klönne 1972, 84 ff.).

(3) Die parteipolitische Nullhypothese (Stichwort: „Allerweltsparteien" (Kirchheimer 1965) bzw. die These der sozialökonomischen Determination staatlicher Politik (Stichwort: „kapitalistischer Staat" (Offe 1972, 1975).

Die These der qualitativen Differenz wird üblicherweise im Rahmen eines Modells vertreten, das als „Primat der Politik"-Modell bezeichnet werden könnte. Dieses Modell besagt, daß sich differentielle Interessen und Präferenzen der Wählerschaft der Parteien über die politische Zusammensetzung und die ideologische Orientierung der Regierungen auf die staatliche Politik durchschlagen (Hibbs 1977, 1978, 1979, Tufte 1978).

Die These der quantitativen Differenz – unterhalb von Systemgrenzen – wird üblicherweise im Rahmen eines Modells vertreten, in dem staatliche Politiken als Funktion von interdependenten parlamentarischen und außerparlamentarischen Kräfteverhältnissen, von sozial- und klassenstrukturellen und von ökonomischen Größen interpretiert wird. Für die staatliche Politik wird hier ein weitaus geringerer Spielraum veranschlagt als dies beim „Primat der Politik"-Modell der Fall ist (Parkin 1972, Schmidt 1980). Die parteipolitische Nullhypothese bzw. die These der primär sozialökonomischen Determination der staatlichen Politik wird schließlich in Konvergenztheorien und Theorien über die Entwicklung von Volksparteien ebenso wie in Analysen über die Restriktionen staatlichen Handelns und über Form und Funktion des bürgerlichen Staates vertreten (Blanke et al. 1975). Diesen Thesen zu Folge sind staatliche Poli-

tiken Ergebnis von ökonomischen, sozialen und außerparlamentarisch bedingten Handlungszwängen und -grenzen, die sich weitgehend unabhängig von der ideologischen Orientierung der Regierungsparteien durchsetzen.
Wie an anderer Stelle gezeigt wurde, läßt sich für jede dieser Thesen Evidenz mobilisieren (Schmidt 1979). Üblicherweise basieren die Befunde auf Fallstudien über einzelne Gesetzgebungsprogramme (z. B. Schmidt 1978a, 1978b), auf Studien über einzelne Länder (z. B. Eckstein 1962), auf Paarvergleichen oder auf der vergleichenden Analyse einer größeren Anzahl von demokratischen kapitalistischen Ländern (z. B. Tufte 1978). Ein Teil der Variabilität der inhaltlichen Ergebnisse ist unterschiedlichen Entscheidungen über die Untersuchungsanordnung geschuldet: die Auswahl der berücksichtigten Fälle, die Auswahl der berücksichtigten Variablen, die Definition und Messung der verwendeten theoretischen Konzepte, die Wahl der Untersuchungsperiode und die Freiheitsgrade bei der Interpretation der empirischen Ergebnisse präjudizieren ein Stück weit die inhaltlichen Ergebnisse und begrenzen zugleich die Verallgemeinerbarkeit der Forschungsresultate (Schmidt 1979, Kp. 4).
Ein zuverlässiger Test auf die konkurrierenden Hypothesen ist am ehesten dann gegeben

- wenn tatsächlich alle demokratischen kapitalistischen Ländern vergleichend untersucht werden,
- wenn Querschnitts- mit Längsschnittanalysen kombiniert werden,
- wenn in Frage kommende alternative Erklärungsfaktoren systematisch konstant gehalten werden, und
- wenn die konkurrierenden Hypothesen jeweils an harten Testfällen überprüft werden. Harte Testfälle für die These der qualitativen Differenz sind zum Beispiel wirtschaftspolitische Maßnahmen, weil man hier vermuten kann, daß die staatliche Steuerung am schnellsten an der Eigendynamik einer privaten Wirtschaftsordnung aufläuft. Der harte Testfall für die politische Nullhypothese ist am ehesten im Bereich der Verteilung von Zuwächsen und im Bereich der sozialen Sicherung gegeben, weil hier die Steuerungschancen der staatlichen Politik noch am höchsten zu sein scheinen.

II. *Untersuchungsanordnung* (untersuchte Fälle, Untersuchungsperiode, abhängige und erklärende Variablen, Datenbasis)

In der nachfolgenden Analyse wird versucht, diesen Anforderungen an ein adäquates Forschungsdesign für die Überprüfung der konkurrierenden Thesen nahe zu kommen. Im Zentrum der Studie stehen alle 21 entwickelten kapitalistischen Demokratien der Nachkriegsperiode. International vergleichende Querschnittsanalysen werden durch einige Längsschnittuntersuchungen abgestützt. Bei der Auswahl und der Messung der Variablen wurden freilich starke Einschränkungen vorgenommen. Die Studie bezieht sich auf relativ leicht quantifizierbare Politikindikatoren und auf solche erklärenden Variablen, für die qualitative oder quantitative Sekundärdaten verfügbar waren. In der Tabelle 1 sind die berücksichtigten Variablen aufgelistet (zur Begründung der Auswahl dieser Variablen und der entsprechenden Hypothesen siehe Schmidt 1979). Als abhängige – zu erklärende – Variablen stehen einige Indikatoren für die staatliche Politik im Sozial- und Bildungsbereich, der Umfang und die Entwicklung des Steuerstaates, sowie die Arbeitslosenraten nach OECD- und ILO-Veröffentlichungen – differenziert nach „niedrig", „mittel", „hoch" – im Vordergrund.

Die Bildungs- und Sozialpolitik zeigt an, in welchem Ausmaß und in welchen Formen die Qualifikation, Sozialisation und Reproduktion der Arbeitskräfte staatlich organisiert wird. Pauschal gesagt, handelt es sich um Indikatoren für das Reproduktionsniveau der Arbeitnehmerschaft und der Wohnbevölkerung.

Der öffentliche Sektor ist ein Indikator für den Grad der formellen Zurückdrängung des privaten Marktsektors. Er zeigt an, in welchem Umfang der Staat über den privat erwirtschafteten Reichtum verfügt. Damit ist noch nichts darüber gesagt, was die inhaltliche Folge der Verfügbarkeit ist. Es ist noch nichts darüber ausgesagt, ob die Finanzmittel nach politischen Kriterien vergeben werden oder ob sie inhaltlich so eingesetzt werden, daß man von einer Rückbindung an Imperative der Wirtschaft sprechen kann. Deshalb spreche ich von einer formellen Politisierung. Eine solche formelle Politisierung ist freilich die Voraussetzung für eine materielle Politisierung. Sie stellt einen potentiellen Hebel für strukturverändernde Eingriffe dar. Die Arbeitslosenraten reflektieren den Erfolg oder Mißerfolg einer arbeitnehmerorientierten staatlichen Steuerung des Kapitalismus. Sie zeigen an – sofern gleichzeitig die Wirkung anderer demographischer und sozialökonomischer Determinanten berücksichtigt wird –, in welchem Ausmaß es gelingt, die Krisentendenz kapitalistischer Systeme und insbesondere die beschäftigungspolitischen Auswirkungen der Krisen unter Kontrolle zu halten.

Das Hauptinteresse der Analyse gilt der Erklärungskraft der Indikatoren der politischen Zusammensetzung von Regierungen. Die politische Zusammensetzung von Regierungen wird auf verschiedene Art und Weise gemessen: (a) durch Indikatoren der Dauer und der Stärke der Regierungsbeteiligung von sozialdemokratischen Parteien, (b) durch eine Rangskala der dominanten Regierungspartei[3] und (c) durch eine Rangskala der politischen Zusammensetzung der Regierung und der Machtverteilung im Parteiensystem[4] zwischen sozialdemokratischen und starken bürgerlichen Parteien bzw. stabilen, ideologisch kohäsiven bürgerlichen Koalitionen. Bis auf diese Operationalisierungen und bis auf die eigens entwickelte Messung des Grades der korporatistischen Regulierung des Klassenkonflikts[5], folgt die Messung der Variablen im allgemeinen den Konventionen der vergleichenden empirischen Policy-Analyse. Die Daten entstammen in der Regel verschiedenen Veröffentlichungen der OECD, der ILO, der UNO, dem Statistischen Amt der Europäischen Gemeinschaften, den Statistischen Jahrbüchern einzelner Länder und dem Keesing's Archiv der Gegenwart. Statistische Auswertungsstrategien werden als Hilfsmittel für die Prüfung von politiktheoretischen Hypothesen verwendet. Ihre Resultate gehen als Rohmaterial in die Interpretation und die Darstellung der Forschungsergebnisse ein.

Tabelle 1: Liste der abhängigen Variablen (Indikatoren der Politikproduktion)

Name des Indikators	Operationelle Definition und Zeitpunkt der Messung	Indikator für das politiktheoretische Konzept ...
Steuerstaat/Öffentlicher Sektor, Umfang	Steuern und Sozialabgaben in % BSP jährlich 1950–1975 und für Perioden aggregiert	Formelle Politisierung der Ökonomie, Zurückdrängung des Marktsektors
Expansion des Steuerstaates	s. o., 1960–1950 und 1975–1960	s. o. (Expansionsdynamik)
Arbeitslosenraten	ILO-Konzept, jährlich 1950–1978 und für Perioden aggregiert	materielle Politisierung bzw. Ökonomisierung des Kapitalismus
Inflationsraten	OECD Consumer Price Index, jährlich, Änderung, jährlich 1950–1978 und für Perioden aggregiert	Grad der monetaristischen Orientierung, Grad der politischen Kontrolle der Ökonomie
Öffentliche Bildungsausgaben	in % BSP, 1975 und in Pro-Kopf-Werten US $ 1975	Prioritätenliste der Staatsaufgaben/Grad der Reproduktion und Qualifikation der Arbeitskräfte
Öffentliche Gesundheitsausgaben	in % BSP, 1975 und in Pro-Kopf-Werten US $ 1975	Prioritätenliste der Staatsaufgaben/Reproduktion und Reparatur der Arbeitskraft/Wohlfahrtsstaat
Militärausgaben	in % BSP, 1975	Prioritätenliste der Staatsaufgaben, Militarisierungsgrad
Militärisches Personal	in % Bevölkerung 1975	dito
Lehrer	in % Bevölkerung 1975	Ausstattung Bildungswesen
Schüler/Lehrer	Bevölkerung im Schulalter (5–19) (in 1000) pro Lehrer	Ausstattung Bildungswesen
Ausbildungsstand	% Bevölkerung im Schulalter (5–19) in Schulen 1975	Ausstattung Bildungswesen
Studentinnen	Weibliche Studentinnen in % Studentenschaft 1975	Bildungschancengleichheit
Ärzte	Bevölkerung in 1000 pro Arzt 1975	Ausstattung Gesundheitswesen
Krankenhausbetten	Bevölkerung in 1000 pro Krankenhausbett 1975	Ausstattung Gesundheitswesen
Kindersterblichkeit	Todesfälle bei Kindern unter einem Jahr per 1000 Lebendgeburten 1975	Leistung des Gesundheitswesens
Stärke der Regierungsbeteiligung der Sozialdemokratie	für jedes Jahr 1945–1978: Anteil an Kabinettssitzen (auf Monatsbasis errechnet)	Politische Zusammensetzung, ideologische Orientierung der Regierung
Dominante Regierungspartei	1 = bürgerl. Dominanz, 2 = Patt, 3 = sozialdemokratische Dominanz (s. Anm. 3)	Politische Zusammensetzung, ideologische Orientierung der Regierung
Machtverteilung im Parteiensystem	1 = bürgerliche Dominanz, 2 = Patt, 3 = Dominanz der Sozialdemokratie (s. Anm. 4)	Machtverteilung im Parteiensystem
Machtverteilung im Regierungs- und Parteiensystem	Additiver Index aus den zwei zuletzt genannten Rangskalen (s. Anm. 4)	Machtverteilung im Regierungs- und Parteiensystem
Sozialdemokratische Wählerschaft	Stimmenanteil (nationale Wahlen) der Sozialdemokratie, Durchschnitt f. 1950–59, 1960–69, 1970–1977	Stärke des sozialdemokratischen Milieus
Linke Wählerschaft	Stimmenanteil (nationale Wahlen) der sozialdemokratischen, sozialistischen und kommunistischen Parteien, Durchschnitt f. 1950–59, 1960–69, 1970–1979	Stärke des Milieus der Linken
Gewerkschaftlicher Organisationsgrad	Gewerkschaftsmitglieder in % abhängig Beschäftigte und Arbeitslose ca. 1974	Mitgliederstärke der Gewerkschaften/ Kampfpotential
Wahlpolitisches Gewicht der Arbeiterklasse	1 = relativ hohes Gewicht in der Wählerschaft der jeweils regierenden Partei(en) 0 = relativ geringes Gewicht	Wahlpolitisches Organisations- und Konfliktpotential der Arbeiterklasse
Struktur des Lagers der bürgerlichen Parteien	1 = geeint und kohäsiv (eine dominante Partei nahe bei 50 % Stimmenanteil) 0 = zersplittert, wenig kohäsiv	Durchsetzungs- und Blockadestärke des bürgerlichen Lagers
Korporatismus	3 = starke institutionalisierte Kooperation zwischen Lohnarbeit, Kapital und Staat bei Politikentwicklung 2 = mittel, 1 = schwacher Korporatismus (s. Anm. 5)	Modi der Regulierung des Klassenkonflikts/Modi der Politikentwicklung

(Fortsetzung Tabelle 1)
Liste der unabhängigen Variablen (politische und sozialökonomische Determinanten der staatlichen Politikproduktion

Name des Indikators	Operationelle Definition und Zeitpunkt der Messung	Indikator für das politiktheoretische Konzept ...
Wirtschaftswachstum	BSP pro Kopf (konstante Preise); jährliche Veränderung für jedes Jahr 1949–1978	Ökonomisches Wachstums
Außenhandelsabhängigkeit	Import und Export in % BSP, 1950, 1960, 1970, 1975	Ausmaß der Weltmarktintegration
Politische und militärische internationale Integration	(Nicht)Mitgliedschaft in dominanten politischen, ökonomischen und militärischen internationalen Organisationen (70er Jahre)	Ausmaß der Integration im politischen Überbau des Weltmarktes
Bruttosozialprodukt pro Kopf	in jeweiligen Preisen und zu konstanten Preisen in US $ 1950, 1960, 1970, 1975	Ökonomischer Reichtum
Landwirtschaftlicher Sektor	Erwerbstätige in Landwirtschaft in % aller Erwerbstätigen (Labour force Konzept der ILO) 1950, 1960, 1970	Sozialstruktur
Dienstleistungssektor	% Erwerbstätige in Dienstleistungssektor an allen Erwerbstätigen (ILO-Konzept) 1950, 1960, 1970	Sozialstruktur/Postindustrialismus
Verstädterungsgrad	Anteil der Wohnbevölkerung in Städten mit 20 000 Einwohnern und mehr, 1970	Verstädterungsgrad
Bevölkerung	Zahl der Einwohner, 1975	Größe eines Landes ("impact of size")
Lohnarbeit	Abhängig Beschäftigte in % der Erwerbspersonen, 1960, 1970, 1975	Grad der Verallgemeinerung der Lohnarbeit

Quellen: OECD (diverse Quellen), ILO Yearbook of Labour Statistics, UNO Demographic Yearbook, Mackie/Rose 1974. Eurostat. 1977, Madsen 1978, Statistische Jahrbücher der Bundesrepublik Deutschland.

Viele Anregungen für diese Untersuchung erhielt ich aus der angloamerikanischen vergleichenden Policy-Forschung und aus der gesellschaftskritischen Politik-Ökonomie-Diskussion. Von beiden Ansätzen habe ich viel gelernt. Beide halte ich jedoch auch in entscheidenden Punkten für ergänzungsbedürftig. Die angloamerikanische Policy-Forschung ist in methodologischer Hinsicht hochentwickelt, politiktheoretisch aber etwas kurzatmig. Die materielle Theoriebildung kommt selten über eine Art „Eastonschen Materialismus" hinaus. Oftmals verselbständigt sich auch die Methode gegenüber der Sache. Die bundesrepublikanische Theorieproduktion halte ich – speziell was die neueren politikökonomischen und empirisch orientierten staatstheoretischen Beiträge angeht – für politiktheoretisch weitaus gehaltvoller und geeigneter für eine gesamtgesellschaftliche Analyse. Andererseits sind diese Beiträge aber in der Regel in methodologischer Hinsicht weit weniger als etwa die angloamerikanische Policy-Forschung entwickelt. Das weitgehende Fehlen einer systematisch nachprüfbaren Logik der Forschung, der Überhang an Fallstudien bei relativer Vernachlässigung vergleichender Analysen, das Fehlen einer Logik der vergleichenden Forschung, das Überwiegen von theoretischen Konzepten gegenüber operationalisierten Konzepten schlägt hier negativ zu Buche.

Ich bin der Ansicht, daß es lohnend und reizvoll ist, eine Synthese zwischen der vergleichenden empirischen Policy-Analyse der angloamerikanischen Tradition und der Politik-Ökonomie-Diskussion, die vor allem in der Bundesrepublik entwickelt wurde, anzustreben. Mein Ziel besteht darin, einen Beitrag zu einer politiktheoretisch angeleiteten, systematisch vergleichenden und empirisch gehaltvollen Policy-Analyse vorzulegen, in der mittels Tests, Interpretation und Plausibilitätsargumenten Hypothesen prüfbar gemacht und geprüft werden und bei der mittels Interpretation und Spekulation neue zu prüfende Hypothesen entwickelt werden. Ich verwende Forschungsdesigns der empirischen Sozialforschung und bette sie in den Kontext von gesamtgesellschaftlich ansetzenden politiktheoretischen Beiträgen ein.
Inhaltlich sind meine politiktheoretischen Prämissen stark geprägt durch kritische Staatstheorien (z. B. Offe 1975). Freilich meine ich, daß diese Beiträge in dreierlei Hinsicht geöffnet werden müßten: (1) sie müßten offener für Parteisystem- und parteisoziologische Variablen sein, (2) sie sind in methodologischer Hinsicht relativ unterentwickelt und (3) sie müssen insofern geöffnet werden, als die politischen und ökonomischen Korrelate der stark variierenden Politikproduktion des bürgerlichen Staates noch weitgehend unerforscht sind.

III. Determinanten des Umfangs und der Expansion des Steuerstaates

III.1 Staat und Ökonomie – Theorie und Empirie

Die traditionelle, in der Politikwissenschaft und speziell in der Gesetzgebungsforschung maßgebende Pluralismustheorie wurde spätestens durch die Renaissance der gesellschaftskritischen politökonomisch orientierten Analysen in Frage gestellt. Eines der wichtigsten Ergebnisse der neueren neomarxistischen Staatsdiskussion war der Nachweis, daß die pluralismustheoretischen (einfluß- und handlungstheoretischen) Ansätze der Politikforschung in entscheidenden Punkten verkürzt sind. Diese Ansätze lassen die strukturelle Selektivität des kapitalistischen Staates und die massiven, nur mit hohen Kosten zeitweilig durchbrechbaren restriktiven Bedingungen weitgehend außer Acht. Sie tragen analytisch nicht ausreichend den – Struktur gewordenen – Handlungszwängen und Handlungsgrenzen für das Staatshandeln Rechnung (Offe 1972, 1975).
Der Staat ist als Rechtsstaat ausgeschlossen von der effektiven Verfügung der Warenbesitzer über ihr Kapital bzw. über ihre Arbeitskraft; er ist aber zugleich als Steuerstaat auf einen dauernden Tausch von Arbeitskraft und Kapital angewiesen, andererseits aber von der Ausgaben- und Aufgabenseite her zugleich begrenzt – durch die Schranke der Steuerbelastung von Kapital und Arbeit – und zugleich gefordert – durch die Notwendigkeit Infrastruktur-, Sozial- und Konjunkturpolitik zu betreiben (Interventionsstaat) – und schließlich als demokratischer Staat festgelegt, systembezogene Massenloyalität ebenso zu sichern wie die Wiederwahl der Regierungsparteien.

Die vorherrschenden Handlungsmedien staatlicher Politik – Geld, Recht und symbolische Politik – greifen vorrangig auf der Ebene der Verteilung und der Zirkulation. Diese indirekte Regulierung der Warenbesitzer läßt den Rechtssubjekten so viele Freiheitsgrade, daß die staatliche Steuerung mit hoher Wahrscheinlichkeit wenig treffsicher ist und daß die Handlungsspielräume des Staates auf die Korrektur von Verteilungsrelationen begrenzt sind.

Die neuere Staatstheorie – und speziell die „empirisch offenen" staatstheoretischen Beiträge – haben zu Genüge demonstriert, welche strukturelle Macht von der materiellen Basis des Staates – vom Angewiesensein auf das Sprudeln der steuerstaatlichen Quellen – ausgeht. Keine Regierung kann es sich leisten, mittel- oder gar langfristig auf einen relativ kontinuierlichen Steuereinnahmenfluß zu verzichten. Und keine Regierung kann es sich leisten, längere Zeit die steuerlichen Belastungsschranken des Kapitals und der Arbeitnehmer zu sondieren.

So plausibel die Kritik der politökonomisch orientierten Staatstheorie an den Pluralismustheorien ist, so bleibt doch auch in dieser Kritik und der dort vorgeschlagenen Reformulierung eine fundamentale Lücke zur Empirie offen. In den Theorien über die Strukturen und die Funktionen des kapitalistischen Staates fehlt eine systematische Erklärung für die Variabilität, die im Verhältnis von Politik und Ökonomie in den entwickelten kapitalistischen Ländern zu beobachten ist. Außerdem sind zentrale theoretische Konzepte wie dasjenige der „ökonomischen Schranken" für das Staatshandeln – bzw. auf einer hochabstrakten Ebene das Konzept der „Systemgrenzen" – zwar plausibel, doch mangelt es an einer operationell definierten Bestimmung.

Immerhin existiert die kapitalistische Produktionsweise sowohl in Ländern mit einem starken Steuerstaat (z. B. Schweden und die Niederlande in den 70er Jahren) als auch in Ländern mit einem relativ schwachen Steuerstaat (Japan, Schweiz). Und immerhin gab es in der kapitalistischen Entwicklung ja Fälle, wo die vermeintlich starren Schranken niedergerissen wurden – keineswegs nur mittels der „kriegswirtschaftlichen Lösung", sondern auch im Bereich einer aktiven Arbeitsmarktpolitik (vgl. dazu Kp. V). Empirisch betrachtet sperrt sich die beobachtbare Variation beim Umfang und bei der Entwicklungsdynamik des Steuerstaates ein ganzes Stück weit gegenüber den begrifflichen Anstrengungen der neueren staatstheoretischen Forschung.

Ich will mit diesem Einwand keineswegs hinter die Ergebnisse der Staatstheorien zurück. Wohl aber kommt es mir darauf an, auf eine Variabilität im Staat-Ökonomie-Verhältnis aufmerksam zu machen, die bislang theoretisch-empirisch noch unzureichend erforscht ist (Causer 1978).

In allen entwickelten kapitalistischen Interventionsdemokratien wurde der Steuerstaat (Steuern und Sozialabgaben in Prozent des Bruttosozialprodukts) nach dem 2. Weltkrieg massiv ausgedehnt. Freilich erfolgte die Expansion des Steuerstaates auf der Basis unterschiedlicher Ausgangsbedingungen – z. B. hatten Frankreich, die Niederlande und Großbritannien 1950 schon (bzw. noch immer) einen umfangreichen öffentlichen Sektor – und mit recht unterschiedlicher Expansionsdynamik. Schweden hielt 1950 z. B. eine mittlere Position, führte aber 1975 die Rangliste der Steuerstaaten an [40] (vgl. Tabelle 2).

Tabelle 2: Umfang und Entwicklung des Steuerstaates (1950–1975)

	Umfang des Steuerstaates			Expansion des Steuerstaates	
	1950	1960	1975	1960–1950	1975–1960
Australien	15.0	26.0	32.0	10.70	6.10
Österreich	28.0	31.0	39.0	3.00	8.10
Belgien	24.0 1)	28.0	41.0	3.50	13.10
Canada	25.0	26.0	37.0	1.30	11.10
Dänemarkt	22.0	28.0	45.0	5.70	17.80
Finnland	30.0	32.0	40.0	1.20	8.20
Frankreich	33.0	34.0	41.0	1.20	6.50
BRD	32.0	35.0	41.0	3.90	5.60
Island	28.0 2)	37.0	27.0	9.40	– 10.40
Irland	23.0	25.0	37.0	1.10	12.30
Israel	14.0	29.0	39.0 4)	14.30	10.20
Italien	21.0 2)	30.0	35.0	8.80	5.40
Japan	22.0 3)	20.0	24.0	– 1.50	3.40
Luxemburg	33.0 3)	33.0	51.0	0.0	18.10
Neuseeland	27.0 1)	28.0	28.0	1.40	– 0.40
Niederlande	33.0	33.0	53.0	0.30	19.50
Norwegen	30.0	35.0	50.0	4.80	15.20
Schweden	26.0	35.0	53.0	9.00	17.70
Schweiz	25.0	25.0	32.0	0.0	7.00
Großbritannien	33.0	29.0	41.0	– 3.30	11.80
USA	24.0	28.0	31.0	4.30	2.40
Durchschnitt	26.1	29.9	38.9	3.8	9.0

Quelle: OECD 1969, 1973, 1979a; UN-Yearbook of National Accounts (diverse Jahrjänge)

Anmerkungen: 1) 1953 2) 1951 3) 1952 4) 1954

Was sind die Gründe für die unterschiedliche Ausmaß und für die unterschiedliche Entwicklungsdynamik des Steuerstaates?

III.2 Determinanten der Entwicklung des Steuerstaates – ein Blick in die finanzsoziologische Literatur

Der Großteil der Forschung über die Entwicklung des Steuerstaates und für die Erklärung der beobachtbaren Variation wurde bislang von den Wirtschaftswissenschaften geleistet (Wittmann, 1978). Hier stehen technologische und sozialökonomische Determinanten im Vordergrund. Musgrave/Musgrave benennen z. B. folgende Determinanten: (1) der wachsende ökonomische Reichtum, (2) die durch den Staat auszufüllenden Funktionsvakuen die durch die Industrialisierung entstehen, (3) die Wirkungen technologischer Neuerungen, (4) die überdurchschnittliche Zunahme der Preise für öffentliche Leistungen, (5) die Ausweitung der Transferzahlungen als Antwort auf einen zunehmenden demographischen und politischen Problemdruck, (6) die Verfüg-

barkeit und Handhabbarkeit steuerstaatlicher Abschöpfungsinstrumente, (7) die Wirkungen von Schwelleneffekten (z. B. wird eine kriegs- oder krisenbedingte Erhöhung der Abgabenlast nicht oder nur wenig zurückgenommen) und (8) die Veränderung gesellschaftlicher Leitbilder (Musgrave/Musgrave 1973, 128–133).
In dieser Analsyse ist – bis auf die eher beiläufige Erwähnung der gesellschaftlichen Leitbilder und des politischen Problemdrucks – implizit eine politische Nullhypothese enthalten.
Genuin parteipolitische Variablen scheinen keine, bzw. bestenfalls eine untergeordnete Erklärungskraft zu haben.
Gegen diese vorherrschende These der primär sozialökonomisch bedingten Determination können freilich empirische und theoretische Gründe geltend gemacht werden. Empirische Analysen in Weiterführung der Neuen Ökonomischen Theorie der Politik haben z. B. gezeigt, daß die Popularität von Regierungen, ihr Bestreben, wiedergewählt zu werden und ihre ideologische Orientierung eine erhebliche Rolle für die Finanzpolitik spielen (z. B. Schneider 1978).
In Weiterführung finanzsoziologischen Analysen in der Tradition von Goldscheidt und Schumpeter (Hickel 1976) hat D. Cameron (1978) im bislang wohl wichtigsten vergleichenden politikwissenschaftlichen Beitrag zur Staatsfinanzenforschung auf zentrale Determinanten aufmerksam gemacht, die in der Finanzsoziologie bislang nahezu vollständig ausgeblendet waren: der Modus und die Stärke der Integration in den Weltmarkt und die parteipolitische Zusammensetzung der Regierungen waren in erster Linie maßgebend für die Erklärung der unterschiedlichen Expansionsdynamik des Steuerstaates in 18 entwickelten kapitalistischen Ländern zwischen 1960 und 1975. Die Vorherrschaft von sozialdemokratischen Parteien in Regierungspositionen führt durchweg zu einem stark expandierenden öffentlichen Sektor. Am ausgeprägtesten ist die Expansion in Ländern mit offenen, stark außenhandelsabhängigen Ökonomien. In diesen Ländern wird – unabhängig von der politischen Zusammensetzung der Regierungen – der öffentliche Sektor massiv ausgeweitet und die abgeschöpften Ressourcen eingesetzt, um die Anpassung an den Weltmarkt innenwirtschaftlich, innenpolitisch und sozialpolitisch abzusichern.

III.3 Ergebnisse der empirischen Analyse – Politische und sozialökonomische Determinanten des Steuerstaates

Camerons Studie enthält den faszinierenden Versuch, materielle Politikanalyse mit innenpolitischen Konflikts- und Konsensprozessen und mit der Ebene der internationalen Beziehungen zu verbinden. Die Verallgemeinerbarkeit dieser Analyse ist freilich problematisch. Meine eigenen Untersuchungen deuten darauf hin, daß Camerons' Studie in dreierlei Hinsicht korrigiert werden muß: (1) sie enthält einen Stichproben-Bias (eine Reihe von kleinen entwickelten kapitalistischen Ländern wurde nicht aufgenommen, dafür aber Spanien – das sich freilich von den politischen Strukturen her enorm stark von allen übrigen Ländern unterschied (Untersuchungsperiode 1960–1975!)); (2) sie enthält einen „Perioden-bias" – vor 1960 gelten die Kausalketten nicht oder nur viel eingeschränkter; (3) drittens läßt sich zeigen, daß politische Indikatoren für die Formen und Kampfergebnisse des politischen Konflikts in außerstaatlichen politischen Arenen, sowie Strukturmerkmale der Parteienkonkurrenz gleich oder stärker erklärungskräftig als die von Cameron benannten Ursuchen sind. (vgl. Tab. 3)

Tabelle 3: Korrelate des Steuerstaates (Auszüge)

Erklärende Variable	Expansion des Steuerstaates 1950–1960	1960–1975	Umfang des Steuerstaates 1975
Stärke der sozialdemokratischen Regierungsbeteiligung (% Kabinettsitze)	.35	.36	.51
Stärke der sozialdemokratischen Regierungsbeteiligung (% Jahre Ministerpräsident)	.37	.42	.49
Regierungsbeteiligung der Sozialdemokratie (% Jahre)	.18	.25	.38
Dominante Regierungspartei[1]		.53	.63
Machtverteilung im Parteiensystem[1]		.53	.58
Machtverteilung im Regierungs- und Parteiensystem[1]		.57	.64
Korporatismus[1]		.12	.11
Wahlpolitisches Gewicht der Arbeiterklasse		.42	.54
Gewerkschaftlicher Organisationsgrad		.31	.35
Linke Wählerschaft	.14	.19	.38
Struktur des bürgerlichen Lagers		–.60	–.65
Wirtschaftswachstum	.36	–.13	–.26
Import-Export/Außenhandelsabhängigkeit	.00[2]	.46[3]	.57[4]
Umfang des Steuerstaates (1950 bzw 1960)	–.64	.01	.52

Messung der Variablen: siehe Tabelle 1
Zeitpunkt der Messung: jeweils die genannte Periode (1950–1960, 1960–75). Determinanten des Umfangs des Steuerstaates 1975 ebenfalls als Durchschnittsmessungen für die Periode 1960–1975

1) Rangkorrelations-Koeffizient (Spearman's rho); die übrigen Koeffizienten sind Pearson's Produkt-Moment-Korrelationskoeffizienten

2) 1950

3) 1960

4) 1975

Die Entwicklungsdynamik des Steuerstaates vor 1960 ist eine andere als diejenige seit 1960. Vor 1960 ist – im Gegensatz zur nachfolgenden Periode – die Expansion des Steuerstaates vorrangig bestimmt vom Muster der nachholenden Staatsintervention der „Spätstarter". Die politische Zusammensetzung der Regierungen, die Weltmarktintegration und die außerparlamentarischen Kräfteverhältnisse sind von untergeordneter Bedeutung. Diejenigen Länder, die 1950 einen relativ kleinen öffentlichen Sektor hatten, bauten den Steuerstaat bis 1960 stärker aus als die Länder mit einem großen öffentlichen Sektor. Das Muster der nachholenden Staatsintervention dominiert deutlich gegenüber der (relativ schwachen) Tendenz, daß die Expansion in denjenigen Ländern höher ist, deren Außenhandel stärker expandiert, die höhere Wachstumsraten aufweisen und in denen die Sozialdemokratie häufig an der Regierung beteiligt war. Der Vorrang der Politik der nachholenden Staatsintervention auf Seiten der Spätstarter läßt sich gleichwohl plausibel machen. Die tendenzielle Angleichung an den Stand der führenden staatsinterventionistischen Demokratien kann als Antwort auf Funktionsvakuen begriffen werden, die sich aus der Integration in die Weltgesellschaft ebenso ergeben wie aus den Imperativen, die Konkurrenzfähigkeit auf dem Weltmarkt, die Akkumulation und die Legitimation durch einen Ausbau der staatlichen Infrastruktur-, Sozial- und Militärpolitik abzusichern.

Für die Periode zwischen 1960 und 1975 trifft Camerons Analyse mehr zu. In dieser Zeit gehören die Offenheit der Ökonomie und die politische Richtung der Regierungen tatsächlich mit zu den erklärungskräftigen Variablen. Das gilt auch dann, wenn alle 21 entwickelten kapitalistischen Demokratien analysiert werden. Der Steuerstaat expandiert in dieser Zeit besonders stark in Belgien, Kanada, Dänemark, Irland, Luxemburg, den Niederlanden, Norwegen, Schweden und in Großbritannien. In erster Linie handelt es sich tatsächlich um Länder mit offenen Ökonomien und mit häufiger starker Regierungsbeteiligung der Sozialdemokratie. Freilich läßt sich zeigen, daß die Erklärungskraft der Offenheit der Ökonomie erheblich geringer als in der Studie von Cameron ist. Und zudem ist nicht allein wichtig, ob die Sozialdemokratie an der Regierung ist und ob die nationalen Ökonomien stark in den Weltmarkt integriert sind. Von Wichtigkeit ist auch, wie es um die Chancen der politischen Durchsetzbarkeit bei der Expansion des Steuerstaates bestellt ist. Denn in allen Ländern, wo das bürgerliche politische Lager organisatorisch zersplittert und wenig kohäsiv ist (Beispiele: Belgien, Kanada, Finnland, Frankreich, Israel, Niederlande, Norwegen, Schweden) ist der Tendenz nach die Expansion des öffentlichen Sektors am stärksten.

Unter diesen Bedingungen konnte eine sozialdemokratische Regierung auch am ehesten ihr wohlfahrtsstaatliches Programm durchsetzen. Zudem gibt es Evidenz für die These, daß Regierungsparteien mit einem starken Arbeitnehmerflügel – seien es sozialdemokratische seien es bürgerliche Parteien – eher expansionsbereit waren, (z. B. Niederlande) als Regierungsparteien, in deren Wählerschaft die Arbeiterklasse nur ein geringes politisches Gewicht hat. Es läßt sich auch nachweisen, daß in den 60er und 70er Jahren die außerparlamentarischen Konflikts- und Konsensprozesse ein zusätzliches Erklärungsmoment beinhalten.

Anders als im Fall der weiter unten analysierten Arbeitsmarktpolitik sind es aber nicht die institutionalisierten Formen des Klassenkonflikts (Korporatismus), die als

Treibrad für die Expansion des öffentlichen Sektors wirken, sondern vielmehr eher die deinstitutionalisierten Konflikte. Von den neuen Kampfformen und Konflikten in den außerstaatlichen politischen Arenen – man denke an die "resurgence of class conflict"-These (Crouch/Pizzorno 1978) und an die „postmaterialistischen" Streitfragen – geht ein Reformdruck auf Regierungen aus, der nur dann kanalisiert werden kann, wenn die staatlichen Leistungen erhöht und zu diesem Zweck die steuerstaatliche Basis ausgeweitet wird. Auffällig ist nämlich, daß die Länder Mitte der 70er Jahre der Tendenz nach einen umso stärkeren öffentlichen Sektor haben, je umfangreicher das sozialdemokratische, sozialistische und kommunistische Milieu ist, je mitgliederstärker und potentiell kampfkräftiger die Gewerkschaften sind und wo scheinbar stabile Konfliktregelungsmechanismen aufbrachen (z. B. die Entsäulungstendenz in den Niederlanden).

Mir scheint die These plausibel zu sein, die hohe Konflikt- und Organisationsfähigkeit der organisierten Arbeitnehmerschaft und die neu aufbrechenden postmaterialistischen Konfliktlinien einer der zentralen Motoren darstellt, der nicht nur die Sozialdemokratie häufig an die Regierungsmacht brachte, sondern der auch die (sozialdemokratischen und bürgerlichen) Regierungen dieser Länder mehr oder weniger stark in den Zugzwang einer reformerischen Modernisierungspolitik brachte.

Die Finanzierung einer derartigen Modernisierung erfordert jedoch – und hier schließt sich der Kreis zu Camerons These – eine Ökonomie, die auf dem Weltmarkt konkurrenzfähig ist, die einen hohen technologischen Stand hat und die einigermaßen reibungslos funktioniert. Eine Voraussetzung dafür ist eine Arbeitnehmerschaft, die in hohem Maße diszipliniert, gut ausgebildet, sozialpolitisch abgesichert, mobilitätsbereit, exploitationsfähig und exploitationsbereit ist. Und eine solche Arbeitnehmerschaft wird noch am ehesten dort herangezogen, wo die Praxis des Kapitalismus in starkem Maße sozialstaatlich und bildungspolitisch abgefedert ist. Das wiederum erfordert die Expansion des Steuerstaates.

IV. Die Expansion des Steuerstaates und die Politikproduktion von bürgerlichen und sozialdemokratischen Regierungen[6]

Manche Autoren haben argumentiert, daß die Politik in den westeuropäischen Ländern nach dem 2. Weltkrieg auf einen „konservativen Sozialismus" (Lipset 1971, 159) bzw. – unter sozialdemokratischen Regierungen – auf einen „Übergang zum Sozialismus" (Stephens 1979) hinauslief. Inwieweit es sich dabei um eine materielle Steuerung der Ökonomie handelt, wird im nächsten Kapitel zu klären versucht. Richtig an der These vom „konservativen Sozialismus" und vom „Übergang zum Sozialismus" ist zum einen die Beobachtung, daß die bürgerlichen Parteien den Wohlfahrtsstaat und staatliche Interventionen in den Wirtschaftsprozeß im Prinzip akzeptieren. Richtig ist zum anderen die Beobachtung, daß der Grad der Vergesellschaftung der Reproduktion der Arbeitskraft zugenommen hat. Die Expansion des Steuerstaates nach 1950 und speziell seit 1960 lief in erster Linie auf den Ausbau des Bildungs- und Gesundheitswesens und der sozialen Sicherung gegen Krankheit, Unfall, Invalidität, Alter und Armut und auf den Ausbau der Arbeitsmarktpolitik hinaus. Im Vordergrund stand dabei die wachstumspolitisch intendierte Absicherung der ökonomisch aktiven Bevölkerung (OECD 1972, 1976a, 1976b, 1977, 1978, Nutter 1978). Die Expansion der sozialen Sicherung verlief freilich in einem je nach politischem Kräfteverhältnis unterschiedlichem Ausmaß. Im Bereich der sozialen Sicherung sind die Unterschiede zwischen der Politik von sozialdemokratischen und bürgerlichen Regierungen am deutlichsten (Castles 1978, 1979, Stephens 1979, Castles und McKinlay 1979). In diesem Bereich schlagen die Interessen der unterschiedlichen sozialen Basis und der unterschiedlichen organisierten Bündnispartner dieser Parteien noch am ehesten auf die Regierungspolitik durch. Sozialdemokratische Regierungen schichten insgesamt gesehen die Ressourcen in stärkerem Maß auf sozialstaatliche Leistungen um. Der Schutz, die Versicherung, die Reparatur und die Versorgung von Arbeitskräften und eine vorsichtige Verteilungskorrektur zugunsten der einkommensschwachen Arbeitnehmer und Rentner hat unter sozialdemokratischen Regierungen einen höheren Stellenwert. Bürgerliche Regierungen haben durchweg eine komplexere soziale Basis, weil in ihrer Wählerschaft neben dem konservativen Arbeitnehmerflügel der alte Mittelstand, die Unternehmer und die Landwirte einen gewichtigen Platz einnehmen. Das schlägt sich auch in einer Politik der sozialen Sicherung, die insgesamt gesehen weniger Sozialleistungen beinhaltet und die mehr auf privatökonomische Selbsthilfe und auf die Fragmentierung der Sozialstaats-Klientel angelegt ist.

Freilich läßt sich diese These der spürbaren Differenz zwischen der Politik von sozialdemokratischen und bürgerlichen Regierungen nicht über alle Politikbereiche hinweg verallgemeinern, in denen es um die Reproduktion und die Qualifikation der Arbeits- und Wohnbevölkerung geht. Insbesondere gilt diese Hypothese nicht für Politikinhalte, die Privilegien und Positionen in der gesellschaftlichen Hierarchie neu verteilen (Bildungswesen), die nahe an den staatlichen Gewaltapparat (Innere Sicherheit und Militär) oder nahe an den privatökonomischen Akkumulationsprozeß und insbesondere an die private Verfügungsgewalt über Investitionen kommen. In der Bildungspolitik z. B. zeigen sich keine systematischen – d. h. für alle Länder geltenden – Trennlinien zwischen bürgerlichen und sozialdemokratisch regierten Ländern. Bei den Indikatoren für die Bildungspolitik gibt es recht unterschiedliche Befunde. Parkins Studie (1971), einige der hier verwendeten WMSE-Indikatoren (Sivard 1978) und eine vergleichende Studie über die Politik der CDU- und SPD-Regierungen in den Ländern der Bundesrepublik Deutschland (Schmidt 1980) stützen beispielsweise die These einer quantitativen Differenz. Andere Analysen (z. B. Hewitt 1977) lassen sich jedoch dahingehend interpretieren, daß die Bildungspolitik von sozialdemokratischen Regierungen nicht systematisch über dasjenige hinausgeht, was bürgerliche Regierung vorher oder zur selben Zeit in Gang setzten (Struktur des Bildungswesens, Gesamtschule, Priorität der Bildungsausgaben (vgl. auch Voland 1978)). Auch in bezug auf den Militär- und Rüstungsapparat dürfte die Differenz zwischen bürgerlichen und sozialdemokratischen Regierungen gering sein. In bezug auf die Militärausgaben und die relative Größe der Militärapparate gibt es keine systematische Trennlinie zwischen bürgerlichen und sozialdemokratischen Regierungen (Keman 1979). Wenn man alle 21 Länder einbezieht – und damit auch die Extremfälle Israel und Japan – dann ist in den

70er Jahren die der Ausgabenbereitschaft unter der Sozialdemokratie sogar der Tendenz nach etwas höher als bei den bürgerlichen Regierungen.
Die Hauptdifferenz liegt – nach dem bisherigen Stand meines Forschungsprojektes zu urteilen – darin, daß sozialdemokratische Regierungen sozialstaatlich stärker intervenieren, mehr für den sozialen Ausgleich und die Minderung von krassen Ungleichheiten tun und einen potenteren Steuerstaat geschaffen haben. Die spektakulärste Entwicklung findet überall dort statt, wo die Sozialdemokratie lange und in starkem Maße an der Regierung beteiligt war – und somit auch Zeit hatte, um die Bürokratie personalpolitisch zu erobern – wo die bürgerliche Opposition zersplittert ist, wo eine hochorganisierte und politisch einheitliche Gewerkschaftsbewegung besteht und wo die ethnischen und religiösen Konfliktlinien vergleichsweise schwach ausgeprägt sind (Schweden, Norwegen, mit Abstrichen Dänemark) (Castles 1978, Dryzek 1978, Schmidt 1980).
Die Expansion des öffentlichen Sektors, die den Ausbau des Wohlfahrtsstaates ermöglichte, wurde vor allem durch stark zunehmende Lohn- und Einkommenssteuern finanziert (OECD 1979a). In erster Linie dürfte es sich dabei um eine Inter-Generation- und eine Intra-Klassenumverteilung in der Arbeitnehmerschaft gehandelt haben. Das ist angesichts des hohen Anteils der abhängig Beschäftigten an den Erwerbspersonen nicht sonderlich überraschend. Immerhin scheint aber in den Ländern mit starker sozialdemokratischer Regierungsbeteiligung eine stärker progressive Besteuerung durchgesetzt worden zu sein (Hewitt 1977). In diesen Ländern ist auch der Tendenz nach die Einkommensungleichheit etwas geringer (Cameron, 1978, Tufte 1978). Andererseits haben sich aber sozialdemokratische Regierungen in die Nähe einer drohenden – und in Dänemark etwa akuten – Steuerrevolte manövriert. Es waren weniger die Belastungsgrenzen der privaten Wirtschaft, die hier als Schranken für das Staatshandeln ins Spiel kamen, als viel mehr die Belastungsgrenzen von Arbeitnehmern, des alten Mittelstandes und der Kleinunternehmer.

V. Arbeitslosenraten und Arbeitsmarktpolitik

In Untersuchungen über die Hintergründe von unterschiedlichen Arbeitslosenraten dominieren sozialökonomische Erklärungsmodelle (Überblick bei Schmidt 1979, Kp. 3.3.4). Zum Beispiel wird argumentiert, daß die Arbeitslosenraten positiv mit dem Umfang und der Entwicklungsstufe kapitalistischer Produktionsverhältnisse und positiv mit der technologischen Entwicklung sowie invers mit dem Niveau zahlungsfähiger Nachfrage, mit der Profitrate, mit niedrigen Löhnen und mit der Inflationsrate variiert. In Arbeitsmarktanalysen in den 60er und 70er Jahren wurde die klassische ökonomische Erklärung durch arbeitsmarktstrukturelle Erklärungen ergänzt. Zum Beispiel wurde argumentiert, daß der Abbau einer konjunkturell erzeugten Arbeitslosigkeit durch den Grad der Segmentierung von Arbeitsmärkten und durch unerwünschte Nebenfolgen von gutgemeinten sozialpolitischen Schutzmaßnahmen für Problemgruppen des Arbeitsmarktes (z. B. Mindestlohn, Auflagen für die Beschäftigung von Jugendlichen usw.) nachhaltig behindert werde. In der neueren politikwissenschaftlichen Wohlfahrtsstaatforschung wurde diesen Erklärungsansätzen ein alternatives politisches Erklärungsmodell gegenübergestellt. Zum Beispiel kam Douglas Hibbs (1977, 1979) in einer vergleichenden Analyse über eine Reihe von entwickelten kapitalistischen Ländern zum Ergebnis, daß sozialdemokratische Regierungen dazu tendieren, die Vollbeschäftigung auch um den Preis überdurchschnittlicher Inflationsraten zu sichern, während die Präferenzordnungen von rechten oder zentristischen Regierungen genau umgekehrt sei. Überprüfungen dieser Studie mit einer geänderten Zusammensetzung der Stichprobe haben freilich ergeben, daß die postulierten Zusammenhänge nicht stabil bleiben (Payne 1979). Offenbar ist für den Kurs der Arbeitsmarktpolitik weit weniger bedeutsam, welche Partei an der Regierung ist. Freilich bezogen sich diese Analyse auf die 60er Jahre und auf eine begrenzte Anzahl von demokratischen kapitalistischen Ländern. Insofern liegt der Verdacht auf einen Stichproben- und einen Perioden-bias nahe.

In der folgenden Analyse werden die unterschiedlichen Erklärungen der Arbeitslosenraten anhand einer vergleichenden Analyse über alle 21 kapitalistischen Demokratien in den 50er, den 60er Jahren und in der Periode zwischen 1974 und 1978 – 1974 setzt in den meisten Ländern die Wirtschaftskrise ein – getestet und durch neue Erklärungsansätze ergänzt.

Die abhängige Variable ist die – für die jeweiligen Perioden – durchschnittliche Arbeitslosenrate. Bekanntlich sind die internationalen Arbeitslosenraten nur in begrenztem Maße miteinander vergleichbar[7]. Es gibt freilich zwei Therapien, mit Hilfe derer man die Vergleichbarkeit sicherstellen kann: (1) die Reduktion des Meßniveaus auf rang- und nominalskalierte Niveaus (in der folgenden Untersuchung wird zwischen „niedrigen" – bis zu 2 % nach ILO-Konzept – „mittleren" (größer als 2 % einschließlich 5 %) – und „hohen" Arbeitslosenraten (größer als 5 Prozent) unterschieden); (2) die gleichzeitige Berücksichtigung von zusätzlichen Indikatoren für die Unterbeschäftigung (die freilich durchgängig nur für 9 Länder vorhanden waren, vgl. z. B. Moy 1979). Zusätzlich wurde das Ausmaß der Übereinstimmung der verwendeten ILO-Daten mit den vom US-Arbeitsministerium vorgelegten international vergleichbaren Arbeitslosenraten (Moy/Sorrentino 1975, 1977, Moy 1979, Sorrentino 1970, 1971, 1972, Sorrentino/Moy 1974) geprüft. Die Abweichungen fallen kaum ins Gewicht (Korrelation über 0.9). Schließlich wurde die im folgenden berichtete Analyse für diejenigen 9 Länder wiederholt, für die die US-Labor-Department Daten vorliegen. Dabei zeigte sich, daß die Hauptergebnisse voll gestützt werden.

In den Tabellen 4 und 5 sind Auszüge aus der Datenbasis und die Ergebnisse der statistischen Analyse für 1974–1978 zusammengestellt. In der Regel zeigt sich, daß die geläufigen sozialökonomischen und parteipolitischen Erklärungen nicht gestützt werden. Vielmehr spielen zwei andere Faktoren eine hervorragende Rolle: der Modus der Regulierung des Konflikts zwischen Lohnarbeit und Kapital und die Machtverteilung zwischen bürgerlichen und sozialdemokratischen Parteien – weitgehend unabhängig davon, welche Partei die Regierungsgeschäfte betreibt.[8]

Tabelle 4: Auszüge aus der Datenbasis

	Arbeitslosenrate (Schnitt 1974–1978)	Arbeitslosenrate (Schnitt 1960–1973)	Korporatismus (1974–1978)	Machtverteilung im Parteiensystem (1974–78)	Sozialdemokratischer Anteil an Kabinettsitzen (1974–1978)	Durchschnittl. jährl. Wirtschaftswachstum (1970–78) p.K. konst. Pr.	Durchschnittl. Inflationsrate (Consumer Price (1970–1978)
Australien	Hoch	Niedrig	Mittel	Bürgerlich	37	1.66	12.8
Belgien	Hoch	Mittel	Mittel	Bürgerlich	11	2.10	9.2
Bundesrep. Deutschland	Mittel	Niedrig	Mittel	Patt	73	2.24	4.8
Dänemarkt	Hoch	Mittel	Mittel	Sozialdem.	76	1.38	11.0
Finnland	Mittel	Mittel	Mittel	Sozialdem.	28	1.34	13.8
Frankreich	Mittel	Niedrig	Schwach	Bürgerlich	0	2.54	10.7
Großbritannien	Mittel	Mittel	Schwach	Patt	97	1.10	16.1
Irland	Hoch	Hoch	Schwach	Bürgerlich	29	2.82	15.3
Island	Niedrig	Niedrig	Mittel	Patt	3	2.28	39.8
Israel	Mittel	Mittel	Mittel	Bürgerlich	54	2.90	35.0[1])
Italien	Mitel	Mittel	Schwach	Bürgerlich	0	1.58	17.0
Japan	Niedrig	Niedrig	Stark	Bürgerlich	0	2.32	11.3
Kanada	Hoch	Hoch	Schwach	Bürgerlich	0	2.24	9.2
Luxemburg	Niedrig	Niedrig	Mittel	Patt	55	0.70	7.9
Neuseeland	Niedrig	Niedrig	Mittel	Patt	38	−0.92	13.8
Niederlande	Mittel	Niedrig	Mittel	Patt	31	1.78	7.8
Norwegen	Niedrig	Niedrig	Stark	Sozialdem.	100	4.12	9.5
Österreich	Niedrig	Mittel	Stark	Sozialdem.	100	2.86	6.9
Schweden	Niedrig	Niedrig	Stark	Sozialdem.	55	−0.20	10.3
Schweiz	Niedrig	Niedrig	Stark	Patt	97	−0.44	4.1
USA	Hoch	Mittel	Schwach	Bürgerlich	0	1.80	8.0

[1]) 1973–1977

Tabelle 5: Determinanten der Arbeitslosenraten (1974–78) – Vermutete und tatsächliche Zusammenhänge

Forschungshypothese	Indikator	vermuteter Zusammenhang	tatsächlicher Zusammenhang[1]	Folgerung
„Strukturkonstanz der Arbeitsmärkte"	Durchschnitt. Arbeitslosenrate 1960–1973	positiv	.63	bestätigt
„Ökonomische Hypothesen"	BIP pro Kopf (US S 1978)	positiv	–.17	nicht bestätigt
	Durchschnitt. jährliches Wirtschaftswachstum (p.K., konst. Preise, 1973–78	invers	.25	nicht bestätigt
	Durchschnitt. jährliche Inflationsrate 1973–78 (Consumer Prices)	invers	.09	nicht bestätigt
„Demographische und Arbeitsangebots-Hypothesen"	Veränderung des Anteils der Bevölkerung im erwerbsfähigen Alter (15–64) an Bevölkerung (1976–1973)	positiv	–39	nicht bestätigt
	Immigrationsländer (1 = ja, 0 = nein)	invers	.13[2]	nicht bestätigt
„Weltmarkt-Integrations-Hypothese"	1 = starke ökonomische und politische Integration, 0 = andere	positiv	.29[2]	schwach gestützt
„Wohlfahrtsstaatlich politisierte Arbeitsmärkte"	1 = hochentwickelter Wohlfahrtsstaat 0 = andere	positiv	.10[2]	nicht bestätigt
„Parteipolitische Hypothese"	Sozialdemokr. Anteil an Kabinettsitzen 1974–78	invers	–.28	nicht gestützt
	Sozialdemokratische Regierungsbeteiligung 1974–78 (% Monate)	invers	–.32	schwach bestätigt
	Dominante Regierungspartei (s. Anm. 3)	invers	–.17	nicht bestätigt
	Machtverteilung im Regierungs- und Parteiensystem (s. Anm. 4)	invers	–.36	schwach gestützt
„Politische Hypothesen" (Machtverteilung im Parteiensystem und im außerparlamentarischen Bereich)	„Linke Wählerschaft"	invers	–.41	schwach gestützt
	Machtverteilung im Parteiensystem	invers	–.52	bestätigt
Korporatismus: These vom „gleichen Tausch"	Korporatismus	invers	–.67	bestätigt
Korporatismus: These vom „ungleichen Tausch"	Korporatismus	positiv	–.67	nicht bestätigt

[1]) Rangkorrelationskoeffizienten (Spearman's rho) sofern nicht anders ausgewiesen

[2]) lambda_a.

Die wichtigsten erklärenden Variablen sind auf folgende Weise interkorreliert: Arbeitslosenrate 1960–73 mit Korporatismus: rho = –.48 und mit Machtverteilung im Parteiensystem: rho = –.24; Korporatismus und Machtverteilung im Parteiensystem: rho = .56

V.1 Arbeitslosenraten und die politische Zusammensetzung der Regierung

Empirisch zeigt sich, daß zwischen den Arbeitslosenraten und den verschiedenen Indikatoren der politischen Zusammensetzung der Regierungen kein systematischer Zusammenhang besteht. Hohe, mittlere und niedrige Arbeitslosenraten sind sowohl in bürgerlich als auch in sozialdemokratisch regierten Ländern zu verzeichnen. Dieses Ergebnis gilt im übrigen nicht nur für die Krisenjahre 1974 bis 1978, sondern auch für die Prosperitätsphasen zwischen 1950 und 1959 und zwischen 1960 und 1969. Insofern wird die These von Hibbs (1977) wiederlegt, der zu Folge sozialdemokratische Regierungen systematisch eine von bürgerlichen Regierungen unterschiedliche Arbeitsmarktpolitik betrieben hätten. Für die parteipolitische Hypothese spricht allenfalls die Beobachtung, daß eine hegemoniale Sozialdemokratie (Österreich ab 1970, Norwegen, Schweden bis 1976) eine hinreichende – freilich aber keine notwendige – Bedingung für eine niedrige Arbeitslosigkeit ist. Arbeitslosenraten unter 2 Prozent sind keineswegs ein exklusives Kennzeichen von sozialdemokratisch dominierten Ländern. Die spektakulärsten sozialdemokratischen Abweichler – d.h. Länder, in denen die Arbeitslosigkeit hoch oder mittelhoch und in denen die Sozialdemokratie stark regierungsbeteiligt war – sind Dänemark, die Bundesrepublik, Israel und Großbrittanien. Die spektakulärsten Abweichler unter den bürgerlich regierten Ländern bzw. in Ländern mit einem Patt zwischen Sozialdemokratie und bürgerlichen Parteien – niedrige Arbeitslosigkeit bei relativ ungünstigen wirtschaftlichen Bedingungen als Folge einer gezielten Arbeitsmarktpolitik – sind in den 70er Jahren Neuseeland, Island, Japan und die Schweiz. Freilich muß hinzugefügt werden, daß in diesen Ländern, ebenso wie in den meisten anderen Ländern, auch die Erwerbsbeteiligung zurückgeht. In der Schweiz wurde die Vollbeschäftigung durch den Export der Gastarbeiter erkauft. In Japan blieb zwar im monopolistischen Sektor die Stammarbeiterschaft weitgehend vollbeschäftigt, dafür sank aber die Erwerbsbeteiligung zu Lasten der Arbeitsplätze im Konkurrenzsektor und insbesondere in der Zulieferindustrie. In Neuseeland und Island scheint, nach den verfügbaren Daten zu urteilen, das Verhältnis von Beschäftigten zur Gesamtbevölkerung ebenfalls gesunken zu sein.

V.2 Ökonomische Variablen, Arbeitskräfteangebot, politisierte Arbeitsmärkte und die Arbeitslosenraten

So wenig Evidenz für die parteipolitische Hypothese reklamierbar ist, so wenig werden auch die geläufigen sozialstrukturellen und arbeitsmarktstrukturellen Erklärungen gestützt. Es besteht beispielsweise nur ein schwacher Zusammenhang zwischen dem Niveau der Arbeitslosenraten und den Indikatoren für die wirtschaftliche Entwicklung, mit Indikatoren für das Arbeitskräfteangebot, mit der Inflationsrate und mit der Existenz eines starken Kontingent von ausländischen Arbeitern, das erfahrungsgemäß am ehesten das Opfer einer ökonomischen Krise und einer restriktiven Beschäftigungspolitik wird. Schließlich wird auch die These der „politisierten Arbeitsmärkte" (soziale Sicherung als Determinante der Arbeitslosenrate) nicht gestützt.

Damit ist nicht gesagt, daß ökonomische, demographische und arbeitsmarktstrukturelle Entwicklungen generell unwichtig für die Lage auf dem Arbeitsmarkt sind. Der entscheidende Punkt ist vielmehr, daß nur eine bestimmte Gruppe von Ländern durch eine ganz enge Koppelung von sinkendem Wirtschaftswachstum und stark ansteigenden Arbeitslosenraten gekennzeichnet ist (z. B. die BRD, England, die USA, die Niederlande), während in einer zweiten Gruppe von Ländern – generell die Länder mit „niedriger" Arbeitslosigkeit – intervenierende politische Variablen die Automatik von ökonomischer Krise und Beschäftigungskrise unterbrechen.[9]

V.3 Ausgangsbedingungen, Korporatismus und die Machtverteilung zwischen dem sozialdemokratischen und dem bürgerlichen Lager

Bei dem positiven Erklärungsversuch, den ich vorschlage, spielen zwei Prämissen eine hervorragende Rolle: erstens die Prämisse, daß die Arbeitslosigkeit in den 70er Jahren in erheblichem Umfang nicht nur das Ergebnis konjunktureller sondern auch struktureller Faktoren ist, die in der geschichtlich gewachsenen und sich nur langsam verändernden ökonomischen Struktur verankert sind. Ein einfacher Test auf diese Prämisse besteht darin, die durchschnittliche Arbeitslosigkeit in den 70er Jahren mit der durchschnittlichen Arbeitslosigkeit der 60er Jahre zu korrelieren. Wie zu vermuten war, zeigt sich ein relativ starker Zusammenhang (rho = .63): Länder mit hoher (niedriger) Arbeitslosigkeit in den 60er und 50er Jahren haben der Tendenz nach auch in den 70er Jahren in der Regel eine hohe (niedrige) Arbeitslosigkeit. Das reflektiert die Binsenweisheit, daß sich die Struktur des Arbeitsmarktes über kurze Zeiträume nicht grundlegend ändert. Interessant ist freilich die Frage, inwieweit zusätzlich zu den Ausgangsbedingungen in den 60er Jahren noch andere Determinanten eine Rolle spielen. Bei der Hypothese, die ich vorschlagen möchte, steht eine zweite gesellschaftstheoretische Prämisse mit im Vordergrund: diese Prämisse besagt, daß in außerparlamentarischen Konfliktarenen substantielle Vorentscheidungen getroffen werden, die die Struktur des Arbeitsmarktes und den Kurs der Arbeitsmarktpolitik der Regierung weitgehend steuern. Auf der politiktheoretischen Ebene ist diese Prämisse in klassen- und schichtungspolitologischen Ansätzen begründet (Edwards/Reich 1979, Boddy/Crotty 1975). Politische Institutionen sind demnach als Arenen von sozialen Konflikten zu konzeptualisieren, der Staat wird als eine Instanz angesehen, die „oberhalb" der strukturellen Verklammerungen mit der Gesellschaft (Theorem des kapitalistischen Staates) eine Interessenbörse ist, auf der die Interessen von sozialen Gruppen und Klassen gehandelt werden. Die staatliche Politikproduktion wird als Resultante von Selektivitäten und Eigeninteressen des Staates und der Regierungsparteien und von – vielfältig gebrochenen – parlamentarisch übersetzten Ausdrucksformen von sozialen Konflikten begriffen. Und zugleich wird unterstellt, daß nicht nur Gewerkschaften zwischen einem kooperativen und einem konfliktorischen Kurs wählen können, sondern ebenso auch die Unternehmerschaft.

Die Prämisse vom Primat der außerparlamentarischen Politik für Politikergebnisse kann durch empirische Evidenz gestützt werden. Studien über die Entwicklung des Wohlfahrtsstaates haben z.B. gezeigt, daß insbesondere auch bürgerliche Regierungen Sozialpolitiken oftmals als Waffen gegen drohende und manifeste soziale Unruhen einsetzen werden. Und auch aus der empirischen Analyse der Determinanten der Arbeitslosigkeit läßt sich einiges an Evidenz ableiten. Es läßt sich zeigen, daß ein Zusammenhang zwischen der Stärke des Arbeitnehmermilieus (gemessen durch den Stimmenanteil, der auf sozialdemokratische und kommunistische Parteien entfällt) und der Arbeitslosigkeit besteht: Länder mit relativ geringem politischen Gewicht des Arbeitnehmermilieus tendieren in der Regel zu hohen Arbeitslosigkeitsraten (die Ausnahmen Schweiz, Island und Japan werden weiter unten erklärt). In diesen Ländern fehlt ein gesellschaftliches Bollwerk gegen eine Arbeitsmarktpolitik zu Lasten der Arbeitnehmer. Umgekehrt ist aber ein relativ starkes Arbeitnehmermilieu noch kein Garant für eine arbeitnehmerfreundliche Beschäftigungspolitik. Das ist vielmehr nur unter der zusätzlichen Bedingung der Fall, daß das Lager der bürgerlichen Parteien zugleich organisatorisch zersplittert und ideologisch wenig kohäsiv – und entsprechend die relative Stärke des Arbeitnehmermilieus groß – ist.

Die umfassendste Erklärung für die unterschiedlichen Arbeitslosenraten erhält man freilich erst dann, wenn man zugleich die Modi der Regulierung des Klassenkonflikts und die Struktur der historisch gewachsenen wirtschaftlichen und ideologischen Beziehungen zwischen Lohnarbeit und Kapital mitberücksichtigt.

Meine These für die Erklärung der starken Variation der Arbeitslosigkeit unter den Bedingungen der Krise in den 70er Jahren besagt, daß eine niedrige Arbeitslosigkeit nur unter dem gleichzeitigen Vorhandensein einer spezifisch strukturierten Lohnarbeit-Kapital-Beziehung und einer spezifischen Integration in den Weltmarkt zustande kommt:

(1) Eine Bedingung ist eine politisch präsente und stimmenmäßig starke Arbeitnehmerschaft, deren wahlpolitisches und arbeitskampfpolitisches Desorganisationspotential entweder durch stabile korporatistische Arrangements – meist unter sozialdemokratischen Regierungen – oder durch paternalistische industrielle Beziehungen – bei den bürgerlichen Regierungen – zwar eingebunden und entschärft, andererseits aber auch durch die Institutionalisierung dauerhaft wirksam bleibt. Offenbar gewinnt die politische Stärke der Arbeiterbewegung durch die Institutionalisierung eine zusätzliche, in Krisenzeiten besonders politikwirksame Eigendynamik.

(2) Eine zweite Bedingung ist, daß die Unternehmerschaft nie richtig Gelegenheit hatte, eine ideologische Hegemonie voll zur Geltung zu bringen – entweder weil aus entwicklungsgeschichtlichen Gründen starke Rückstände aus der vorkapitalistischen Produktionsweise weiterbestehen (Japan) oder weil die Konfliktlinien im Zuge der Industrialisierung das Aufkommen einer laissez-faire orientierten Politik und einer krassen Benachteiligung der Arbeitnehmerschaft verhinderten (Schweden).

(3) Die dritte Bedingung ist, daß die Unternehmerschaft sich aus diesen ideologischen Gründen und aus Gründen, die in der Weltmarktintegration liegen, eine konzessionsbereite und kooperative Politik gegenüber der Arbeitnehmerschaft leisten mußte und leisten konnte, und daß sie gelernt hatte, auch unter diesen Bedingun-

gen profitabel zu wirtschaften. Das ist insbesondere in kleinen Ländern gegeben, die durch eine hohe Kommunikationsdichte zwischen den Eliten gekennzeichnet und die in einer spezifischen Art und Weise in den Weltmarkt integriert sind: der in der Regel kleine inländische Markt macht eine Exportoffensive unverzichtbar. Diese Offensive setzt umfangreiche wohlfahrtsstaatliche Absicherungen der wirtschaftsstrukturellen Verschiebungen und eine starke kooperative Politik gegenüber der Arbeitnehmerschaft voraus. Zugleich sind die Länder mit niedriger Arbeitslosigkeit in politischer, militärischer und finanzieller Hinsicht weniger extensiv und intensiv als beispielsweise die typischen EG- oder NATO-Länder in den politischen Überbau des Weltmarktes integriert. Das heißt zugleich, daß die Unternehmerschaft weniger Startvorteile vor der Lohnarbeit und der Staat mehr Handlungsspielräume hat als bei den Ländern mit starker politischer, militärischer und finanzieller Integration. Speziell für Island und Neuseeland kommt die spezifische Struktur der Wirtschaft hinzu: der Handel mit Gütern aus dem Primärbereich machte diese Länder in der Krise der 70er Jahre zwar verletzlich für die Schwankungen der Weltmarktnachfrage, ließ aber diese Länder auf Grund einer protektionistischen Politik und auf Grund der starken Einbindung der Lohnarbeiterschaft innenwirtschaftlich unter geringere Rationalisierungszwänge geraten, als dies beispielsweise in der Bundesrepublik der Fall war.

Wenn diese drei Bedingungen gegeben sind, dann ist auch die Reaktion der staatlichen Arbeitsmarktpolitik und die Reaktion der Unternehmerschaft auf ökonomische Krisen anders: hier bleibt dann selbst bei stagnierenden oder rückläufigen Wachstumsraten die Arbeitslosenrate im Schnitt nahezu konstant, während sie in allen anderen Ländern erheblich ansteigt.

Meine These besagt also, daß es gerade spezifische Konstellationen des Konflikts zwischen Lohnarbeit und Kapital, spezifische geschichtlich gewachsene ideologische Ausdrucksformen und spezifische Mechanismen der Weltmarktintegration sind, die letztlich entscheidend für den Kurs der Arbeitsmarktpolitik sind. Derartige institutionelle Arrangements wie die paternalistische oder korporatistische Regulierung des Klassenkonflikts, konzessionsbereite und kooperative ideologische Orientierungen der Unternehmer, ein relativ geringer Grad der Integration in die politischen Überbauten des Weltmarktes und eine Machtverteilung im Parteiensystem zugunsten des Arbeitnehmermilieus, blockieren eine Krisenpolitik, die voll zu Lasten der Arbeitnehmer geht. Sie drängen vielmehr Regierungen und Unternehmer zu einer Verschiebung, Dämpfung, Streckung der Krise durch wirtschaftspolitische Interventionen und zu einer aktiven Arbeitsmarktpolitik – selbst dann, wenn ökonomische und demographische Entwicklungen den Arbeitsmarkt zusätzlich belasten.

Zwar haben die Regierungen in allen demokratischen kapitalistischen Ländern in den 70er Jahren arbeitsmarktpolitische Maßnahmen ergriffen, doch waren die dramatischsten und wirkungsvollsten Arbeitsmarkt-Politiken in den Ländern mit niedrigen Arbeitslosenraten zu verzeichnen. Im wesentlichen handelte es sich um unterschiedliche Kombinationen aus einer global oder selektiv ansetzenden Stützung der Nachfrage, um Schaffung neuer Arbeitsplätze im öffentlichen Sektor, um Arbeitsbeschaffungsmaßnahmen, um Einwirkungen auf das Angebot an Arbeitskräften, um

Lohnsubventionen, Frühverrentungsangebote, Umschulungen, Arbeitszeitverkürzungen, Subventionen für die Produktion auf Lager sowie um Einkommenspolitiken, protektionistischen Maßnahmen und restriktiven Maßnahmen gegenüber den ausländischen Arbeitnehmern (OECD Economic Surveys 1974 ff.). Die umfassendsten und wirkungsvollsten Arbeitsmarkt-Politiken wurden in Schweden unter der sozialdemokratischen Regierung und unter den bürgerlichen Koalitionsregierungen seit 1976 ergriffen (Johannesson und Schmid 1979). Hier wurden 3–4 Prozent der Erwerbsbevölkerung durch die aktive Arbeitsmarktpolitik erfaßt. Der abweichende Fall unter den Ländern mit niedriger Arbeitslosigkeit ist die Schweiz. Hier wurde die inländische Arbeitslosenrate durch eine restriktive Einwanderungspolitik und durch die Entlassung der ausländischen Arbeitnehmer niedrig gehalten, während staatliche aktive arbeitsmarktpolitische Maßnahmen nahezu völlig fehlten.

Kurzfristig gesehen, scheint der Preis für eine Politik der Niedrigarbeitslosigkeit geringer zu sein als derjenige, den Länder mit einer hohen Arbeitslosigkeit bezahlt haben. Erstens wurde nämlich das soziale Elend einer Massenarbeitslosigkeit vermieden, und zweitens hielten sich auch die Inflationsraten im Rahmen des international üblichen. Die durchschnittlichen Inflationsraten in den Ländern mit niedriger Arbeitslosigkeit sind etwa so hoch wie bei den übrigen Ländern mit mittlerer und hoher Arbeitslosigkeit und, wenn man die extrem hohe Inflationsrate in Island nicht berücksichtigt, sogar geringer.

In allen übrigen Ländern, in denen der Klassenkonflikt eher konkurrenzmäßig oder autoritär reguliert wird, in denen die Unternehmerschaft an Stelle einer kooperativen eine konfliktorische Politik betreibt, und in denen die extensive und intensive ökonomische durch eine starke politische, militärische und finanzielle Integration in den Weltmarkt verstärkt wird, sieht die Lage auf dem Arbeitsmarkt und die Arbeitsmarktpolitik der Regierungen ganz anders aus. Hier bestehen institutionell und ideologisch sehr viel mehr Handlungsspielräume, -anreize und -zwänge für eine marktwirtschaftliche Krisenpolitik, die den Reinigungsprozeß der Krise wenig stört, die die Dauer, Intensität und Wirkung der Krise nur punktuell beeinflußt und/oder durch reaktive Sozialpolitik die sozialen Fragen auffängt und die auf die Umverteilung zu Lasten der Arbeitnehmer hinausläuft.

Eine solche Politik erfolgt sowohl unter bürgerlichen als auch unter sozialdemokratischen Regierungen. Der Unterschied zwischen beiden besteht erstens darin, daß in den sozialdemokratisch regierten Ländern das Netz der sozialen Sicherung umfangreicher und für Arbeitnehmer und Unternehmer kostspieliger ist, und zweitens darin, daß sozialdemokratische Regierungen die Massenarbeitslosigkeit offenbar nur bis zu einer gewissen Grenze zu akzeptieren bereit sind (weil sonst die Finanzierung des sozialdemokratischen Wohlfahrtsstaates zusammenbrechen würde): auffällig ist nämlich, daß extrem hohe Arbeitslosenraten in aller Regel nur in Ländern mit bürgerlicher Regierung und schwacher Arbeiterbewegung auftreten, während die Massenarbeitslosigkeit in sozialdemokratischen Ländern in der Regel die 5-Prozent-Marke bislang jedenfalls nicht überschritten hat (Ausnahme Dänemark).

VI. Modi der Steuerung der Ökonomie und des Klassenkonflikts

Man kann mit diesem Erklärungsansatz eine Vier-Felder-Tabelle konstruieren, mit der die unterschiedlichen Modi der Wirtschaftssteuerung und der Regulierung des Klassenkonflikts sowie die jeweiligen Ergebnisse für den Arbeitsmarkt kenntlich gemacht werden (s. Übersicht 1).

Übersicht 1: Steuerungsmodi der Wirtschaft und des Klassenkonflikts

	„niedrige" Arbeitslosenquoten (≤ 2 %) (1974–78)	*„mittlere und hohe" Arbeitslosenquoten (> 2 %) (1974–78)*	
Sozialdemokratisch dominierte Regierung (1974–78)[i]	Österreich Norwegen Schweden *„korporatistische Steuerung und entwickelter Wohlfahrtskapitalismus"*	Dänemark Finnland BRD Israel Großbritannien *„strukturpolitische Steuerung und entwickelter Wohlfahrtskapitalismus"*	←→ Relativ stark entwickelter Wohlfahrtsstaat
Bürgerlich dominierte Regierung (1974–78)[i]	*„korporatistische und paternalistische Steuerung"* Neuseeland Japan Schweiz Island Luxemburg	*„konkurrenzwirtschaftliche und autoritäre Steuerung"* Australien Belgien[ii] Kanada Irland Frankreich Italien USA	←→ Relativ schwach entwickelter Wohlfahrtsstaat
	partielle, materielle „Politisierung des Kapitalismus"	*formelle „Politisierung des Kapitalismus" – inhaltlich Ökonomisierung*	

i) Maßstab für Dominanz: sozialdemokratischer bzw. bürgerlicher Ministerpräsident für mehr als die Hälfte der Jahre

ii) Abweichender Fall: das Etikett der empirisch fundierten Typologie paßt hier ebensowenig wie die Zeilensummenbezeichnung

Die linke obere Zelle umfaßt Länder mit starker Regierungsbeteiligung der Sozialdemokratie und mit niedriger Arbeitslosigkeit. Hier herrscht ein stabiler korporatistischer Steuerungsmechanismus vor, der auf einer Selbststeuerung von Kapital und Lohnarbeit und auf einer Steuerung unter Einschluß des Staates aufbaut. Diese Steuerung wird durch umfangreiche politische Tauschgeschäfte und einen hoch entwickelten Wohlfahrtsstaat flankiert: Zurückhaltung in der Lohnpolitik wird durch die Sicherung von Arbeitsplätzen und Zugeständnissen bei der Mitbestimmung honoriert, der soziale

Frieden wird durch umfangreiche wohlfahrtsstaatliche Programme aufrechterhalten.
Die linke untere Zelle umfaßt die bürgerlich regierten Länder mit niedriger Arbeitslosigkeit. Hier herrscht neben dem korporatistischen Selbststeuerungsmechanismus ein traditional-paternalistisches Regulierungsmuster, das in vorkapitalistischen Wertsystemen und/oder in einem relativ starken Primärsektor (mit der Folge relativ schwächerer industrieller Interessen) verwurzelt ist. Hier ist aber – anders bei den Ländern mit politischer Dominanz der Sozialdemokratie – die wohlfahrtsstaatliche Flankierung schwächer entwickelt.
Von den Arbeitsmarktergebnissen ist dieser Steuerungsmechanismus dem korporatistischen Steuerungsmechanismus unter sozialdemokratischen Regierungen funktional äquivalent. Beide führen zu einer niedrigen Arbeitslosenquote trotz widriger wirtschaftlicher Bedingungen. Beide führen zu einer partiellen „materiellen Politisierung" des Kapitalismus – jedenfalls in bezug auf die Arbeitsmärkte. „Partiell" ist diese Politisierung – im Sinne einer bewußten Steuerung gegen Tendenzen der Marktwirtschaft – weil sie zum Beispiel nicht auch gleichzeitig Wachstums-, Verteilungs- und Inflationsprobleme in den Griff bekommt.
Die rechte obere Zelle enthält die sozialdemokratisch regierten Länder mit relativ hoher Arbeitslosigkeit. Der Grad der Wirtschaftssteuerung ist hier erheblich geringer und weniger flächendeckend als bei den Ländern mit stabiler korporatistischer Steuerung. Hier dominiert eine strukturpolitische Steuerung (Ronge 1977) des Staates, eine sozialdemokratisch geführte Modernisierung der Volkswirtschaft, die vorwiegend indirekt, reaktiv und global steuert und die der Marktwirtschaft einen hohen Freiheitsgrad beläßt. Staatliche Eingriffe in den Wirtschaftsprozeß binden sich hier inhaltlich stark an die Dynamik des privaten Kapitals an. Die Beschäftigungskrise wird in erster Linie reaktiv durch umfangreiche sozialstaatliche Netze aufgefangen.
In der rechten unteren Zelle stehen bürgerlich regierte Länder mit hoher Arbeitslosigkeit. Hier dominiert ein konkurrenzorientiertes, marktwirtschaftliches Steuerungsmodell unter der ideologischen Hegemonie des Bürgertums. Die Produzenten und die Gewerkschaften sind hier von der Steuerung weitgehend ausgeschlossen. Das Netz der wohlfahrtsstaatlichen Sicherung ist weitaus schwächer und lückenhafter als unter den sozialdemokratischen Regierungen.
Andererseits hat aber dieses Steuerungsmodell auf dem Arbeitsmarkt ähnliche Ergebnisse wie die sozialdemokratische Modernisierungspolitik. Der Arbeitsmarkt wird von der Eigendynamik der kapitalistischen Marktwirtschaft dominiert. Staatliche Eingriffe laufen nicht auf eine „Politisierung" sondern auf eine „Ökonomisierung" (Ronge 1977) hinaus. Der Unterschied zu den sozialdemokratisch dominierten Ländern liegt darin, daß die sozialstaatliche Flankierung der Ökonomisierung bzw. der Modernisierung auf marktwirtschaftlichen Geleisen sehr viel weniger entwickelt ist. Das dürfte einer der zentralen Gründe dafür sein, daß in diesen Ländern der Umfang und die Intensität der Arbeitskämpfe insgesamt deutlich höher als in allen übrigen Ländern ist (Hibbs 1978, Korpi/Shalev 1979).

VII. Beantwortung der Fragestellung

Zurück zur Ausgangsfrage. Gibt es klar erkennbare Trennlinien zwischen der Regierungspolitik von sozialdemokratischen und bürgerlichen Parteien? In welchem Ausmaß ist die politische Zusammensetzung der Regierungen eine zentrale erklärende Variable für die Unterschiede der Politikproduktion in demokratischen kapitalistischen Ländern? Man hat gesehen, daß die politische Zusammensetzung der Regierungen zwar nicht unerheblich, aber doch von deutlich geringerer Erklärungskraft ist, als es die in der politischen und fachlichen Diskussion vorherrschende Meinung vermuten läßt. Zwar gibt es deutliche Unterschiede zwischen bürgerlichen und sozialdemokratischen Regierungen speziell in bezug auf die soziale Sicherung, die materielle Ausstattung des Gesundheitswesens und teilweise in bezug auf die Expansion des Steuerstaates. Auf dieser Ebene korrigieren sozialdemokratische Regierungen die Praxis des Kapitalismus stärker als die bürgerlichen Regierungen. Der soziale Ausgleich fällt stärker ins Gewicht. Das gilt insbesondere dann, wenn die Sozialdemokratie lange Zeit als führende Regierungspartei und als stärkste Partei fungierte und wenn ihr die Politik durch die Unterstützung einer hochorganisierten, politisch einheitlichen Gewerkschaftsbewegung und durch eine organisatorisch zersplittertes bürgerliches Lager leichter gemacht wurde (Paradebeispiel Schweden).

Je mehr freilich der Politikinhalt an das wirtschaftliche Nervenzentrum der kapitalistischen Gesellschaft kommt, desto weniger wird die politische Zusammensetzung die entscheidende erklärende Variable. Für die Lage auf den Arbeitsmärkten und für die Arbeitsmarktpolitik des Staates zum Beispiel lassen sich keine systematischen Trennlinien zwischen bürgerlich und sozialdemokratisch regierten Ländern nachweisen. Interessanterweise erfolgt nämlich eine (der Tendenz nach) vollbeschäftigungssichernde Arbeitsmarktpolitik von Kapital und Staat nicht nur in den Ländern, wo die Sozialdemokratie traditionell stark regierungsbeteiligt war, sondern auch in einigen bürgerlich regierten Ländern, die sich durch spezifische Modi der Weltmarktintegration und der Regulierung des Klassenkonflikts auszeichnen.

Die reformpolitische Pointe dieser Analyse liegt im Nachweis, daß der Kapitalismus – jedenfalls zeitweilig und in bezug auf den Arbeitsmarkt – durchaus materiell politisierbar und im Interesse der abhängig Beschäftigten steuerbar ist. Die Pointe liegt zum zweiten im Nachweis, daß eine derartige Politisierung der Ökonomie (wie auch das Gegenstück: eine Politik, die inhaltlich sich an die Funktionslogik der privaten Ökonomie anbindet) sowohl unter sozialdemokratischen Regierungen als auch unter bürgerlichen Regierungen erfolgt. Der Hauptunterschied reduziert sich auf den Grad der sozialstaatlichen Flankierung der Politisierung bzw. der Ökonomisierung, die von staatlicher Seite vorangetrieben wird.

Insgesamt deuten die hier vorgelegten Zwischenergebnisse darauf hin, daß vier Variablenkomplexen bei der Analyse der Determinanten der staatlichen Politik eine ganz zentrale (freilich auch nach Politikbereichen stark variierende) Bedeutung zukommt

- die politische Zusammensetzung der Regierungen, die auf Grund der unterschiedlichen sozialen Basis der Regierungsparteien der Tendenz nach zu unterschiedlichen Politikergebnissen führt, insbesondere in bezug auf die Verteilungssphäre;

– das Kräfteverhältnis zwischen sozialdemokratischen Parteien und den bürgerlichen Parteien im Parteiensystem, das sich auch weitgehend unabhängig davon, welche Partei die Regierungsmacht innehat, auf die staatliche Politik auswirkt;
– die Art der Integration in den Weltmarkt und in die politischen Überbauten des Weltmarktes;
– die Struktur von außerparlamentarischen Konfliktarenen und insbesondere die Modi der Regulierung des Klassenkonflikts (Korporatismus).

Anmerkungen

1 Der folgende Beitrag stellt eine stark überarbeitete und gekürzte Fassung eines Referates dar, das auf dem Kongreß der Deutschen Vereinigung für Politische Wissenschaft in Augsburg (Oktober 1979) vorgelegt wurde. Beide Arbeiten wären ohne die finanzielle Unterstützung durch die DFG und durch die technische Hilfe von Jürgen Häusler, Johannes Mißlbeck und Helmut Wagner nicht möglich gewesen. (Manuskript-Abschluß: Januar 1980).

2 Als „sozialdemokratisch" werden die sozialdemokratischen Parteien und die Labour Parteien klassifiziert. Unter der Rubrik „bürgerlich" werden konservative, liberale, christdemokratische und Zentrums-Parteien zusammengenommen. Eine grundlegende Annahme meiner Analyse ist, daß die Etiketten „sozialdemokratisch" und „bürgerlich" in allen untersuchten Ländern eine im großen und ganzen identische Bedeutung haben. Eine zweite grundlegende Annahme ist, daß bei aller Variation innerhalb der Gruppen der sozialdemokratischen und der bürgerlichen Parteien eine zweifache zentrale Differenz zwischen den Gruppen besteht: im Hinblick auf die unterschiedliche Klassenbasis (sozialdemokratische Parteien sind stärker in der Arbeitnehmerschaft und in den Gewerkschaften verankert, bürgerliche Parteien haben eine komplexere Klassenbasis, weil sie auch den Großteil der Landwirte, des alten Mittelstandes, der Kapitalbesitzer und Wirtschaftsmanager umfaßt) und im Hinblick auf die unterschiedliche Programmatik (Vorrang eines umfassenden, staatlich organisierten sozialen Ausgleichs bei den Sozialdemokraten). Besonders wichtige Literatur für Details: Smith 1976, Paterson/Thomas 1977, Paterson/Schmitz 1978, Raschke (Hrsg.) 1978, Irving 1979.

3 Es handelt sich um eine Rangskala. Rang 1 = „bürgerliche Dominanz". (Dominanz ist definiert als ein Anteil an den Kabinettsitzen und eine Regierungsbeteiligung, die mindestens 2/3 der Sitze bzw. der Untersuchungsperiode umfaßt. Bürgerlich meint hier entweder eine stabile, ideologische kohäsive Koalition aus bürgerlichen Parteien unter Ausschluß der Sozialdemokratie oder – falls ein derartiges Bündnis nicht vorhanden ist – die stärkste bürgerliche Partei). Rang 2 = „Patt" (Residualkategorie), Rang 3 = „Dominanz der Sozialdemokratie" (analog zu Rang 1).

4 Die Plazierung der Länder auf den Rangplätzen dieser Skala setzt sich zusammen aus dem Rangplatz auf der Skala der dominanten Regierungspartei (vgl. Anm. 3) und dem Rangplatz auf der Skala der Machtverteilung zwischen dem sozialdemokratischen und dem bürgerlichen Lager im Parteiensystem. Bei dieser Skala der relativen Machtverteilung gilt: Rang 1 = „bürgerliche Dominanz" (Dominanz = wenn bei der Mehrzahl der Wahlen in der Untersuchungsperiode der nach Stimmen gerechnete Vorsprung einer stabilen, ideologisch kohäsiven bürgerlichen Koalition bzw. der stärksten bürgerlichen Partei gegenüber der Sozialdemokratie mindestens 5 Prozent beträgt). Rang 2 = „Patt" (Vorsprung ist in der Mehrzahl der Wahlen kleiner als 5 Prozent). Rang 3 = „Dominanz der Sozialdemokratie" (analog zu Rang 1). Die aus beiden Rangordnungen zusammengesetzte Skala weist 5 Rangplätze auf, die wie folgt etikettiert sind: 1 = bürgerliche Dominanz, 2 = „rechtszentristisch", 3 = „Patt", 4 = „linkszentristisch" und 5 = Dominanz der Sozialdemokratie.

5 Korporatismus wird als Modus der Politikentwicklung bzw. als Modus der Regulierung des Klassenkonfliktes definiert, der sich von dem autoritären und dem pluralistisch-wettbewerbsorientierten Typ durch die Teilhabe von Staat, Unternehmerverbänden und Gewerkschaften an der Politikentwicklung unterscheidet. Bei der Korporatismus-Variable unterscheide ich zwischen drei Ausprägungen: stark, mittel, schwach. Von einem starken Korporatismus spreche ich, wenn die Führung der Gewerkschaften und die Unternehmerverbände eine ausgeprägt sozialpartnerschaftliche Ideologie vertreten; wenn Staat, Unternehmerverbände und Gewerk-

schaften in einigen wirtschaftspolitischen Bereichen bei der Politikentwicklung kooperieren; wenn keine „von oben" autoritär verordnete Einkommenspolitik stattgefunden hat, und wenn die industrielle Militanz der Arbeitnehmerschaft gering ist (operationell definiert durch ein Verhältnis der durch Streiks verlorenen Arbeitstage zur Zahl der Beschäftigten in den Jahren zwischen 1974 und 1978, das kleiner als 0,1 ist (eine geringe industrielle Militanz und ein entsprechend hoher „industrieller Konsens" ist – sofern die Arbeiterbewegung zugleich organisatorisch stark ist – keineswegs ein Zeichen für Schwäche, sondern eher für eine bewußte Zurückhaltung bei der Demonstration der eigenen Macht)). Auf der Basis der Literatur über den Korporatismus (Lehmbruch 1977, Schmitter und Lehmbruch 1979) wurde der eher „sozietale" schweizer Korporatismus und der „private Korporatismus" in Japan als funktional äquivalent zum typischen europäischen Korporatismus eingestuft. Vom „schwachen Korporatismus" spreche ich in bezug auf Länder, in denen die Beziehungen zwischen Lohnarbeit und Kapital eher konfliktorisch sind (empirische Indikatoren: häufige Streiks, häufige Aussperrungen, starke sozialistische und/oder kommunistische Tendenzen in der Arbeitnehmerschaft und in den Gewerkschaften, gering entwickelte industrielle Demokratie) und in denen Einkommenspolitiken in der Regel auf autoritäre Weise – ohne direkte Beteiligung von Gewerkschaften und Unternehmerverbänden – auf den Weg gebracht wurden. Die Kategorie „mittelstarker" Korporatismus ist eine Residual-Kategorie. Für die Einordnung der einzelnen Länder in diese Rangskala waren vor allem folgende Analysen maßgebend: Lehmbruch 1977, Panitch 1977, Schmitter und Lehmbruch 1979, IDE-International Research Group 1980.

6 Aus Platzgründen mußte auf die Wiedergabe der Korrelations-Matrix verzichtet werden. Sie findet sich in dem in Anm. 1 genannten Papier, das beim Autor angefordert werden kann.

7 Hauptprobleme beim internationalen Vergleich der Arbeitslosenquoten: (1) keine einheitliche Definition der Erwerbs- und Nichterwerbsfähigkeit, der Arbeitsfähigkeit und der Arbeitssuche, (2) verschiedene Erhebungsmethoden, (3) verschiedene Definitionen der Arbeitslosenquoten, (4) unterschiedliche Wirkungen der Arbeitsmarktverwaltung auf die Registrierung und das Sucherverhalten der Arbeitslosen, (5) keine konstanten Altersgrenzen und (6) die Pufferfunktion der ausländischen Arbeiter (vgl. Koller/König 1977).

8 Aus Platzgründen mußte auf die Wiedergabe der Koeffizienten der Interkorrelation zwischen den erklärenden Variablen verzichtet werden. Die Interkorrelation ist – generell gesprochen – schwach bis mäßig stark, abgesehen natürlich von den jeweils eng verwandten Indikatoren für die politische Zusammensetzung der Regierungen, die stark miteinander korrelieren. Die Datenanalyse und die Interpretation basiert vorrangig auf bivariaten Analysen. Das ist zum einen die naheliegendste Strategie, weil wir es mit einer geringen Anzahl von Fällen zu tun haben. Zweitens lassen sich – angesichts der insgesamt schwachen bzw. gemäßigt starken Interkorrelation zwischen den erklärenden Variablen – aus der Stärke der jeweiligen bivariaten Korrelationskoeffizienten in etwa auch die relative Wichtigkeit der jeweiligen Variablen in Mehrvariablenmodellen ablesen.

9 Für alle Länder wurden Zeitserienkorrelationen für die Periode zwischen 1970 und 1978 durchgeführt. Die abhängige Variable war dabei die Veränderung der Arbeitslosenraten (gemessen durch die Differenz der Niveaus gegenüber dem Vorjahr), die unabhängige Variable die Rate des Wirtschaftswachstums (pro Kopf, konstante Preise). Die Ergebnisse können aus Platzgründen hier nur auszugsweise berichtet werden. Die starke Koppelung zwischen reduziertem Wachstum und steigender Arbeitslosenrate wird z. B. für die BRD und einige andere Länder durch eine sehr hohe Korrelation ($r < -0.8$ bei geringer Autokorrelation), und die schwache Koppelung in den Ländern mit niedriger Arbeitslosenrate trotz widriger wirtschaftlicher Bedingungen durch Korrelationen nahe bei 0.0 angezeigt.

Literatur

von Alemann, U. und Heinze, R. G. (Hrsg.): Verbände und Staat (Opladen: Westdeutscher Verlag, 1979).

Armingeon, K.: Vergleichende Aggregatdatenanalyse des Zusammenhangs von gewerkschaftlicher Tarifpolitik und Parteikontrolle der Regierung (Tübingen-Institut für Politikwissenschaft, Magisterarbeit, 1979).

Boddy, R./Crotty, J.: "Class Conflict and Macro-Policy: The Political Business Cycle". Review of Radical Political Economics VII, 1975, S. 1–19.

Blanke, B./Jürgens, U./Kastendiek, H.: Kritik der Politischen Wissenschaft, 2 Bde. (Frankfurt/New York: Campus 1975).

Cameron, D. R.: "The Expansion of the Public Economy", APSR LXXII 1978, Nr. 4, S. 1243–1261.

Castles, F. G.: The Socialdemocratic Image of Society. A study of the achievements and origins of Scandinavian Social Democracy in comparative perspective (London: Routledge & Kegan 1978).

–: Democratic Politics and Public Policy Outcomes (Milton Keynes: The Open University, 1979).

–: Mc Kinlay, R. D.: "Does Politics Matter: An Analysis of the Public Welfare Commitment in Advanced Democratic States", EJPR VII, 1979, Nr. 2, S. 169–186.

Causer, G.: "Private Capital and the State in Western Europe", in: Contemporary Europe. Social Structure and Cultural Patterns hrsg. v. S. Giner und M. S. Archer (London: Routledge & Kegan, 1978), S. 28–54.

Chaloupek, G.: „Vollbeschäftigung im Alleingang? – Gewerkschaftspolitik in Österreich seit der Rezession 1975", WSI-Mitteilungen XXXII, 1979, Nr. 4, 227–234.

Crouch, C./Pizzorno, A.: The Resurgence of Class Conflict in Western Europe Since 1968, 2 Bde. (London and Basingtoke: MacMillan Press, 1978).

Czada, R.: Dimensionen des liberalen Korporatismus (Tübingen: Institut für Politikwissenschaft, Magisterarbeit 1979).

Dryzek, J.: "Politics, Economics and Inequality: A Cross-National Analysis", EJPR VI, 1978, S. 399–410.

Eckstein, H.: "The British Political System", in: Patterns of Government. The Major Political Systems of Europe, hrsg. v. S. H. Beer und A. B. Ulam (New York: Random House, 1962), S. 73–274.

Edwards, R. C./Reich, M.: "Party Politics and Class Conflict", in: The Capitalist System. A Radical Analysis of American Society, hrsg. v. R. C. Edwards, M. Reich und T. E. Weisskopf (Englewood Cliffs: Prentice Hall, 1978), S. 252–267.

Esping-Anderson, G./Friedland, R./Wright, E. O.: "Modes of the Class Struggle and the Capitalist State", Kapitalistate Nr. 4–5, 1975, S. 186–220.

Eurostat: Social Indicators for the European Community 1960–1975 (Brüssel: Statistisches Amt der Europäischen Gemeinschaft, 1977).

Heidenheimer, A. J./Heclo, H./Adams, C. T.: Comparative Public Policy. The Politics of Social Choice in Europe and America (London and Basingtoke: MacMillan 1975).

Hewitt, C.: "The Effect of Political Democracy and Social Democracy on Equality in Industrial Societies", ASR XLIV, 1977, Nr. 2, S. 450–464.

Hibbs, D. A., Jr.: "Political Parties and Macroeconomic Policy", APSR LXXI, 1977, Nr. 4, S. 1467–1487.

–: "On the Political Economy of Long-Run Trends in Strike Activity", BJPS VIII, 1978, S. 153–175.

–: "Rejoinder", APSR LXXIII, 1979, Nr. 1, S. 185–190 (Antwort auf die Kritik von Payne 1979).

Hickel, R. (Hrsg.): Rudolf Goldscheidt/Joseph Schumpeter. Die Finanzkrise des Steuerstaates (Frankfurt: edition suhrkamp, 1976).

IDE-Research Group: Industrial Relations in Europe (London: Oxford University Press, i. E.).

ILO (Hrsg.): Yearbook of Labour Statistics (Genf: ILO, jährlich).

Inoue, K.: "Structural Changes and Labour Market Policies in Japan", International Labour Review CXVIII, 1979, S. 223–235.

Irving, R. E. M.: The Christian Democratic Parties of Western Europe (London: The Royal Institute of International Affairs: Allen & Unwin, 1979).

Johannesson, J. und Schmid, G.: Die Entwicklung der Arbeitsmarktpolitik in Schweden und der Bundesrepublik Deutschland (Berlin: IIMV, 1979).

Kirchheimer, O.: „Der Wandel des westeuropäischen Parteiensystems", Politische Vierteljahresschrift VI, 1965, S. 20 ff.

Keman, H.: What Can Social Democracy Do When it Rules? (Amsterdam: Instituut vor Wetenschap der Politiek, 1979 mimeo).

Klönne, A.: „Sozialdemokratie – eine Agentur kapitalistischer Interessen?", in: Der bürgerliche Staat der Gegenwart. Formen bürgerlicher Herrschaft II, hrsg. v. Kühnl, R. (Reinbek bei Hamburg: Rowohlt, 1972) S. 57–86.

Koller, M./König, I.: Internationaler Vergleich der Arbeitslosenquoten (Nürnberg: Bundesanstalt für Arbeit, 1977).
Korpi, W. und Shaley, M.: "Strikes, Industrial Relations and Class Conflict in Capitalist Societies", British Journal of Sociology XXX, 1979, S. 164–189.
Lehmbruch, G.; "Liberal Corporatism and Party Government", CPS X, 1977, Nr. 1, S. 91–126.
Lipset, S. M.: "The Changing Class Structure and Contemporary European Politics", in: European Politics: A Reader, hrsg. Dogan, M. und Rose, R. (London and Basingstoke 1971), S. 146–158.
Mackie, T. T. und Rose, R.: The International Almanac of Electoral History (London: MacMillan, 1974).
Madsen, H. J.: Poetics. A Political Economic Timeseries Cross-Section System of Data: 1920–1975 (Aarhus: Institute of Political Science, mimeo 1978).
Moy, J.: "Recent Labor Market Trends in Nine Industrial Nations", Monthly Labor Review, 102, 1979, Nr. 5, S. 8–16.
–: Sorrentino, C.: "Unemployment in Nine Industrial Nations", Monthly Labor Review, 98, 1975, Nr. 6, S. 9–18.
–: "An Analysis of Unemployment in Nine Industrial Countries", Monthly Labor Review, 100, 1977, Nr. 4, S. 12–24.
Musgrave, R. A./Musgrave, P. B.: Public Finance in Theory and Practice (Tokio: McGraw Hill, 1973).
Nutter, G. W.: Growth of Government in the West (Washington, D.C.: American Enterprise Institute for Public Policy Research, 1978).
OECD (Hrsg).: National Accounts Statistics 1950–1968, Paris 1969.
–: Expenditure Trends in OECD-Countries 1960–1980 (Paris: OECD, 1972).
–: Public Expenditure on Income Maintenance Programmes (Paris: PECD, 1976).
–: Public Expenditure on Health (OECD: Paris, 1977).
–: Public Expenditure on Education (Paris: OECD, 1976).
–: Public Expenditure Trends (Paris: OECD, 1978).
–: National Accounts of OECD-Countries 1960–1977 (Paris: OECD, 1979), 2 Bde. (zitiert als OECD 1979a).
–: Revenue Statistics of OECD Member Countries 1965–1978 (Paris: OECD, 1979) (zit. als OECD 1979b).
–: Economic Surveys (Paris: OECD, jährliche Berichte über OECD-Länder).
Offe, C.: Strukturprobleme des kapitalistischen Staates (Frankfurt: Suhrkamp, 1972).
–: Berufsbildungsreform (Frankfurt: Suhrkamp, 1975).
Panitch, L.: "The Development of Corporatism in Liberal Democracies", CPS, X, 1977, Nr. 1, S. 61–90 (zit. als 1977b).
Payne, J.: "Inflation, Unemployment and Left-Wing Political Parties: A Reanalysis", APSR LXXIII, 1979, Nr. 1, S. 181–185.
Parkin, F.: Class Inequality and Political Order (London: MaxGibbon & Kee, 1971).
Paterson, W. E./Thomas, A. K. (Hrsg.): Social Democratic Parties in Western Europe (London: Croom Helm 1977).
Paterson, W. E./Schmitz, K. T.: Sozialdemokratische Parteien in Europa (Bonn Bad Godesberg: Verlag Neue Gesellschaft, 1979).
Pfriem, H.: Konkurrierende Arbeitsmarkttheorien. Neoklassische, duale und radikale Ansätze (Frankfurt/New York: Campus, 1979).
Rakoff, S./Schaefer, G. F.: "Politics, Policy and Political Science: Theoretical Alternatives", Politics & Society, I, 1970, Nr. 1, S. 51–77.
Raschke, J. (Hrsg.): Die politischen Parteien in Westeuropa (Reinbek bei Hamburg: Rowohlt, 1978).
Ronge, V.: Forschungspolitik als Strukturpolitik, (München: Piper, 1977).
Schäfer, G. und Nedelmann, C. (Hrsg.): Der CDU-Staat (Frankfurt: Suhrkamp 1969, 2 Bde.
Schmid, G.: Steuerungssysteme des Arbeitsmarktes. Vergleich von Frankreich, Großbritannien, Schweden, DDR und Sowjetunion mit der Bundesrepublik Deutschland (Göttingen: Schwartz, 1975).
Schmidt, M. G.: „Die ‚Politik der Inneren Reformen' in der Bundesrepublik Deutschland 1969–1976", PVS XIX, 1978, H. 2, S. 201–252 (zitiert als Schmidt 1978a).
–: „Reformpolitik im Gesundheitswesen. Entstehungsbedingungen, Probleme und Auswirkungen des National Health Service in England und Wales". Zeitschrift für Sozialreform XXIV, 1978, H. 12, S. 737–768 (zit. als Schmidt 1978b).

–: Determinanten der staatlichen Politik in industriell-kapitalistischen Demokratien. Ein Überblick über den Stand der vergleichenden Policy-Forschung (Konstanz: Fachbereich Politische Wissenschaft/Verwaltungswissenschaft Diskussionsbeitrag Nr. 11/1979).
–: CDU und SPD an der Regierung. Ein Vergleich ihrer Politik in den Ländern (Frankfurt/New York: Campus, 1980).
Schmitter, P., Lehmbruch G., (Hrsg.): Trends Toward Corporatist Intermediation (Beverly Hills, London: Sage, 1979).
Schneider, F.: Politisch-ökonomische Modelle. Ein theoretischer und empirischer Ansatz (Meisenheim am Glan: Anton Hain, 1978).
Sivard, R. L.: World Military and Social Expenditures (Leesburg, Virginia: WMSE Publications, 1978).
Smith, G.: Politics in Western Europe (London: HEB 1976).
Sorrentino, C.: "Unemployment in the United States and seven foreign countries", Monthly Labor Review, 93, 1970, Nr. 9, S. 12–23.
–: "Comparing Employment Shifts in 10 Industrialized Countries", Monthly Labor Review, 94, 1971, Nr. 10, S. 3–11.
–: "Unemployment in Nine Industrial Countries", Monthly Labor Review, 95, 1972, Nr. 6, S. 29–33.
–: J. Moy: "Unemployment in the United States and Nine Industrial Countries", Monthly Labor Review, 97, 1974, Nr. 1, S. 47–52.
–: "Unemployment Compensation in Eight Industrial Countries", Monthly Labor Review, 99, 1976, Nr. 7, S. 18–24.
Statistisches Bundesamt Wiesbaden (Hrsg.): Statistisches Jahrbuch der Bundesrepublik Deutschland (Stuttgart usw.: Kohlhammer, 1970 ff.).
Stephens, J. D.: The Welfare State and the Transition to Socialism (London: MacMillan, 1979).
Thomas, J. C.: "The Decline of Ideology in Western Political Parties: A Comparative Analysis of Changing Policy Orientations", Sage Professional Papers, Contemporary Political Sociology Series, I, 1975.
Tufte, E. R.: Data Analysis for Politics and Policy (Englewood Cliffs: Prentice Hall, 1974).
–: Political Control of the Economy (Princeton: Princeton University Press, 1978).
U. S. Department of Health and Social Security: Education and Welfare. Social Security Programs Throughout the World (Washington, D.C.: Governmental Printing Office, 1977).
United Nations: National Accounts (New York: UN, jährlich).
Voland, C.: „Gesamtschule: Besser als ihr Ruf", Die Zeit Nr. 39, 1978.
Walterskirchen, E.: „Arbeitsmarktpolitik in Österreich". WSI-Mitteilungen XXX, 1977, Nr. 5, S. 293–301.
Wittmann, W.: Öffentliche Finanzen (Reinbek bei Hamburg, Rowohlt, 1978).

‚Neue' Arbeitszeitpolitik im ‚alten' System der Interessenvertretung

Rolf G. Heinze/H.-Willy Hohn/Thomas Olk

1. Einleitung

Es bedarf kaum eines Hinweises auf den Stellenwert, den Arbeitszeitverkürzungen im Hinblick auf die politische Bearbeitung der Folgen des reduzierten ökonomischen Wachstums einnehmen. Doch was zunächst als einheitliches Konzept einer ‚Verteilung der Arbeit auf mehr Schultern' erscheint, erweist sich bei näherem Hinsehen als zweigleisig und unverbunden geführte Diskussion. Neben den gewerkschaftlichen Forderungen nach Arbeitszeitverkürzungen – deren wichtigster Bestandteil der Einstieg in die 35-Stunden-Woche darstellt – ist eine ‚*Neue Arbeitszeitpolitik*' getreten. Ihr geht es, ganz im Gegensatz zu tariflich-kollektiven Politiken um eine flexiblere Gestaltung von Arbeitszeiten durch die Individualisierung von Arbeitszeitvereinbarungen. Die Diskussion um flexible Arbeitszeitsysteme nimmt jetzt auch in der Bundesrepublik im Anschluß an insbesondere in den USA geführte Debatten und eingeleitete Reformen deutliche Konturen an.[1] Damit wird die Abkehr von traditionellen, kollektiven und starren Lösungsmustern der Systemprobleme westlicher Industrienationen signalisiert. Denn: Mit Hilfe einer höheren Elastizität von Angebot und Nachfrage des Arbeitszeitvolumens lassen sich – so die Protagonisten der Neuen Arbeitszeitpolitik – die bestehenden politischen Barrieren aufbrechen und tarifpolitische Restriktionen vermeiden. Die Strategie der Arbeitszeitflexibilisierung versteht sich also als Alternative zu den als bislang unwirksam eingeschätzten gewerkschaftlichen Bemühungen um eine kollektive Arbeitszeitreduktion. Dabei wird ein bisher den Gewerkschaften nahezu exklusiv vorbehaltener Regelungsgegenstand streitig gemacht und auf tarifpolitikfernen Verhandlungsebenen forciert.

2. Gewerkschaftliche Arbeitszeitpolitik und tarifpolitischer Immobilismus

Dies geschieht in einer Situation, in der sich gewerkschaftliche Politik von einer relativ kompromißfähigen Lohnpolitik zu einer beschäftigungspolitisch offensiven Tarifpolitik umorientiert. In diesem Zusammenhang sind die neuen gewerkschaftlichen Arbeitszeitforderungen nicht mehr im Sinne der traditionellen, relativ betriebsfernen Politik der Regulierung allgemeiner Bedingungen von Entlohnung und Arbeitszeit zu verstehen, sondern stellen insofern einen wesentlichen Bestandteil qualitativer Tarifpolitik dar, als sie den negativen Folgelasten der Anwendung von Arbeitskraft präventiv begegnet, anstatt sie monetär zu kompensieren.[2]

Waren schon im Lohnrahmentarifvertrag der Metallindustrie von Nordwürttemberg/Nordbaden von 1973 zeitliche Regelungen Bestandteil einer neuartigen, auf die Bedingungen der Anwendung und Nutzung der Arbeitskraft bezogenen Tarifpolitik, indem Pausen und Erholungszeiten im Kontext weiterer Regelungen als Gegenmaßnahmen gegen die zunehmende Leistungsverdichtung durchgesetzt worden sind, so treten arbeitszeitbezogene Forderungen – im Jahre 1978 unter dem Gesichtspunkt einer Humanisierungs- *und* Arbeitsmarktpolitik in allen Tarifbewegungen vollends in den Vordergrund. Dabei bildete die 35-Stunden-Woche neben verlängerten Urlaubszeiten, Pausenregelung und Arbeitszeitverkürzungen für ältere und besonders belastete Arbeitnehmergruppen das Kernstück der gewerkschaftlichen Forderungen.

Die Ausdehnung der Tarifpolitik auf qualitative Regelungsgegenstände und der damit verbundene Wandel gewerkschaftlicher Strategie wird in einigen neueren Gewerkschaftsanalysen als Rückbesinnung auf die eigene Stärke und somit als Indiz für die Verschärfung der Klassenkonflikte interpretiert. Angesicht der Ineffektivität staatlicher Vollbeschäftigungspolitik sei eine Abkehr von der bisherigen sozialpartnerschaftlichen Krisenregulierung und der besonders bei den westdeutschen Gewerkschaften zu verzeichnenden ‚Staatsfixierung' erfolgt (vgl. *Deppe* 1979: insbes. 215 ff.; ähnlich *Markovits und Allen* 1979). Die ökonomische Krise habe demnach die Autonomie der gewerkschaftlichen Politik in der Weise gestärkt, daß diese veranlaßt wurden, kreative und innovative Lösungsmöglichkeiten für die drängenden Arbeitsmarktprobleme zu entwickeln.

Im Gegensatz zu dieser Betrachtungsweise gehen wir von der Auffassung aus, dergemäß trotz der Ausweitung der Tarifpolitik und der Wahrnehmung neuer – auch qualitativer arbeitszeitbezogener – Interessen die gewerkschaftliche Politik weiterhin traditionellen Mustern der Konfliktlösung verhaftet bleibt (vgl. auch *Müller-Jentsch* 1979 und *Schmidt* 1978). Ohne hier auf Details eingehen zu wollen, erscheinen uns vor allem die folgenden Dimensionen wichtig: So haben die Gewerkschaften bislang ihre Mitarbeit an der staatlichen Wirtschafts- und Beschäftigungspolitik weder aufgekündigt, noch haben sie autonome und offensive Strategien entwickelt. Statt dessen bleibt die Form der Interessenvertretung auch weiterhin defensiv und vor allem partikularisch, in dem sie eher die Kerngruppen des Arbeitsmarktes begünstigt. Aus diesen Indizien schließen wir auf ein zumindest in dieser Hinsicht relativ stabiles System neokorporatistischer Verflechtungen.[3]

Der hohe Stellenwert qualitativer Forderungen ist u. E. weniger auf die Zuspitzung der Klassenauseinandersetzungen zurückzuführen, sondern liegt in dem Versuch begründet, die Funktionsverluste ‚alter' tarifpolitischer Strategien unter dem Druck neuer Problemlagen zu kompensieren: Begünstigt werden diese qualitativen Forderungen weiterhin durch verminderte Handlungsspielräume im lohnpolitischen Bereich und angesichts der jedenfalls bislang unzureichenden Wirksamkeit der Arbeitsmarktpolitik durch die Suche nach neuen Strategien zur Bekämpfung der weiterhin relativ hohen Arbeitslosigkeit. Um ihre Handlungsfähigkeit zu wahren, mußten die Gewerkschaftsorganisationen den zunehmend artikulierten Interessen ihrer Mitglieder an Arbeitsplatzsicherung und Besitzstandswahrung Rechnung tragen. Als Vermittlungsorgane für die an der Basis geäußerten Erwartungen fungierten dabei die Betriebsräte, die auf diese Weise ihre ohnehin privilegierte Stellung in den Gewerkschaftsorganisationen weiter verbessern konnten.

Ferner haben die Gewerkschaften erst zu dem Zeitpunkt damit begonnen die Krisenfolgen zu bekämpfen, als auch ihr Mitgliederstamm, die Kerngruppen des Arbeitsmarktes (vorwiegend Facharbeiter), von Rationalisierung und Arbeitslosigkeit bedroht waren. Im Rahmen der gegenwärtig verfolgten Politik der Arbeitsplatzsicherung und Besitzstandwahrung, etwa in Form von Rationalisierungs- und Abgruppierungsschutz, zielen auch die Forderungen nach Verkürzung von Arbeitszeiten nicht in erster Linie auf die Wiedereingliederung von beschäftigungslosen Arbeitskraftanbietern, sondern auf den Schutz der noch Beschäftigten. Dies läßt sich unter anderem daraus ableiten, daß in den bisherigen tariflichen Vereinbarungen Arbeitszeitreduktionen entweder an besondere Arbeitsplatzbedingungen gebunden waren oder nur spezifische Personengruppen (wie ältere und leistungsgeminderte Arbeitnehmer) einbezogen oder aber, wie im Fall der Urlaubsverlängerungen (vorwiegend auf 6 Wochen), lediglich geringe Beschäftigungseffekte aufweisen dürften.

Eine nähere Betrachtung der Tarifabschlüsse von 1978/79 macht deutlich, daß die deklamierten Ziele an der Arbeitszeitfront nur zu einem geringen Teil realisiert werden konnten. Anstelle des geforderten Einstiegs in die 35-Stunden-Woche konnten lediglich Urlaubsverlängerungen sowie kürzere Arbeitszeiten für einzelne Arbeitskräftegruppen durchgesetzt werden. Als entscheidend für das Nichterreichen des Hauptziels der 35-Stunden-Woche betrachten wir im wesentlichen die folgenden Gründe: Da Verkürzungen der Wochenarbeitszeit auf einen nicht unbedeutenden Eingriff in die betrieblichen Dispositionsfreiheiten über Anwendung und Nutzung der Arbeitskraft hinauslaufen, reagierten die organisierten Arbeitgeber besonders energisch und kompromißfeindlich, was sich nicht nur in der Festschreibung der 40-Stunden-Woche im Tabu-Katalog ausdrückt, sondern auch in dem für bisherige Verhältnisse exzessiven Gebrauch von Aussperrungen zum Ausdruck kommt. Zudem haben sich innergewerkschaftliche Schwierigkeiten bei der Aggregation von qualitativen arbeitszeitbezogenen Interessen ergeben. Wie die Auseinandersetzung um gruppenspezifische Arbeitszeitforderungen deutlich machen, lassen sich solche Regelungen, analog zu anderen qualitativen Forderungen, nur sehr schwer vereinheitlichen, da sie in besonderem Maße von je besonderen Arbeits- und Lebensbedingungen geprägt sind.

Die unzureichende Vorbereitung des Stahlarbeiterstreiks von 1978/79 wie auch die schnelle Bereitschaft der Gewerkschaftsspitzen bezüglich der Forderungen nach Einführung der 35-Stunden-Woche einzulenken, deuten aber ebenso darauf hin, daß auch innergewerkschaftliche Auseinandersetzungen ihren Anteil am tatsächlichen Verlauf der Tarifverhandlungen gehabt haben (hierzu ausführlich *Martens* 1979). Verlauf und Ergebnisse der Tarifbewegung von 1978/79 nicht nur auf dem Arbeitszeitsektor sind demnach nachhaltig von gewerkschaftlichen Strategien der Erhaltung der prekären Balance zwischen einer neokorporatistischen und einer eher basisnahen Politik der Bekämpfung der Krisenlasten (mit) beeinflußt.

Das Scheitern der tariflichen Arbeitszeitpolitik wird allerdings nicht ausschließlich durch die Inhalte der Vertragsabschlüsse indiziert, sondern kommt wohl am deutlichsten darin zum Ausdruck, daß der Issue ‚35-Stunden-Woche' aus den Tarifverhandlungen bis 1984 ausgeschlossen ist. Dementsprechend spielen in der Tarifrunde 1979/80 etwa im Metallbereich Forderungen nach Arbeitszeitverkürzungen allenfalls eine untergeordnete Rolle; die wiederhergestellte Dominanz der Lohnpolitik dagegen wird durch hohe Forderungen unterstrichen. Damit ist die gewerkschaftliche Arbeitszeitpolitik als qualitative Tarifpolitik für die nächsten Jahre bezüglich ihres wichtigsten Bestandteils blockiert, ohne daß die drängenden Probleme, die zu ihrer Forcierung beigetragen haben, in Form von Unterbeschäftigung, zunehmender Leistungsverschärfung und eines enormen Rationalisierungsschubs auch nur ansatzweise gelöst wären.

3. *Anspruch und Design ‚Neuer Arbeitszeitpolitik'*[4]

Die Überwindung dieses arbeitszeitpolitischen Patts verspricht man sich neuerdings von der Konzeption einer ‚arbeitszeitelastischen Beschäftigungspolitik' (etwa variable Teilzeiten zwischen 20 und 40 Stunden; Langzeiturlaub; Zwillingsarbeitsplätze und flexible Ruhestandsgrenze), die die tarifpolitischen Engpässe durch eine Individualisierung und betriebsnahe Gestaltung von Arbeitszeitregelungen aufzulösen anstrebt.[5] Diese Konzeption beabsichtigt zwei längerfristige Trends unter arbeitsmarktpolitischen Gesichtspunkten aufzunehmen und zu forcieren: Einerseits den säkularen Trend zu kürzeren Arbeitszeiten, andererseits wachsende Bedürfnisse nach selbstbestimmten, flexibleren Regelungen von Arbeits- und Freizeiten. Insbesondere dem Bedürfnis nach mehr ‚Zeitsouveränität' könne – so die Protagonisten flexiblerer Arbeitszeitsysteme – eine antiquierte gewerkschaftliche Arbeitszeitpolitik nicht gerecht werden, da sie starre, kollektiv verbindliche Regelungen anstrebe (vgl. *Teriet* 1977 und 1979 sowie *Mertens* 1978 und 1979).

Die bisher als selbstverständlich behandelten Normen der Normalarbeitszeit werden damit ebenso zur Disposition gestellt wie das bisher bestehende ‚Alles oder Nichts-Gesetz' der Teilnahme am Arbeitsmarkt. Die herkömmlichen Vorstellungen werden aufgegeben zugunsten eines Modells, das die Entscheidung über das quantitativ-zeitliche Verhältnis von Arbeit und Nichtarbeit dem einzelnen Arbeitnehmer anheimstellt. Mit dem Angebot von ‚Arbeitszeit nach Maß' (*Mertens* 1979) soll nicht nur eine ausgeglichenere Verteilung von konjunkturell bedingten Beschäftigungsschwankungen auf die Arbeitskräfte, sondern ebenso eine Verringerung der arbeitsmarktpolitischen Benachteiligung von Problemgruppen verbunden sein. Vorstellungen über eine wünschenswerte Arbeitszeitflexibilisierung treten also mit dem Anspruch auf, beschäftigungspolitische Probleme zu lösen und überdies noch wohlfahrtssteigernd zu wirken, ohne daß die Schlechterstellung von Marktteilnehmern in Kauf genommen werden müßte.

War Arbeitszeitpolitik historisch gesehen ihrem Ursprung und ihrer bisherigen Funktion nach primär *Schutz*politik mit dem Ziel, die ruinöse Anwendung von Arbeitskraft zu verhindern, so deutet sich mit dem Vorschlag einer flexibleren Gestaltung des gesamten Arbeitslebens eine Orientierung an, welche die grundsätzliche Indifferenz der Arbeitsverhältnisse gegenüber dem Lebenslauf und den verschiedenen Sinn- und Bedeutungsgehalten von Arbeit in unterschiedlichen Lebensphasen problemati-

siert und partiell aufzubrechen sucht. Angestrebt wird also ein höherer Grad der ‚*Optionalisierung*' von bislang unelastischen Angebots- und Nachfrageblöcken der Arbeitszeit: Je nach Bedürfnislage und Beschäftigungsniveau zwischen Freizeit und Einkommen zu wählen, soll in die Souveränität der Arbeitskraftbesitzer verlegt werden. Eine variable Arbeitszeitstruktur eröffnet demzufolge auch für solche Gruppen, denen die Option erwerbswirtschaftlicher Arbeit aufgrund starrer Arbeitszeitregelungen verschlossen ist, die Möglichkeit am Beschäftigungssystem teilzunehmen. Der arbeitsmarktpolitische Effekt läge somit nicht nur in einer Reduktion des Niveaus von Arbeitslosigkeit, sondern darüber hinaus im Abbau von Mobilitäts- und Substitutionsbarrieren durch eine Gleichverteilung von Beschäftigungschancen. Die Strategie der Arbeitszeitflexibilisierung tritt also mit einem doppelten Anspruch auf: Sie will *Humanisierungspolitik* sein, die die Arbeitsbedingungen mit den Bedürfnissen der Arbeitenden besser abstimmt; und sie soll darüber hinaus geeignet sein, als *Arbeitsmarktpolitik* Strukturierungs- und Segmentierungstendenzen entgegenzuwirken.
Damit nicht genug: Über den arbeitspolitischen Bereich hinaus, stellen sich den intendierten Effekten der Flexibilisierungsstrategie nach auch haushaltswirksame Entlastungen ein. Dies wird einmal durch eine gleichmäßigere Nutzung und Vermeidung von Belastungsspitzen der infrastrukturellen Einrichtungen (z. B. rush-hour), die mit flexiblen Arbeitszeiten möglich werden, angestrebt. Als ebenso wichtig werden aber auch die fiskalischen Einsparungen angesehen, die sich mit dem ‚Verschwinden' von überschüssigem Arbeitsangebot einstellen, wenn nur im Arbeitszeitbereich der Marktmechanismus wirksam werden kann.

4. *Arbeitswirtschaftliche Strategien und selektive Wirkungen flexibler Arbeitszeitregelungen*

Wie wir an anderer Stelle (vgl. *Heinze u.a.* 1979 und *Olk u.a.* 1979; insbes. Teil II) ausführlicher gezeigt haben, wirft die Strategie der Arbeitszeitflexibilisierung mindestens ebenso viele Probleme auf, wie sie zu lösen verspricht. Den hauptsächlichen Grund für kontraintentionale Wirkungen der ‚Neuen Arbeitszeitpolitik' sehen wir in der vermutlich selektiven Anwendung flexibler Arbeitszeitsysteme auf der einzelbetrieblichen Ebene. Stark verkürzt lassen sich die für unseren Zusammenhang relevanten Ergebnisse folgendermaßen skizzieren: Die unterschiedlichen Strategien der sozialen Kontrolle (vgl. zum zugrunde liegenden Modell betrieblichen Handelns *Altmann* und *Bechtle* 1971) im oberen und unteren betrieblichen Statusbereich führen, wie wir annehmen, in der Folge einer Re-Individualisierung und Rückverlagerung des Regelungsgegenstandes Arbeitszeit auf die betriebliche Ebene zu einer starken Verzerrung der intendierten Wirkungen.[6] Um dies zu verdeutlichen, ist es sinnvoll, flexible Arbeitszeitregelungen danach zu unterscheiden, ob sie primär Wahlmöglichkeiten hinsichtlich der Dauer der Arbeitszeit zulassen; d.h. ob sie vor allem chronometrische Variationen vorsehen, oder ob sie die Arbeitszeit vornehmlich nach ihrer Lage im Tages-, Wochen- oder Jahresablauf variieren, also *chronologische* Wahlmöglichkeiten bieten.

Unterzieht man *chronologisch* variable Arbeitszeiten einer näheren Betrachtung, so zeigen die bisherigen Erfahrungen mit gleitenden Arbeitszeiten, daß sie arbeitswirtschaftlich eine doppelte Funktion erfüllen: Einmal stellen sie eine Lösungsform motivationaler Probleme dar, zum zweiten erlauben sie eine Optimierung der Abstimmung von Arbeitsanfall und Arbeitsangebot. Was ihre motivationale Funktion betrifft, so tragen Gleitsysteme dazu bei, dem Bedürfnis nach eigenverantwortlichem Handeln Rechnung zu tragen und so die Identifikation der Arbeitenden mit dem Organisationszweck sicherzustellen. Chronologisch variierende Arbeitszeiten dominieren deshalb auch im Bereich dispositiver Aufgaben, da sich hier starre Zeitbestimmungen nicht nur demotivierend auswirken können, sondern auch mit dem diskontinuierlichen Arbeitsanfall unverträglich sind. Dies führt zur zweiten Funktion von Gleitzeitregelungen: Personelle ,Überbesetzungen' können mit Hilfe von Gleitsystemen vermieden werden. Durch das Ansparen und Abbauen von Arbeitszeitguthaben kann der schwankende Arbeitsanfall besser und weitgehend ohne Rückgriff auf den externen Arbeitsmarkt mit dem Arbeitsangebot synchronisiert werden. Zudem können entlohnte Phasen der Abwesenheit mit ihrer Hilfe ebenso wie krankheitsbedingte Ausfälle, Verspätungen und Fehlzeiten reduziert, bzw. zu Lasten des Zeitkontos der Arbeitskraft verbucht werden. Soweit also Gleitsysteme zur Anwendung kommen, ist im günstigsten Fall mit einem neutralen, meist jedoch mit einem negativen Beschäftigungseffekt zu rechnen (vgl. *Betsch* 1978 und *Hakh* 1971).
Wie sich aus dem Charakter dieser Arbeitszeitform als Gratifikationsinstrument ergibt, ist ihre Verbreitung nicht zufällig auf ranghohe Berufspositionen beschränkt. Ihre Anwendung im unteren Statusbereich, in dem es auf eine Identifikation mit den betrieblichen Zielen gerade nicht ankommt, da Mechanismen äußerer Kontrolle sich hier als wirksamer erweisen, ist daher auch unwahrscheinlich. Gleitende Arbeitszeiten werfen an restriktiven Arbeitsplätzen erhebliche Probleme auf, da der Verzicht auf starre Präsenzpflicht die verläßliche Durchführung komplexer, hochgradig zerlegter und interdependenter Arbeitsabläufe mit Risiken belastet und die Aufrechterhaltung innerbetrieblicher Herrschaft erschwert. Anders stellt sich dies im Fall einer *chronometrischen* Flexibilisierung der Arbeitszeit dar. Am Beispiel der Teilarbeitszeit, als der weitestverbreiteten Form dieser Flexibilisierungsvariante zeigt sich deutlich, daß Betriebe hiermit eine Lösung spezifischer arbeitswirtschaftlicher Probleme im unteren Statusbereich anstreben.
So kann einerseits ein flexibler Zugriff auf Arbeitskräfte erreicht, das häufige Auftreten kontraproduktiver Verhaltensweisen an durch Monotonie gekennzeichneten Arbeitsplätzen eingeschränkt, sowie generell eine höhere Arbeitsproduktivität durch diese Form der komprimierten Arbeitszeit erzielt werden. Der gegenüber Vollzeitarbeit beachtliche Flexibilitätsgewinn, den die Betriebe bei Teilzeitarbeit für sich verbuchen können, begünstigt die Einführung dieser Betriebszeitvariante auf Arbeitsplätzen des sekundären Arbeitsmarktsegments, die bekanntlich eine flexible Anpassung des Arbeitsvolumens an die Schwankungen des Arbeitskräftebedarfs ermöglichen sollen. Dem entspricht, daß die Ausdehnung von Teilzeitarbeit ein Resultat betrieblicher Strategien zur Flexibilisierung ihres Zugriffs auf bislang wenig ausgeschöpfte Arbeitskräftereserven (vor allem Frauen) in der Phase des extensiven Wachstums und hohen Arbeitskräftemangels darstellt.

Die überdurchschnittliche Zugehörigkeit von Teilzeitarbeitsplätzen zum sekundären Arbeitsmarktsegment und ihre Merkmale der Restriktivität, der fehlenden Aufstiegsmöglichkeiten und hoher Konjunkturreagibilität lassen sich demnach auch daraus erklären, daß diese Arbeitszeitvariante den Betrieben die Erschließung solcher Arbeitskräftegruppen ermöglicht, die aufgrund ihrer schwachen Arbeitsmarktposition monotone und fremdbestimmte Arbeiten und geringe Entlohnung hinnehmen müssen. Schon aus diesen Erwägungen heraus ist es in hohem Maße plausibel, daß den bisherigen Versuchen, Teilzeitarbeit durch politische Interventionen zu einer Normalerscheinung des Arbeitsmarktes auf allen Qualifikationsstufen und in allen Arbeitsbereichen zu machen, bislang wenig Erfolg beschieden war.
Die selektive Einführung von Teilzeitarbeit in unteren Bereichen der Berufsrollenhierarchie stellt u. E. allerdings nicht lediglich ein Relikt vergangener Lösungsformen von Arbeitskräfteeinsatzstrategien dar, sondern ist in erster Linie Ausdruck genereller Hemmnisse der Ausdehnung von chronometrisch variierenden Flexibilisierungsvarianten auf ranghohe Berufspositionen. Den Grund hierfür sehen wir in spezifischen Tätigkeitsanforderungen dispositiver Berufsrollen einerseits sowie in hier auftretenden Problemen betrieblicher Herrschaftssicherung andererseits. Bereits der Sachverhalt, daß weder die je konkret zu erledigende Aufgabe im voraus definierbar ist, noch Zeitpunkt und Dauer ihres Auftretens bei dispositiven Tätigkeiten feststehen, gleichzeitig aber die schnelle und präzise Erledigung für einen reibungslosen Arbeitsablauf unbedingt erforderlich ist, macht eine ständige Präsenz der Beschäftigten auf diesen Arbeitsplätzen während der normalen Arbeitszeit erforderlich.
Abgesehen von diesen tätigkeitsbezogenen Widerständen widerspräche ein unterdurchschnittliches zeitliches Engagement, wie es durch chronometrisch variierende Arbeitszeitregelungen möglich wäre, möglicherweise den Anforderungen, die sich aus Gründen der Herrschaftssicherung hinsichtlich der auf diesen Arbeitsplätzen Tätigen ergeben.
Die Stabilität der für die eigenverantwortliche Aufgabenerledigung erforderlichen berufszentrierten Rollenidentität könnte in dem Maße als nicht mehr selbstverständlich gegeben vorausgesetzt werden, wie die Dauer der Arbeitszeit – etwa infolge der Inanspruchnahme von Teilzeitarbeit – erheblich verkürzt würde. Je größer der zeitliche Dispositionsspielraum ist, desto größer wird die Wahrscheinlichkeit, daß außerberufliche Belange und Interessen eine Eigendynamik entwickeln und sich nicht mehr widerspruchslos den Anforderungen der Berufstätigkeit unterordnen lassen.
Wir vermuten also, daß die ‚Neue Arbeitszeitpolitik' von den Betrieben nur in der Weise arbeitswirtschaftlich aufgegriffen und transformiert wird, wie sie für das betriebliche System selbst zum Problem oder zum Mittel von Problemlösungen wird. Dies aber heißt, daß mit der Individualisierung und dem Bedeutungsverlust einer gewerkschaftlichen Schutzpolitik Arbeitszeitregelungen in höherem Maße als bisher zum Bestandteil betrieblicher Strategien der Bewältigung von Umweltrisiken werden: Der Einsatz und die Nutzung des Arbeitskräftepotentials kann demzufolge in verstärkter Weise durch betriebsrationale Selektionskriterien organisiert werden. Sollte sich die Überlegung als richtig erweisen, so sehen wir sowohl das beschäftigungspolitische wie auch das humanisierungspolitische Ziel der Arbeitszeitflexibilisierung gefährdet.

5. *Auswirkungen der Re-Individualisierung von Arbeitszeitvereinbarungen auf das System der Interessenvertretung*

Im folgenden soll deshalb untersucht werden, wie sich die Verbreitung flexibler Arbeitszeitregelungen auf die Bedingungen und Möglichkeiten der Interessenvertretung abhängig Beschäftigter auswirkt. Die Beantwortung dieser Frage scheint vor allem deshalb von Bedeutung zu sein, da mit der Verlagerung des Verhandlungsgegenstandes ‚Arbeitszeit' von der tariflichen auf die betriebliche Ebene durch Arbeitszeitflexibilisierungen eine Kompetenzverlagerung von den Gewerkschaften auf die Betriebsräte im Bereich von Arbeitszeiten eingeleitet wird, die die Wirksamkeit von Gegenmachtstrategien nachhaltig beeinflussen dürfte. Der Grund hierfür lautet, daß innerhalb der in der Bundsrepublik bestehenden Strukturen der Konfliktaustragung zwischen Kapital und Arbeit im tariflichen und betrieblichen Verhandlungssystem jeweils unterschiedliche Chancen der Interessendurchsetzung vorliegen.

Das charakteristische Merkmal des bundesrepublikanischen Systems der Interessenvertretung ist seine duale Struktur sowie der hohe Grad der Verrechtlichung. Funktionsaufteilung und Kooperationsbeziehungen zwischen der betrieblichen und der tariflichen Politikarena sind durch gesetzliche und gerichtliche Normierungen etwa in Form des Betriebsverfassungsgesetzes, des Streikrechtes und eines fest etablierten Tarifverhandlungssystems weitgehend formell geregelt. Dabei stellt der Betriebsrat ein gegenüber der Gewerkschaft autonomes und rechtlich unabhängiges Gremium dar, das an einer Reihe ausdrücklich festgelegter Entschlüsse der Betriebsführung in jeweils vorgeschriebenem Umfang mitwirken soll und dessen Hauptfunktion darin besteht, den Konflikt zwischen Betriebsleitung und Belegschaft zu kanalisieren, um somit unkontrollierbare Auseinandersetzungen auf ein Mindestmaß herabzusetzen. Die Bestimmungen des Betriebsverfassungsgesetzes (BetrVG) kodifizieren die eigentümliche ‚Pufferstellung', die dieses Gremium im Spannungsfeld der Interessengegensätze zwischen Belegschaft, Betriebsleitung und Gewerkschaft einnimmt. Gemäß den Bestimmungen dieses Gesetzes unterliegt der Betriebsrat einer Doppelloyalität: Einerseits stellt er das gewählte Interessenvertretungsorgan der Belegschaft dar, andererseits ist er durch § 2 Abs. 1 BetrVG auf das ‚Wohl des Betriebes' sowie zur ‚Vertrauensvollen Zusammenarbeit' und damit zumindest partiell auf das Unternehmerinteresse verpflichtet. Hiermit einher geht die schwache Ausstattung des Betriebsrates mit Sanktionsmitteln, denn die Verpflichtung auf das ‚Betriebswohl' wird ergänzt durch die ‚Friedenspflicht', d.h. durch den rechtlichen Ausschluß der Möglichkeit, die Belegschaft für einen Streik zu mobilisieren.

Von seiten der Betriebsleitung wird diese partnerschaftliche Zusammenarbeit durch eine Vielzahl von Strategien gefördert, die bereits in der sehr instruktiven Arbeit von *Brigl-Matthiaß* (1959) aus dem Jahre 1925 genannt wurden (u.a. berufliche Begünstigungen und Beteiligung an betrieblicher Personal- und Sozialpolitik).

Im Kontext der Vertretung von Interessen der abhängig Beschäftigten kann der Betriebsrat als die wichtigste (betriebs-)politische Schaltstelle identifiziert werden: Unter den Bedingungen der dualen Struktur der Interessenvertretung hat er die zentrale Aufgabe, die effektiven Löhne, die konkreten Arbeitsbedingungen sowie die Arbeitszeitstruktur auf der betrieblichen Ebene festzusetzen und die Einhaltung entsprechender tarifvertraglicher Regelungen zu überwachen. Allerdings stehen ihm hierzu lediglich nach verschiedenen Regelungsbereichen in ihrer Wirksamkeit gestaffelte Mitbestimmungsrechte zur Verfügung. Sind im Bereich sozialer Angelegenheiten die Mitbestimmungsrechte noch am weitgehendsten, so beschränken sich die Mitbestimmungsmöglichkeiten des Betriebsrates bei wirtschaftlichen Angelegenheiten sowie bei geplanten Änderungen von Arbeitssystemen nur auf eine Einflußnahme auf die Folgewirkungen solch weitreichender Betriebsänderungen für die Situation der Beschäftigten. Diejenigen betrieblichen Strategien, die die einschneidendsten Auswirkungen auf die Bedingungen von Arbeit und Entlohnung haben, können demnach im Rahmen des Betriebsverfassungsgesetzes allenfalls geringfügig beeinflußt werden. Statt dessen ist die betriebliche Interessenvertretung damit befaßt, die negativen Folgen, die sich aus diesen Strategien ergeben, durch Ausgleich, finanzielle Entschädigungen und Minderung der sozialen Folgelasten zu kompensieren.

Auf der überbetrieblichen Ebene stehen sich Gewerkschaften und Arbeitgeberverbände als zentralisierte Organisationen, die sich nach Maßgabe des Musters jeweiliger Branchenzugehörigkeit organisiert haben, gegenüber. Die allgemeine Funktion des Tarifverhandlungssystems besteht – abstrakt formuliert – darin, eine geregelte Konfliktaustragung zwischen Kapital und Arbeit zu gewährleisten und somit für den Staat substitutiv Ordnungsfunktionen zu übernehmen. Dies geschieht im Rahmen der Tarifautonomie durch Aggregierung und gegenseitige Abstimmung unterschiedlicher individueller und gruppenbezogener Partialinteressen zu verhandlungsfähigen Forderungen sowie durch Verpflichtung der jeweiligen Mitgliedschaft auf die Verhandlungsergebnisse (vgl. *Projektgruppe Gewerkschaftsforschung* 1976, 30 ff.).

Da der Betriebsrat eine rechtlich unabhängige Institution darstellt, die betriebliche Ebene sich jedoch für gewerkschaftliche Tarifpolitik als die eigentliche Realisationsinstanz erweist, konstituiert sich für die bundesrepublikanischen Gewerkschaften ein beständiges Dilemma in der Form, daß tarifliche Verhandlungsergebnisse ihrer Umsetzungs- und Kontrollkompetenz weitgehend entzogen sind. Diesem Dilemma versuchen die Gewerkschaften insbesondere durch die ‚Vergewerkschaftlichung' der Betriebsräte, aber auch durch die Bildung von innerbetrieblichen Vertrauensleutekörpern zu begegnen. Obwohl diesen Strategien aufgrund der institutionellen Trennung Grenzen gesetzt sind, bestehen vielfältige Verflechtungen zwischen der betrieblichen und gewerkschaftlichen Interessenvertretung, was nicht zuletzt in dem hohen gewerkschaftlichen Organisationsgrad (mehr als 80 v. H.) der amtierenden Betriebsräte zum Ausdruck kommt.[7]

Ist die betriebliche Ebene von jeher die eigentliche Realisationsinstanz für tarifvertragliche Vereinbarungen, so hat sich deren Bedeutung im Zuge der Herausbildung betrieblicher Arbeitsmärkte noch verstärkt. Mit zunehmendem Grad betriebszentrierter Arbeitsmarktsegmentation (*Lutz* 1978) nimmt auch die Anzahl betriebsspezifischer Regelungen zu. Auf dem Feld der Arbeitszeitpolitik schlägt sich dies in der abnehmenden Verbindlichkeit tarifvertraglicher Arbeitszeitregelungen nieder. An deren Stelle hat längst eine Flexibilisierung von Arbeitszeiten in Form eines kontinuierlichen Ausbaus von Mehrarbeit in Form von Überstunden und Sonderschichten einerseits und von Kurzarbeit und Teilzeitarbeit andererseits stattgefunden (vgl. *Mendius* 1978).

Diese Form der 'Flexibilisierung' hat jedoch nicht zu einer gleichmäßigeren Verteilung von Beschäftigungsmöglichkeiten auf die Arbeitnehmerschaft beigetragen; sie hat statt dessen die Betriebe in die Lage versetzt, den Arbeitseinsatz von bereits beschäftigten Arbeitskräften auf Kosten von Ausgleichsprozessen über den äußeren Arbeitsmarkt den Wechselfällen der Güternachfrage flexibler anzupassen. Resultat dieser Strategie ist, daß hohe Arbeitslosenraten von wachsendem Mehrarbeitsaufkommen begleitet werden. Diese Konstellation stellt die Organe der Interessenvertretung von Arbeitnehmern vor erhebliche Probleme.

Die bisherigen Erfahrungen indizieren, daß im Falle dominanter individueller Arbeitszeitvereinbarungen die Einhaltung tariflich geregelter Tages- und Wochenarbeitszeiten durch Berufsgenossenschaften und Betriebsräte kaum noch wirksam überwacht werden kann (vgl. zu diesem Problem auch *Bielenski* 1979). Unter dieser Bedingung ist aber zu erwarten, daß ein Schutz gegen betriebliche Flexibilisierungsstrategien des Arbeitseinsatzes aufgrund unzureichender Kompetenzen und Sanktionsmittel der Betriebsräte kaum noch gewährleistet werden kann. Es ist daher zu vermuten, daß die Eröffnung von Wahlmöglichkeiten über die Verteilung der Arbeitszeiten letztlich nicht den Beschäftigten, sondern einseitig den Betrieben zugute kommt. Phasen überlanger Arbeitszeiten und Phasen des Abbaus von Zeitguthaben können dann je nach Arbeitsanfall, auch gegen die Zeitpräferenzen der Beschäftigten, durchgesetzt werden, so daß die Arbeitskräfte ihre Wünsche zurückstellen, um sich 'freiwillig' den betrieblichen Anforderungen anzupassen. Eine Intensivierung der Arbeit und friktionslosere Abstimmung von Arbeitsanfall und betrieblicher Arbeitszeit wird auch und gerade durch Teilzeitarbeit möglich. Vor allem dürfte dabei von Bedeutung sein, daß eine Aufstockung bzw. Reduktion von Teilzeitbeschäftigung je nach betrieblichem Bedarf – etwa auf 2/3 ihres Umfangs oder Vollarbeitszeit – jedenfalls nicht durch staatliche oder tarifliche Schutzbestimmungen unterbunden werden kann, da außer einer oberen Grenze keine Normierung von Arbeitszeiten mehr möglich ist. In diesem Zusammenhang muß in Rechnung gestellt werden, daß eine Tarifierung von Teilzeitarbeit, wie sie zum Schutz der Betroffenen erforderlich ist, nicht im Sinne der Befürworter einer 'arbeitszeitelastischen Beschäftigungspolitik' sein kann, da in diesem Falle die Wahlmöglichkeiten in der chronometrischen Dimension auf die schlichte Alternative zwischen Vollarbeitszeit und z. B. 20-stündiger Teilzeitarbeit reduziert würde. Die Bereitstellung stufenloser Wahlmöglichkeiten zwischen 20 und 40 Wochenstunden entzieht sich dagegen kollektiven Arbeitszeitregelungen, da mit ihrer Hilfe nur 'typische Fälle' geschützt werden können.

Die bisherigen Hinweise dienten dem Nachweis der These, daß im Zuge der Aushöhlung tariflicher Schutzbestimmungen die Beschäftigten den betrieblichen Flexibilisierungsstrategien schutzlos ausgesetzt werden. Es wird ebenso deutlich, daß die Handlungsschancen der Betriebsräte nicht ausreichen, um die Probleme bewältigen zu können, die mit einer zunehmenden Verlagerung der Regelungskompetenzen hinsichtlich von Arbeitszeitvereinbarungen auf das betriebliche Verhandlungssystem zukommen dürften. In ihrem Bemühen, den Schaden für die Belegschaften zu minimieren, sind die Betriebsräte zumeist darauf verwiesen, negative Folgen, die sich aus den von ihnen nicht kontrollierbaren betrieblichen Strategien ergeben, lediglich zu kompensieren.

Im Falle anstehender Entlassungen sind die Betriebsräte denn auch oft auf die Wahl von ‚zweitbesten Lösungen' verwiesen, indem sie beispielsweise älteren Arbeitnehmern eine Inanspruchnahme vorzeitiger Pensionierungen anraten, um soziale Härten für andere Arbeitskräftegruppen zu vermeiden, obwohl damit langfristigen Forderungen nach altersgerechten Arbeitsplätzen und humanen Arbeitsbedingungen zuwidergehandelt wird (vgl. *Dohse u. a.* 1978).
Im Falle einer weitergehenden Re-Individualisierung von Arbeitszeitregelungen kann nicht ausgeschlossen werden, daß solche Prozesse der informellen Steuerung an Bedeutung zunehmen. Der Verlust tariflich kodifizierter Regelungen bedeutet i.d.R. einen Verlust an kollektiven Gegenmachtpositionen, womit der Verbreitung von ‚Überredungsstrategien' Vorschub geleistet wird. Mit der freigesetzten Heterogenität der Interessen besteht die Gefahr einer verminderten Konfliktfähigkeit der Gesamtbelegschaft gegenüber der Betriebsleitung, da die Intensität der wechselseitigen Kontrolle unterschiedlicher Arbeitskräfte (-gruppen) zunimmt. So berichten z. B. *Jürgens u. a.* (1979, 13 f.) davon, daß Betriebsräte bei Entlassungen ähnliche Selektionskriterien wie die Betriebsleitungen durchsetzen, etwa wenn sie ‚Bummelanten' mit geringer Betriebszugehörigkeit ausfiltern.

6. ‚Neue Arbeitszeitpolitik' und Entwicklungstendenzen des Systems der industriellen Beziehungen in der Bundesrepublik

Nachdem die Auswirkungen der Re-Individualisierung von Arbeitszeitvereinbarungen auf die Chancen der Interessenvertretung diskutiert worden sind, sollen nun die Konsequenzen für das System der industriellen Beziehungen ansatzweise skizziert werden. Es wurde zu zeigen versucht, daß qualitative (Arbeitszeit-)Forderungen und der in deren Folge gewachsene Stellenwert der betrieblichen Ebene für die Gewerkschaften Probleme der Vereinheitlichung von Interessen mit sich bringt. Innergewerkschaftlich zeigt sich dies in der stetig zunehmenden Macht der Betriebsräte, woraus eine erhöhte Wahrscheinlichkeit ‚betriebsegoistischer' Interessenverfolgung resultiert. Daneben dringen jedoch ebenfalls offensivere Konfliktaustragungsmuster in die Gewerkschaftsorganisation ein, da die Betriebsräte nicht nur dem Betrieb verpflichtet, sondern auch dem unmittelbaren Druck der Belegschaft ausgesetzt sind.
Die hierdurch möglicherweise forcierte Militanz in den gewerkschaftlichen Strategien deuten wir allerdings nicht schlichtweg als Zuspitzung der Klassenkonflikte, sie ist eher ein Indiz der gleichzeitigen Existenz sowohl einer betriebsfernen neokorporatistisch ausgerichteten Wirtschafts- und Arbeitsmarktpolitik als auch von punktuell offensiveren Arbeitskämpfen. Das organisationsstrukturelle Problem für die Gewerkschaften liegt so gesehen darin, daß es ihnen gelingen muß, die prekäre Balance zwischen einer durch die Regierungsbeteiligung der sozialdemokratischen Partei forcierten Inkorporierung in die staatliche Politik einerseits und den benannten intensivierten Konfliktaustragungen andererseits unter erschwerten Rahmenbedingungen aufrechtzuerhalten.

Diese Balance wird durch eine weitere gesellschaftliche Entwicklungstendenz gefährdet. Denn neue Werthaltungen (vgl. *Guggenberger* 1979; *Inglehart* 1979 sowie *Kaase* und *Klingemann* 1979) und die daraus folgenden veränderten Protestformen, die – wie wir gesehen haben – in der ‚Neuen Arbeitszeitpolitik' reflektiert werden, richten sich nicht nur gegen die etablierten Parteien, sondern werden von einer generellen Skepsis gegenüber bürokratischen Organisationen und damit auch den Gewerkschaften getragen (vgl. *Murphy u. a.* 1979). Der neue Protest artikuliert sich weitgehend außerhalb der gewerkschaftlichen Organisationen und unterläuft damit traditionelle Konfliktaustragungsmuster innerhalb der industriellen Beziehungen. Den zentralisierten innerorganisatorischen Entscheidungsprozessen im System neokorporatistischer Verflechtungen werden basisdemokratische Modelle der Entscheidungsfindung entgegengesetzt, die dazu beitragen können, die bezeichnete Balancestrategie empfindlich zu stören.
Angesichts einer relativ hohen und zunehmend gruppenspezifischen Arbeitslosigkeit tendieren gewerkschaftliche Strategien dahin, diese Gruppen politisch und ökonomisch zu marginalisieren. Zumindest wird dieser Verdrängungsprozeß bisher von den Gewerkschaften nicht entscheidend aufgehalten. Daß solche Strategien nicht immer zu einer konfliktfreien Sozialintegration führen, zeigen politische Strömungen in der Bundesrepublik, die man als ‚neue Marginalität' (vgl. *Greven* 1979) bezeichnen kann. Diese ‚neue Marginalität' zeichnet sich dadurch aus, daß die betroffenen Gruppen ihre Abdrängung nicht als negatives Stigma empfinden, sondern als Möglichkeit nicht kapitalistischer Arbeits- und Lebensformen entdecken; woraus auch alternative Formen der Existenzsicherung und der zeitlichen Beteiligung am Erwerbssystem folgen (vgl. *Hoff* und *Strümpel* 1978 sowie *Dückert* und *Krafft* 1979).
Neokorporatistische Krisenregulierungen erzeugen also eine stark asymmetrische Verteilung der sozialen Kosten, von der insbesondere weniger konfliktfähige Gruppen überdurchschnittlich betroffen sind. Hieraus resultiert ein neuartiges Konfliktpotential, das sich nicht in die formalisierten Strukturen der etablierten politischen Kultur und Institutionen (Parteien, Verbände, Parlamente) bruchlos einpassen läßt. Solche außerhalb der formellen Kanäle politischer Auseinandersetzung agierenden Protestgruppen (etwa ‚Grüne' und ‚Bunte') machen nur allzu deutlich, daß die ‚selektiven' neokorporatistischen Strategien nicht ohne weiteres eine langfristige Systemstabilität garantieren können.
Der angesprochene Wertwandel ist nicht nur in neuen Formen alternativer Lebensentwürfe zu erkennen, sondern ist auch und gerade Ausdruck von Wertorientierungen ökonomisch privilegierter Mittelschichten, die sich aus eher wertkonservativen Haltungen heraus gegen jede Art bürokratischer ‚Bevormundung' zur Wehr setzen (vgl. dazu *Schelsky* 1976). Diese antibürokratische Haltung schlägt sich über den Kampf gegen jegliche Ausweitung staatlicher Interventionen hinaus in einem tiefgreifenden Mißtrauen gegen kollektive gewerkschaftliche Schutzrechte nieder. Das Aufbrechen starrer Zeitstrukturen zugunsten flexibler Lebens- und Arbeitszeitmuster bedeutet für diese Gruppen die Durchsetzung *individueller* Freiheitsrechte und impliziert gleichzeitig die Zurückweisung kollektiver gewerkschaftlicher Solidarität.
Bezogen auf gewerkschaftliche Politik finden diese Tendenzen ihren gemeinsamen Nenner darin, daß durch die Hereinnahme neuer Konfliktstoffe die strategische Bedeu-

tung des betrieblichen Verhandlungssystems gestärkt wird, so daß innergewerkschaftliche Vereinheitlichungsprozesse nur noch unter erheblichem organisatorischen Mehraufwand realisiert werden können.

Anmerkungen

1 Aus der mittlerweile umfangreichen Literatur vgl. beispielhaft für die USA: Best und Stern 1977; für Schweden: Adler-Karlsson 1979; für Dänemark: Mayer u. a. 1979; für Italien: Trentin 1979. Wichtige Beiträge zur europäischen Gewerkschaftsdiskussion finden sich in Heft 4/1979 der WSI-Mitteilungen. Für den supranationalen Bereich vgl. Kommission der EG 1978.

2 Ohne die Künstlichkeit dieser Unterscheidung in Abrede stellen zu wollen, verwenden wir diese mittlerweile gebräuchliche Terminologie, um die Verlagerung von Schwerpunkten in der Tarifpolitik zu kennzeichnen.

3 Vgl. zur neueren Korporatismusdiskussion in der BRD u. a. die Beiträge von Lehmbruch, Offe, Schmitter in v. Alemann/Heinze 1979a und v. Alemann/Heinze 1979b.

4 Die Verwendung der Begriffe ‚Alte/Neue Arbeitszeitpolitik' erfolgt hier in Anlehnung an die Unterscheidung von Alter und Neuer Politik, wie sie von Hildebrandt und Dalton (1977) vorgenommen wird. Während Alte Politik sich auf die traditionellen Issues von Produktion und Verteilung bezieht, werden mit Neuer Politik qualitative Probleme des Lebensstils (Partizipation, Minderheitenschutz, neues Verhältnis zur Natur etc.) angesprochen.

5 Die Debatte um flexible Arbeitszeitsysteme hat die Ebene der wissenschaftlichen Diskussion längst verlassen und findet als konkrete Reformstrategie in Parteien, Verbänden und der publizitischen Öffentlichkeit breite Resonanz. So z. B. beim AfA-Kongress der SPD im September 1979; vgl. auch beispielhaft den Artikel von M. Jungblut, „Freizeit à la carte" in: Die Zeit vom 16.11.1979.

6 Die Unterscheidung eines oberen und unteren Statusbereichs ist soziologisch unterkomplex. Theoretisch verbirgt sich dahinter ein unterschiedlicher Grad der (Un-)Gewißheit des Aufgabenanfalls und der Eindeutigkeit der Leistungsziele von operativen und dispositiven Tätigkeiten; vgl. zur Begründung: Berger und Offe 1979.

7 In der theoretischen Diskussion über das System der industriellen Beziehungen in der BRD wird der Grad der Eigenständigkeit der Betriebsräte gegenüber den Gewerkschaftsorganisationen bzw. der Grad der funktionalen Verflechtung beider Systeme durchaus unterschiedlich eingeschätzt; vgl. dazu Müller-Jentsch 1979 und Streeck 1979. Allgemein dazu: v. Beyme 1977: 72 ff. und Kotthoff 1979.

Literatur

Adler-Karlsson, G., 1979: Gedanken zur Vollbeschäftigung, in: Mitt. AB, 12, 481 ff.

Alemann, U. v./Heinze, R. G., (Hrg.), 1979a: Verbände und Staat. Vom Pluralismus zum Korporatismus, Opladen.

Alemann, U. v./Heinze, R. G., 1979b: Neo-Korporatismus. Zur neuen Diskussion eines alten Begriffs, in: Zeitschrift für Parlamentsfragen 10, 469 ff.

Altmann, N./Bechtle, G., 1971: Betriebliche Herrschaftsstruktur und industrielle Gesellschaft, München.

Beyme, K. v., 1977: Gewerkschaften und Arbeitsbeziehungen in kapitalistischen Ländern, München.

Berger, J. und Offe, C., 1979: Zwischenbericht zu DFG-Projekt Of9/2: Die Entwicklungsdynamik des Dienstleistungssektors, Bielefeld (vervielf. Ms), 1–30.

Best, F. und Stern, B., 1977: Ecudation, work, leisure, must they come in that order?, in: Monthly Labor Review 100, 3 ff.

Betsch, O., 1978: Marktchancen und Betriebsbereitschaft bei Banken, Frankfurt.

Bielenski, H., 1979: Barrieren gegen eine flexiblere Arbeitszeitgestaltung, in: MittAB 12, 300 ff.

Brigl-Matthiaß, K., 1959: Die Politik des Betriebsrates, in: F. Fürstenberg (Hg.), Industrie-Soziologie, Neuwied, 169 ff.

Deppe, F., 1979: Autonomie und Integration. Materialien zur Gewerkschaftsanalyse, Marburg.

Dohse, K./Jürgens, U./Russig, H., 1978: Probleme einer Beschränkung gewerkschaftlicher Bestandsschutzpolitik auf die Absicherung älterer Arbeitnehmer – Zum Verhältnis von Bestandsschutz und personalpolitischer Flexibilität, Berlin (pre 78–22, IIVG).

Dückert, T. und Krafft, A., 1979: Arbeitsbeschaffungsmaßnahmen als Chance zur Veränderung von Arbeits- und Lebensbedingungen, in: Mehrwert 19, 183 ff.

Greven, M. Th., 1979: Parteiensystem, Wertwandel und neue Marginalität, in: J. Matthes (Hg.), Sozialer Wandel in Westeuropa (Verhandlungen des 19. Deutschen Soziologentages in Berlin 1979), Frankfurt/New York, 574 ff.

Guggenberger, B.; 1979: Wertwandel und gesellschaftliche Fundamentalpolarisierung, Ms (Referat zum Politologentag in Augsburg).

Hakh, S., 1971: Gleitende Arbeitszeit, München.

Heinze, R. G./Hinrichs, K./Hohn, H.-W./Offe, C./Olk, Th., 1979: Arbeitszeitflexibilisierung als beschäftigungspolitisches Instrument – Wirkungen und Grenzen Neuer Arbeitszeitpolitik, in: MittAB 12, 276 ff.

Hildebrandt, K. und Dalton, R. J., 1977: Die Neue Politik. Politischer Wandel oder Schönwetterpolitik, in: PVS 18, 230 ff.

Hoff, A. und Strümpel, B., 1978: Qualität des Arbeitsplatzes, Lohnniveau und Beschäftigung. Oder: Wie teuer ist Arbeitsbeschaffung, in: MittAB 10, 303 ff.

Inglehart, R., 1979: Wertwandel und politisches Verhalten, in: J. Matthes (Hg.), Sozialer Wandel in Westeuropa, Frankfurt/New York, 505 ff.

Jürgens, U./Dohse, K./Russig, H., 1979: Sozialpolitik und soziale Präventionsstrategien des Kapitals, Ms (Referat zum Politologentag in Augsburg).

Kaase, M. und Klingemann, H., 1979: Sozialstruktur, Wertorientierung und Parteiensystem: Zum Problem der Interessenvermittlung in westlichen Demokratien, in: J. Matthes (Hg.), Sozialer Wandel in Westeuropa, Frankfurt/New York 534 ff.

Kommission der Europäischen Gemeinschaften, 1978: Anlage zu Dokument SEK (78) 740/2: Arbeits-/Umverteilung – Ziele und Auswirkungen, Brüssel.

Kotthoff, H., 1979: Zum Verhältnis von Betriebsrat und Gewerkschaft, in: J. Bergmann (Hg.), Beiträge zur Soziologie der Gewerkschaften, Frankfurt, 298 ff.

Lehmbruch, G., 1979: Wandlungen der Interessenpolitik im liberalen Korporatismus, in: U. v. Alemann und R. G. Heinze (Hg.), Verbände und Staat. Vom Pluralismus zum Korporatismus, Opladen, 50 ff.

Lutz, B., 1978: Wirtschaftliche Entwicklung, betriebliche Interessen und Arbeitsmarktsegmentation, München (Ms).

Markovits, A. S./Allen, C. S., 1979: The Human Experience of Labor in a Changing Market Economy. The Ambivalence of the West German Trade Unions, XI World Congress IPSA, Moskau (Ms).

Martens, H., 1979: Der Streik um die 35-Stunden-Woche in der Stahlindustrie 1978/79, in: O. Jacobi/E. Schmidt/W. Müller-Jentsch (Hg.), Arbeitskampf um Arbeitszeit (Kritisches Gewerkschaftsjahrbuch 1979/80), Berlin, 9 ff.

Mayer/Petersen/Sörensen, 1979: Aufruhr der Mitte. Modell einer künftigen Gesellschaftsordnung, Hamburg.

Menduis, H.-G., 1978: Arbeitszeit und Arbeitsmarkt – Zu Voraussetzungen und Möglichkeiten beschäftigungswirksamer Interessenvertretung, in: WSI-Mitteilungen 31, 205 ff.

Mertens, D., 1978: Argumente für eine integrations- und solidaritätsorientierte Arbeitspolitik, in: Beiträge zur Konjunkturpolitik 25.

Müller-Jentsch, W., 1979: Neue Konfliktpotentiale und institutionelle Stabilität, in: PVS 21, 268 ff.

Murphy, D./Rubart, F./Müller, F./Raschke, J., 1979: Protest. Grüne, Bunte und Steuerrebellen, Reinbek.

Offe, C., 1979: Die Institutionalisierung des Verbandseinflusses – eine ordnungspolitische Zwickmühle, in: U. v. Alemann und R. G. Heinze (Hg.), Verbände und Staat. Vom Pluralismus zum Korporatismus, Opladen, 72 ff.

Olk, Th./Hohn, W.-W./Hinrichs, K./Heinze, R. G., 1979: Lohnarbeit und Arbeitszeit. Arbeitsmarktpolitik zwischen Requalifizierung der Zeit und kapitalistischem Zeitregime, in: Leviathan 7, Teil I: 151 ff. und Teil II: 376 ff.

Projektgruppe Gewerkschaftsforschung; 1976: Die Austauschbeziehungen zwischen Kapital und Arbeit im Kontext der sozioökonomischen Entwicklung, Zwischenbericht, Frankfurt.
Schmidt, E., 1978: Gerät die Sozialpartnerschaft in die Krise?, in: Das Argument 107 (20. Jhg.), 8 ff.
Schelsky, H., 1976: Der selbständige und der betreute Mensch, Stuttgart.
Schmitter, Ph., 1979: Interessenvermittlung und Regierbarkeit, in: U. v. Alemann und R. G. Heinze (Hg.), Verbände und Staat. Vom Pluralismus zum Korporatismus, Opladen, 92 ff.
Streeck, W., 1979: Gewerkschaftsorganisation und industrielle Beziehungen, in: PVS 21, 241 ff.
Teriet, B., 1977: Die Wiedergewinnung der Zeitsouveränität, in: Technologie und Politik 8, Reinbek, 75 ff.
Teriet, B., 1979: Tarifpolitik zwischen Haben und Sein, in: Arbeit und Sozialpolitik H. 10, 356 ff.
Trentin, B., 1979: Aspekte autonomer Tarifpolitik in Italien. Ein Interview, in: Gewerkschaftliche Monatshefte 30, 576 ff.
WSI-Mitteilungen, 1979: Heft 4: Wirtschaftskrise und Gewerkschaftspolitik in Europa (Koordination: W. Lecher).

Forcierte Arbeitszeitverkürzung = mehr Beschäftigung = weniger Arbeitslosigkeit?

Ein kritisches Plädoyer

Michael Bolle/Rüdiger Dragendorf/Dieter Isensee/Peter Salfer

I. Globalsteuerung und Mikropolitiken

Das facettenreiche Bild der ökonomischen Entwicklung der Bundesrepublik Deutschland zu Beginn der 80er Jahre wird von einem erbitterten Streit der Politiker und Ökonomen um die „richtige" Wirtschaftspolitik begleitet. Bestenfalls ist man sich über einige empirische Tatbestände einig, wobei deren analytische Bewertung bereits tiefliegende Differenzen offenbart. Übereinstimmung besteht darüber, daß erneut eine Epoche der Nachkriegsentwicklung zu Ende geht und veränderte Rahmenbedingungen und der Funktionswandel der ökonomischen Kernbereiche neue Strategien erfordern. Die Explosion der Rohstoffpreise und die zunehmende Unsicherheit in der Ölversorgung, das steigende Ökologiebewußtsein und die ökonomische Bedeutung des Umweltschutzes sowie die anhaltende Dauerarbeitslosigkeit bei abflachendem zyklischem Wirtschaftswachstum können als Schlaglichter benannt werden. Wir wollen uns hier lediglich mit dem zuletzt genannten Zusammenhang befassen und dabei auch lediglich einen, wenn auch sehr populären (und damit auch kontroversen) Therapievorschlag behandeln. Es geht um die *analytischen* Voraussetzungen und Möglichkeiten von Beschäftigungswirkungen forcierter Arbeitszeitverkürzungen. Mit dieser Betonung auf die analytische Behandlung des Problems soll angedeutet werden, daß die Herausarbeitung von Funktionszusammenhängen im Vordergrund steht und damit Handlungsspielräume aufgezeigt werden, deren Ausfüllung im Kräftefeld der ökonomisch und politisch Handelnden entschieden wird. Daß in diesem Kräftefeld allerdings ökonomische Sachrationalitäten kapitalistisch organisierter Marktwirtschaften Grenzen steckt, wird wohl kaum ein Ökonom – gleich welcher Provenienz – bestreiten. Das Credo wirtschaftspolitischer Beratung – sei es des offiziösen Sachverständigenrates, der informellen Bremer „Memorandumgruppe" oder der ungebundenen und gebundenen Forschungsinstitute – macht ja gerade aus, qua wissenschaftlicher Autorität ökonomisch „zwingende" Logiken anzubieten, die dann natürlich interessengebunden verwendet werden.

Eines der Standardargumente gegen eine Politik der forcierten Arbeitszeitverkürzung ist das Wachstumsargument: „Will man die Arbeitslosigkeit auf eine Größenordnung reduzieren, wie sie in den sechziger Jahren in der Bundesrepublik registriert wurde, so ist dies – wie Modellrechnungen verschiedener Institutionen gezeigt haben, *nur* durch ein entsprechendes hohes gesamtwirtschaftliches Wachstum zu erreichen."[1] Abgesehen davon, daß – wie die Logik der Pluralität wirtschaftspolitischer Beratung impliziert – verschiedene andere Institutionen das Gegenteil gezeigt haben[2], läßt sich mit einiger empirischer Berechtigung die Logik des Arguments „Mehr Wachstum = mehr Beschäftigung = weniger Arbeitslose" in Frage stellen. Die grundlegende theoretische Überlegung ist dabei die[3], daß aufgrund veränderter Allokationsmechanismen des Arbeitsmarktes Gütermarktimpulse nunmehr ohne einen entsprechenden Abbau von Arbeitslosigkeit verarbeitet werden – positive Wachstumsraten also mit einem resistenten Sockel von Arbeitslosigkeit vereinbar sind. Die Ergebnisse empirischer Tests für die Bundesrepublik setzen diesen Überlegungen keinen Widerstand entgegen und legen die Vermutung veränderter Wachstums-/Beschäftigungsmuster für die 80er Jahre nahe. Dabei wird die These von der Sockelarbeitslosigkeit trotz Wachstum noch unterstützt von der erwarteten Zunahme des Erwerbstätigenpotentials bis in die Mitte der 80er Jahre. Aus den Überlegungen der Entkopplungsthese folgt denn auch, daß die Arbeitsmarktentlastungseffekte selbst bei hohem wirtschaftlichem Wachstum geringer ausfallen werden als in den 60er Jahren und über Wachstumspolitiken allein Vollbeschäftigung nicht wieder herstellbar ist – *unterstützende Mikro*politiken erweisen sich als notwendig. Diese Argumentation richtet sich denn auch weniger gegen Vorschläge eines poliy-mix von Mikro- und Makropolitiken[4], sondern gegen die Konzeption der Dominanz von Makropolitiken – sei es orthodox keynesianischer Nachfragepolitiken[5] oder monetaristisch geprägter Geldpolitiken[6].

Die Notwendigkeit, Beschäftigungspolitik als policy-mix von Mikro- und Makropolitiken zu betreiben, erlaubt eine analytische Einordnung und Bewertung von Politikansätzen. Es zeigt sich, daß der Stabilisierungsoptimismus bastard-keynesianischer Globalpolitiken ohne mikropolitische Fundierung auf tönernen Füßen steht. Das Versagen der staatlichen Nachfragepolitiken in den 70er Jahren dürfte daher auch eher auf *prinzipielle* Schwierigkeiten als Folge mangelnder Einsicht in die Funktionsbedingungen kapitalistischer Marktwirtschaften zurückzuführen sein denn auf mangelnde Anwendung, wie es der linkskeynesianische Slogan des „Mehr Mut zu Keynes" vorschlägt[7]. So gewannen denn auch Arbeitsmarktpolitiken, Strukturpolitiken und Technologieförderungspolitiken in den 70er Jahren zunehmendes Interesse, während auf der Ebene der Makropolitik das monetaristische roll-back der Geldmengenregulierung in den Vordergrund trat. Realgeschichtlich liegt die Bedeutung der Mikropolitiken darin, daß sie die zunehmenden „Teilkrisen" erfaßten – seien es die dauerhaft Arbeitslosen oder die Strukturkrisen in verschiedenen Industriebranchen. Die theoretische Bedeutung der Mikropolitiken liegt darin, daß dem makroökonomischen Ausdruck von Krisen eine mikroökonomische Fundierung und damit ein entsprechendes Instrumentarium der wirtschaftspolitischen Bearbeitung gegeben wird. Daß die theoretische Bedeutung und die politische Wirksamkeit von Mikropolitiken zuweilen überschätzt werden[8], ändert nichts an ihrer Bedeutung. Die Grenzen dieser direkt in den Marktmechanismus eingreifenden Politiken liegen gleichwohl darin, daß sie den makroökonomischen Charakter der Krise nicht neutralisieren können und damit auch nicht die Instabilitäten, der sich die Makropolitik machtlos gegenübersteht und die sich auf der Mikroebene zeigen, beseitigen können.[9]

II. Arbeitszeitverkürzung: quantitative Aspekte

Angesichts dieser Einwände gegen traditionelle Makropolitiken oder neue Mikro-Makro-Policy-Sets wird die Suche nach Alternativen umso dringlicher. Arbeitszeitpolitiken als Lösung anzubieten und Arbeitszeit zur Disposition zu stellen, erscheint jedenfalls naheliegend: Einmal ist die erreichte Versorgung mit Konsumgütern nicht ohne Einfluß auf das materielle Wohlstands*bewußtsein* geblieben. Die weitgehend akzeptierte kritische Haltung gegenüber einem quantitativen Wachstumsfetischismus ist ja auch Ausdruck veränderter Freizeit-Arbeitszeit-Präferenzen. Empirische Untersuchungen bestätigen dies eindrucksvoll[9a]. Zum anderen scheint das Beschäftigungsproblem bei forcierter Arbeitszeitverkürzung leichter lösbar: Wird eine gegebene Produktion bei gleichem Arbeitsvolumen mit geringerer Arbeitszeit pro Beschäftigtem erarbeitet, ist der rechnerische Bruttobeschäftigungseffekt jedenfalls leicht zu ermitteln.

Empirische Überlegungen zur Ermittlung der Bruttobeschäftigungseffekte liegen über Arbeitsmarktbilanzen vor[10]. Die Rechnungen brauchen hier nicht nachvollzogen zu werden, die Größenordnung verdient eine Anmerkung. 1978 betrug das Arbeitsvolumen für die Beschäftigten in der Gesamtwirtschaft der Bundesrepublik 37.515,22 Mill. Stunden bei einem Beschäftigungsniveau in Höhe von rd. 21,64 Mill. Personen. Die effektive jährliche Arbeitszeit pro Beschäftigten betrug damit 1.733 Stunden, umgerechnet und gleichmäßig verteilt auf 52 Wochen bei jeweils 5 Tagen gibt dies eine wöchentliche Arbeitszeit von rd. 33 Stunden. Eine Verkürzung dieser effektiv geleisteten Wochenarbeitszeit um eine Stunde entspricht bei unverändertem Arbeitsvolumen einem rechnerischen Beschäftigungseffekt von 672.000 Personen.

Ein kurzer Vergleich mit der Angebotsseite erscheint ebenso angebracht: Wird von einer Zahl der registrierten Arbeitslosen von rd. 800.000 Personen ausgegangen und weiter akzeptiert, daß bis etwa 1985 jährlich die Zahl der Erwerbspersonen um ca. 100.000 und von 1985 bis 1988 jährlich um etwa 80.000 steigt, ergibt sich folgendes Bild: Wenn es gelingt, einen weiteren Rückgang der Beschäftigung zu verhindern, wird die Arbeitslosigkeit bis 1988 dennoch etwa auf rd. 1,6 Mill. Menschen ansteigen. Dies ist eine zwar pessimistische, gleichwohl aber keineswegs unrealistische Variante des „wie es auch kommen könnte".

Bei unveränderter Arbeitszeit dürfte folgendes Scenario einige Plausibilität aufweisen: Wird davon ausgegangen, daß das wirtschaftliche Wachstum in den 80er Jahren flacher verlaufen wird als etwa noch in den 70er Jahren und werden die oben genannten Argumente zur relativen Entkoppelung zwischen Wachstum und Beschäftigung akzeptiert, kann bei unveränderter Arbeitszeit allenfalls mit einer Stabilisierung der Arbeitslosigkeit in der Größenordnung von einer Million auch in den nächsten Jahren gerechnet werden. Wird also Vollbeschäftigung ernstgenommen, sind nicht nur Anstrengungen in Richtung auf ein qualitatives wirtschaftliches Wachstum zu unternehmen, sondern gleichzeitig Arbeitszeitverkürzungsmaßnahmen jenseits politischer Polemik anzuvisieren.

In den Debatten um die Beschäftigungswirkungen von Arbeitszeitverkürzungen scheint allerdings auf der quantitativen Ebene die „Nach-Adam-Riese-Mathematik" das Feld zu beherrschen –, die Funktionsmechanismen, über die sich Arbeitszeit in Beschäftigung transformieren, sind oft verdeckt. In der oben genannten Rechnung zu den Bruttobeschäftigungsäquivalenten von Arbeitszeiten spielt die Form der Arbeitszeitverkürzung (Wochenarbeitszeit, Urlaub, Pausenregelung, vorgezogene Altersgrenze, Abbau von Überstunden, Baby-Jahr, Sabbaticals etc.) keine Rolle. Ebensowenig sind arbeitszeitinduzierte Arbeitsvolumeneffekte oder arbeitszeitinduzierte Arbeitsproduktivitätseffekte thematisiert, die besonderen Strukturen der internen und externen Arbeitsmärkte nicht benannt –, Einflußfaktoren also, die die Transformation von Arbeitszeit in Beschäftigung bestimmen.

Die Standardargumente gegen die beschäftigungspolitische Effizienz der verschiedenen Formen der Arbeitszeitverkürzungen beziehen sich denn auch auf die Gütermarkt-Arbeitsmarkt-Interdependenz und die Strukturen der internen und externen Arbeitsmärkte bei zu erwartenden Kostenimpulsen. Wir werden uns an dieser Stelle mit einigen der wichtigsten Argumentationsmuster beschäftigen. Wir beziehen uns dabei auf jene Formen der Arbeitszeitverkürzung, die von den Tarifpartnern vereinbart werden, lassen also die in dem staatlichen Bereich zu implementierenden Arbeitszeitverkürzungsformen außer acht.

Die entscheidende Rolle für die Transformation tariflicher Arbeitszeitverkürzungen spielen die betrieblichen Reaktionsmuster. Unternehmungen stehen eine Reihe von möglichen Reaktionen auf tarifierte Arbeitszeitverkürzungen zur Verfügung: *Arbeitszeitreaktionen* als Erhöhung der effektiven Arbeitszeit über Sonderschichten und Überstunden, *Produktivitätsreaktionen* als Resultat arbeitsorganisatorischer Maßnahmen und arbeitssparende Investitionen in technische Produktionsmittel und eben zusätzliche *Einstellungen.* Welche Reaktionen oder welche Bündelung von Reaktionen bei bestimmten Faktoren von Arbeitszeitverkürzungen zu erwarten sind, wird über die marktvermittelten betrieblichen Rentabilitätswirkungen entschieden. Ersichtlich sind die Beschäftigungswirkungen jedenfalls unterschiedlich: Die Absorption derjenigen Bruttobeschäftigungsäquivalente, die sich bei einer Senkung der tariflichen Arbeitszeit unter den Bedingungen gleichförmiger Entwicklung der effektiven Arbeitszeit, unveränderten Arbeitsvolumina und arbeitszeitunabhängigen Produktivitätsentwicklungen ergeben würden, ist umso höher,

– je größer die betriebliche Arbeitszeitreaktion als Erhöhung des time-drift zwischen tariflicher und effektiver Arbeitszeit ist und
– je größer die arbeitszeitinduzierten Produktivitätseffekte sind.

Das Ausmaß, die Fristigkeit und der vom Standpunkt der Unternehmungen aus optimale Reaktionsmix werden über marktvermittelte Rentabilitätserwartungen bestimmt. Die erwartete betriebliche Rentabilitätswirkung unterschiedlicher Formen tariflicher Arbeitszeitverkürzungen bei gegebenem gesetzlichen, sozialen und ökonomischen Umfeld werden wiederum von arbeitsorganisatorischen Gegebenheiten, von der Struktur der Produktionsverfahren, also vom Grad der Limitationalität der Produktionsfaktoren, und von den Bedingungen des externen und internen Arbeitsmarktes determiniert. Letztere bestimmen die Einstellungs- und Qualifizierungskosten und damit die zu erwartenden Kostenimpulse bei Neueinstellungen und betrieblichen Qualifizierungsprozessen.

Die genannten Argumentationszusammenhänge spielen die wohl entscheidende Rolle in der Debatte um die Beschäftigungswirkungen von Arbeitszeitverkürzungen. In der Tat kann die beschäftigungspolitische Effizienz von tariflichen Arbeitszeitverkürzungen bei Beachtung dieser Argumente beurteilt werden. Wir werden dies im folgenden versuchen[11].

III. Arbeitszeitverkürzung: strukturelle Probleme

1. Tarifliche und effektive Arbeitszeit

Aus der schlichten Tatsache, daß die Arbeitszeitkomponenten nicht oder allenfalls begrenzt den Vereinbarungen der Tarifpartner unterliegen folgt auch, daß es zu einer unterschiedlichen Entwicklung der effektiven und tariflichen Arbeitszeit kommen kann. Die Unterschiede zwischen effektiver und tariflicher Arbeitszeit werden bekanntlich durch die Ausfallzeiten aufgrund von Krankheit und von Kurzarbeit, durch Mehrarbeitsstunden und Sonderschichten und – auf höher aggregierter Ebene – durch jene Arbeitszeiteffekte bestimmt, die durch die Beschäftigung von Teilzeitarbeitskräften entstehen.

Auf empirischer Ebene sind die Entwicklungen leicht identifizierbar. Die effektive Jahresarbeitszeit pro Beschäftigten hat sich der Entwicklung der tariflichen Arbeitszeit je Beschäftigten angepaßt[12]. Das Fazit des Instituts für Arbeitsmarkt- und Berufsforschung ist zu bestätigen: Auf längere Sicht haben die anderen Bestimmungsgründe der effektiven Arbeitszeit nur einen geringen Einfluß.

Es erscheint daher berechtigt, von der ungebrochenen *Steuerungsfunktion* der tariflichen Arbeitszeit für die Bewegungen der effektiven Arbeitszeit zu sprechen. Der *time-drift* zwischen effektiver Arbeitszeit und tariflicher Arbeitszeit ist *längerfristig stabil*, seine Bewegung ist von konjunkturellen Impulsen beherrscht.

Angesichts der empirischen Befunde lassen sich Thesen einer längerfristen Entkopplung von effektiver und tariflicher Arbeitszeit, wie sie etwa von *Mendius* (Mendius 1978) vertreten werden, kaum halten. *Mendius* bezieht seine Argumente auf die empirischen Untersuchungen des Instituts für Arbeitsmarkt- und Berufsforschung, vermutet allerdings, daß die synchrone Entwicklung das Resultat eines arithmetischen Saldierungseffektes ist. Die Wirkung der die tatsächliche Arbeitszeit verlängernden und diese Arbeitszeitkomponente verkürzenden Abweichung von der tariflichen Arbeitszeit heben sich auf. Steigt, so das Argument, die Produktion aufgrund günstiger Nachfragebedingungen auf den Gütermärkten, reagieren die Unternehmungen verstärkt und auch längerfristig mit Arbeitszeiten (Überstunden und Sonderschichten), nicht aber mit Ausweitung ihrer Nachfrage nach Arbeitskräften und damit mit Beschäftigung.

Soweit die Argumentation sich auf die lange Frist bezieht, ist sie zweifellos nicht stichhaltig und für die kurze Frist ohnehin nicht strittig. Soweit die kurze Frist betroffen ist, zeigt die Entwicklung in den letzten zwanzig Jahren, daß ein Ansteigen der Mehrarbeitsstunden über das normale Niveau hinaus eben ein konjunkturelles Phänomen ist. Steigt das nachgefragte Arbeitsvolumen bei kurzfristigen Produktionsschwankungen über ein von den Unternehmungen als „normal" geplantes Niveau hinaus, reagieren die Unternehmungen in der Tat mit Arbeitszeiten. Diese Reaktion wird verstärkt, wenn Friktionen am Arbeitsmarkt es Unternehmungen nicht erlauben, die zur Deckung des Arbeitsvolumenbedarfes notwendigen Arbeitskräfte am externen Arbeitsmarkt zu rekrutieren. Der Einsatz von Mehrarbeitsstunden ist so ein unternehmungspolitisches Instrument, kurzfristigen Arbeitsvolumenbedarf zu decken. Verstetigt sich der gestiegene Arbeitsvolumenbedarf, reagieren die Unternehmungen mit Neueinstellungen und Maßnahmen zur Steigerung der Arbeitsproduktivität. Kurz- bzw. mittelfristige Variationen der Arbeitszeit als unternehmenspolitisches Instrument zur Anpassung des Arbeitsvolumens an veränderte Nachfragebedingungen auf den Gütermärkten sind – wie gesagt – unstrittig. Analytisch interessanter und wirtschaftspolitisch bedeutsamer sind jene Thesen, die auf die zunehmende Bedeutung von Arbeit als ein quasi-fixed-factorof-production (vgl. Oi 1962) verweisen. Diese analytisch strikt genug formulierten und damit auch einer empirischen Überprüfung zugänglichen Überlegungen beziehen sich allerdings nicht auf die längerfristige Entkoppelung zwischen tariflicher und effektiver Arbeitszeit, sondern auf die Begründung von unternehmerischen Arbeitszeitpolitiken als Reaktion auf konjunkturelle Impulse. Das zweifellos plausible Argument geht in die Richtung, daß das Einstellungs- und Entlassungsverhalten von Unternehmungen weniger durch die Lohn- und Gehaltskosten determiniert ist, als durch längerfristige Amortisationsüberlegungen von Investitionen in Arbeit. Die zunehmende Bedeutung von Anwerbungs-, Einstellungs- und Einarbeitungskosten machen Arbeit zu einem „quasi-fixen-Faktor". Ähnlich wie bei Investitionen in technische Produktionsmittel spielen auch für den Faktor Arbeit Amortisationen der Investitionen über längerfristige Zeiträume eine Rolle. Auf kurzfristige Schwankungen der Nachfrage auf Gütermärkten werden Unternehmungen mit Beschäftigungsvariationen daher eher zögernd reagieren und Anpassungen über Arbeitszeit suchen. Das keynesianische Argument der Gewinnerwartungen spielt so nicht nur für Investitionen in technische Produktionsmittel, sondern eben auch für Investitionen in Arbeit eine besondere Rolle. So angesetzte Überlegungen lohnen eine ausführliche analytische Behandlung und empirische Bearbeitung. Sie widersprechen nicht dem hier vertretenen Argument, daß die tarifliche Arbeitszeit das *Niveau* der effektiven Arbeitszeit bestimmt, die *Veränderungen* der effektiven Arbeitszeit dagegen konjunkturellen Impulsen geschuldet sind. Dies gilt auch für die Entwicklung der Mehrarbeitsstunden seit 1975. Die Ursachen für den zunehmenden Anteil der Mehrarbeitszeit in dieser Periode sind Reflex auf die Unsicherheit unternehmerischer Erwartungen, ob sich die mit den Neueinstellungen von Arbeitskräften verbundenen Qualifikationskosten in der Zukunft auch amortisieren werden. Die anhaltende Instabilität der wirtschaftlichen Entwicklung seit 1975 ließ für die Unternehmungen die für die Amortisation notwendigen Beschäftigungsdauer schlicht zweifelhaft erscheinen. Dies aber ist einer kurzfristigen, konjunkturell bedingten Reaktion geschuldet, bestimmt aber keinen Trend in Richtung auf Entkoppelung von tariflicher und effektiver Arbeitszeit.

Für die Beschäftigungswirkungen zukünftiger Arbeitszeitverkürzungen meint dies, daß der tarifpolitische bargaining-Prozeß über Arbeitszeiten auch in der Zukunft effizient sein wird. Der Effizienzbegriff ist dabei eindeutig: Die tarifliche Arbeitszeit hat in der

Vergangenheit die effektive Arbeitszeit gesteuert; es besteht kein Anlaß zu der Vermutung, daß dies in den 80er Jahren nicht der Fall sein wird. Sicher werden Unternehmungen kurzfristig nach Einführungen tariflich vereinbarter Arbeitszeitverkürzungen mit einer Ausdehnung der effektiven Arbeitszeit der bereits Beschäftigten reagieren. Dieser Anstieg der Mehrarbeitszeit wird jedoch nur solange andauern, bis es gelungen ist, den durch die Arbeitszeitverkürzungen entstandenen Ausfall an Arbeitsvolumen durch Neueinstellungen bei Qualifizierungen der neueingestellten Arbeitskräfte zu kompensieren. Der Ausfall an Arbeitszeit ist – dies macht ja gerade die tarifliche Arbeitszeitpolitik aus – langfristig. Entscheidend für die Beschäftigungswirkungen ist dann weniger das Niveau des Wachstumstempos, als vielmehr die Stabilität des Wachstumspfades. Bei hinreichend stabiler Nachfrageentwicklung sind Beschäftigungsimpulse auch bei flachem Wachstumspfad wahrscheinlich. Entscheidende Bedeutung haben allerdings mögliche arbeitszeitinduzierte Produktivitätseffekte.

2. Arbeitszeitinduzierte Produktivitätseffekte: Bestimmungsfaktoren

Wir haben oben bereits deutlich gemacht, daß die rechnerischen Bruttobeschäftigungsäquivalente von Arbeitszeitverkürzungen zweifellos beachtlich sind. Die Bruttobeschäftigungswirkungen von Arbeitszeitverkürzungen werden jedoch unter den "crucial assumptions" eines unveränderten Arbeitsvolumens und arbeitszeitunabhängiger Produktivitätsentwicklung berechnet. Beide Annahmen sind mehr als problematisch.

Eine kreislauftheoretisch fundierte Analyse der Wirkungen von Arbeitszeitverkürzungen auf das Niveau der gesamtwirtschaftlichen Nachfrage nach Güter- und Dienstleistungen und die Bestimmung des Arbeitsvolumens legt für die Vergangenheit jedenfalls den Schluß nahe, daß Arbeitszeitverkürzungen nicht oder nur in geringem Maße das geplante quantitative Produktionsniveau berührten. Die Vorausschätzungen der Wirkungen zukünftiger Arbeitszeitverkürzungen sind daraus nicht unmittelbar abzuleiten. Arbeitszeitverkürzungen mit vollem Lohnausgleich garantieren weder die Konstanz gesamtwirtschaftlicher Nachfrage, führen allerdings ebenso wenig automatisch zu einem Absinken der gesamtwirtschaftlichen Nachfrage nach Gütern und Dienstleistungen. Wie die komplizierten makroökonomischen Rückkoppelungsprozesse über Reaktionen des privaten Konsums, der privaten Investitionen und – angesichts zunehmender internationaler Verflechtung – zweifellos besonders bedeutsam über Export-Import-Entwicklungen wirken, dürfte angesichts makroökonomischer Umschichtungs- und Strukturierungsprozesse nur schwer abschätzbar sein. Dies gilt um so mehr, wenn von dem realistischen Fall einer zeitlich und intensitätsmäßig unterschiedlichen Arbeitszeitregelung in verschiedenen Industrien ausgegangen wird. In welchem Maße die effektive Nachfrage tatsächlich berührt wird, ist entscheidend darüber bestimmt, ob sich die potentielle Bruttobeschäftigungswirkung auch in steigender Beschäftigung ausdrückt.

Ob und in welchem Ausmaß die Beschäftigungswirkung eintritt, hängt neben der oben genannten Transformation von tariflicher Arbeitszeit in effektive Arbeitszeit von über Arbeitszeitverkürzungen induzierten Produktivitätszuwächsen ab. Sicher vernichtet ein arbeitszeit-induzierter Produktivitätszuwachs einen Teil des potentiellen Bruttobeschäftigungsäquivalentes.

Das Argument von arbeitszeitinduzierten Produktivitätswirkungen wird zweifellos oft zu undifferenziert verwendet. Arbeitsproduktivität ist zuerst eine statistisch-ökonomische Größe, die den Arbeitseinsatz im Verhältnis zum erzeugten Wert der Güter- und Dienstleistungen mißt. Die Ursachen und die Wirkungen von Arbeitsproduktivitätsfortschritten erscheinen dabei vielfältig: Sie sind Resultat betrieblicher Reaktionen zur Verbesserung der Arbeitsorganisation und Ergebnis arbeitssparender Investitionen in technische Produktionsmittel.

Wenn daher über arbeitszeitinduzierte Produktivitätseffekte nachzudenken ist, sollte dies über differenzierende Ursache-Wirkungs-Ketten erfolgen, die das Potential zur Erhöhung der Arbeitsproduktivität bestimmen. Wir werden dies im folgenden über den Zusammenhang von tariflichen Arbeitszeitverkürzungen und *Veränderungen des Auslastungsgrades* von technischen Produktionsmitteln sowie Arbeit und *produktionsstrukturellen* Besonderheiten versuchen[13].

Soweit der *Auslastungsgrad von Arbeit* betroffen ist, bilden die Möglichkeiten einer Arbeitsintensivierung (gefaßt als erhöhte Arbeitsbelastung) in der Tat ein erhebliches Potential zur Absorption des möglichen Beschäftigungseffektes und damit steigender Produktivität. Welche Möglichkeiten tatsächlich bestehen, ergeben sich aus branchenspezifischen Tätigkeitsstrukturen und Entlohnungsformen. Absorptionspotentiale bestehen für jene Tätigkeiten, deren Erträge pro Zeiteinheit im Normalfall nicht gemessen werden, die darüber hinaus wenig innerbetriebliche Synchronisation erfordern, also „speicherbare" Leistungen hervorbringen. Dies gilt in hohem Maße für die kaufmännischen Angestelltenbereiche, wie z. B. für Sekretärinnentätigkeiten und Bürohilfskräfte. Dies gilt auch für Zeitlöhner im Arbeiterbereich (z. B. Lagerarbeiter). Bei gegebener struktureller Arbeitskräfteknappheit werden unternehmerische Politiken zur Arbeitsintensivierung auch im Bereich der mittleren und höheren Qualifikation zu erwarten sein, wie sie etwa für technische Angestellte und im Wartungs- und Instandhaltungspersonalbereich zu finden sind. In welchem Ausmaß damit in bestimmten Industrien bei verschiedenen Formen der Arbeitszeitverkürzung mit entsprechenden Absorptionsreaktionen, d. h. hier Arbeitsproduktivitätseffekten aufgrund steigender Arbeitsbelastung, zu rechnen sein wird, ist von dem Anteil der genannten Tätigkeitsstrukturen und Entlohnungsformen in diesen Industrien bestimmt.

Die Auswirkungen des *Auslastungsgrades der technischen Produktionsmittel* sind schwieriger zu bestimmen. Erst in Kombination mit unterschiedlichen Produktionsverfahren und Arbeitszeitsystemen lassen sich eindeutige Aussagen machen. Für sich allein genommen können nicht optimal ausgelastete technische Produktionsanlagen sowohl notwendige Begleitbedingungen einer höheren Ausnutzung des Faktors Arbeit als auch conditio sine qua non des Zustandekommens eines Beschäftigungseffektes sein. Dann nämlich, wenn kürzere Betriebszeiten über eine Steigerung der Ausbringungsmenge pro Zeiteinheit bei gleichzeitiger Neubeschäftigung kompensiert werden müssen[14].

Der Einfluß der *Produktionsstruktur* richtet sich nach dem Grad der Limitationalität der Produktion und nach der Dominanz bestimmter Arbeitszeitsysteme. Der Limitationalitätsgrad von Produktion ist wiederum von der Einsatzflexibilität der Arbeitskräfte und der Teilbarkeit der Anlagen abhängig.

Es ist einsichtig, daß die Einsatzflexibilität der Arbeitskräfte bei einzelnen Tätigkeits- und Qualifikationstypen unterschiedlich ist. In ähnlicher Weise differiert auch der Grad der Teilbarkeit der Anlagen nach den einzelnen Produktionsverfahren. Kontinuierliche Produktionsverfahren, die z. B. vorwiegend Überwachungs- und Kontrolltätigkeit erfordern, sind für eine Neuaufteilung bzw. Ausweitung der Arbeitsfunktionen der einzelnen Beschäftigten eher geeignet als etwa die Chargenproduktion. Montagebetriebe, die im Schichtsystem arbeiten, werden geringere Beschäftigungsimpulse aufweisen und mit Neuorganisation der Schichtsysteme, die wenig organisatorische Probleme mit sich bringen, und/oder mit dem Einsatz von Springern reagieren.

Wird das Argument des Zusammenhanges von Arbeitszeitverkürzungen und Produktivitätseffekten auf die Limitationalität der Produktionsfaktoren „technische Produktionsmittel" und Arbeit bezogen, ist das Bild ebenso bunt. Bleibt die ursprüngliche Betriebszeit des Unternehmens konstant, treten arbeitsorganisatorische Probleme der Zuordnung der verkürzten individuellen Arbeitszeit auf die Betriebszeit in den Vordergrund. Wird die ursprüngliche Betriebszeit der verkürzten Arbeitszeit jedoch angepaßt, so variiert der Limitationalitätsgrad mit den einzelnen Produktionsverfahren und -bereichen. In wesentlichen Produktionsbereichen (z. B. Bandfertigung, Lagerbereiche) dürften jedoch Substitutionsspielräume herstellbar sein.

Entscheidend ist dabei, daß eine Verkürzung der Betriebszeit keine zwingend notwendige Reaktion auf Arbeitszeitverkürzungsmaßnahmen darstellt. Arbeitsorganisatorischen Problemen dürfte größere Bedeutung zukommen. Übertriebener Pessimismus scheint nicht angebracht. Veränderungen der Schichtsysteme, der Einsatz von Springern oder Umverteilung der Arbeitsfunktionen sind bereits vielfach erprobte, wirksame Instrumente der Arbeitsorganisation.

Resümieren wir kurz: Der zu erwartende Beschäftigungseffekt von Arbeitszeitverkürzungsmaßnahmen kommt den ceteris-paribus ermittelten Beschäftigungsäquivalenten um so näher, je höher die Einsatzflexibilität der Arbeitskräfte und die Teilbarkeit der Anlagen, je flexibler das Verhältnis Arbeitszeit zu Betriebszeit und je geringer die Notwendigkeit der internen Synchronisation der Arbeit ist.

Einige empirische Hinweise aus durchgeführten Fallstudien[15] sind lohnend: Branchenspezifisch ist beispielsweise die Einsatzflexibilität der Arbeitskräfte im Fahrzeugbau höher als in der chemischen Industrie, ist das Verhältnis Arbeitszeit zu Betriebszeit in der Elektroindustrie relativ starr und die Notwendigkeit der internen Synchronisation der Arbeit in der chemischen Industrie geringer als im Fahrzeugbau. Daraus folgen branchenspezifisch höchst unterschiedliche Reaktionen: Zwei Beispiele sollen genügen:

- In der chemischen Industrie ist ein relativ hoher arbeitszeitinduzierter Produktivitätseffekt zu erwarten. Der hohe Anteil kontinuierlicher Produktionstechnologien in Begleitung von voll kontinuierlichem Schichtsystem (drei Schichten an sieben Tagen) sowie die Unterauslastung von technischen Produktionsmitteln und Arbeit dürften ausschlaggebende Faktoren sein. Soweit bei einer Verkürzung der wöchentlichen Arbeitszeit Beschäftigungseffekte zu erwarten sind, dürften sie sich vor allem auf Facharbeiter der Wartungs- und Instandsetzungsbereiche sowie die technischen Angestellten richten.

– Im Fahrzeugbau findet man dagegen relativ geringe Absorptionspotentiale, also geringe Chancen für arbeitszeitinduzierte Produktivitätserhöhungen. Montageproduktionen im Fließbetrieb, der hohe Anteil von Akkordlöhnern sowie die – jedenfalls gegenwärtig – relativ hohe Auslastung der Kapazitäten lassen dies vermuten. Bei einer Verkürzung der wöchentlichen Arbeitszeit dürfte die Nachfrage nach ungelernten Arbeitskräften am meisten betroffen sein.

Gleiche Formen der Arbeitszeitverkürzung haben so höchst ungleiche Wirkungen entsprechend den branchenspezifischen Arbeits- und Produktionsbesonderheiten. Welche unternehmerischen Reaktionsmuster auf Arbeitszeitverkürzungsformen zu erwarten sind und inwiefern diese dann beschäftigungsmäßig relevant werden, hängt dabei nicht nur von den genannten Spezifika des Arbeits- und Produktionsprozesses, sondern auch von den zusätzlichen Kostenbelastungen ab.

Drei Kostenarten spielen bei der Kalkulation der Kosten einer tariflichen Arbeitszeitverkürzung eine besondere Rolle: Die Lohn- und Gehaltskosten, die Einstellungs- und Organisationskosten sowie die Kosten zur Schaffung zusätzlicher Arbeitsplätze.

Trotz der offensichtlichen Trivialität des Argumentes lohnt es zu betonen, daß Kosten für die Anwerbung, Einstellung und Einarbeitung von zusätzlichen Arbeitskräften und die Kosten für die Schaffung zusätzlicher Arbeitsplätze naturgemäß nur dann eintreten, wenn Unternehmungen mit Neueinstellungen als Reaktion auf Arbeitszeitverkürzungen reagieren. Führen Arbeitszeitverkürzungen lediglich zur Stabilisierung der Beschäftigung, haben also Arbeitszeitverkürzungsmaßnahmen lediglich kompensatorische Wirkungen, fallen die genannten Kostenarten auch nicht an. Es ist ebenfalls herauszustellen, daß Arbeitszeitverkürzungen auch bei positiven Beschäftigungswirkungen keineswegs höhere Kapitalkosten induzieren. Ist eine Senkung der Betriebszeit nicht erforderlich – eine optimistische, aber nicht völlig unrealistische Variante – minimiert sich der zusätzliche Kapitalkostenanteil und konvergiert gegen Null. Gilt weiter, daß die gegenwärtigen Produktionskapazitäten nicht ausgelastet sind, fallen zusätzliche Kapitalkosten ebenfalls nicht an.

Unbestritten wird es auch Konstellationen von Produktionsstruktur und Arbeitsorganisation geben, die zusätzliche Investitionen in technische Produktionsmittel notwendig machen. Allerdings ist es eine trivial-definitorische Aussage, daß sich die unternehmerischen Lohnstückkostenbelastungen dann nicht verschlechtern, wenn der Kostenanstieg im Rahmen der Produktivitätssteigerungen liegt. Angesichts der politischen Bedingungen erscheint es vernünftig, in der Diskussion um tarifvertragliche Arbeitszeitverkürzungen von Arbeitszeitverkürzungen mit vollem Lohnausgleich auszugehen. Die Lohn- und Gehaltssumme der Beschäftigten bleibt dann bei verminderter individueller Arbeitszeit unverändert, die Lohn- und Gehaltskosten der zusätzlichen Beschäftigten führen in voller Höhe zu zusätzlichen Kosten für die Unternehmungen.

Aus den oben angeführten Überlegungen folgt aber auch, daß mit arbeitszeitinduzierten Produktivitätserhöhungen zu rechnen ist, die die Kostenbelastungen senken. Kontrovers ist dann die Frage, ob und in welchem Ausmaß die zusätzlichen Kosten über zusätzliche Produktivitätserhöhungen ausgleichbar sind oder nicht. In diesem Sinne sind arbeitszeitinduzierte Produktivitätserhöhungen höchst willkommen.

Die hier vertretene Bewertung von arbeitszeitinduzierten Produktivitätserhöhungen unterscheidet sich daher grundlegend von jenen Urteilen, die mit dem Hinweis auf arbeitszeitinduzierte Produktivitätseffekte ein *gegen* Arbeitszeitverkürzungspolitiken gerichtetes Argument vortragen. Erhöhung der Arbeitsproduktivität bedeutet immerhin, daß weniger Arbeitseinsatz notwendig ist, um ein bestimmtes Produkt zu erzeugen. Arbeitszeitinduzierte Produktivitätsschübe mindern so zwar die ceteris-paribus ermittelbaren Bruttobeschäftigungsäquivalente von Arbeitszeitverkürzungen, erhöhen aber gleichzeitig die Stabilität der Beschäftigung, erlauben zukünftige Lohnerhöhungen und/oder zukünftige Arbeitszeitverkürzungen. Arbeitszeitinduzierte Produktivitätseffekte sind zur Stabilisierung von Wachstum und Beschäftigung durchaus wichtig genug.
Im Zusammenhang mit Argumenten zum „Modernisierungswachstum" läßt sich die These vertreten, daß Produktivitätsfortschritte geradezu als Voraussetzung forcierter Arbeitszeitverkürzungen anzusehen sind, da jene als Amalgam verschiedener Komponenten Produktionsstrukturveränderungen enthalten, die diese tragen. Zweifelsohne – und hier liegt denn auch das eigentliche Problem – können *kurzfristige* Anpassungsprobleme sowohl auf seiten der Unternehmer als auch auf seiten der Arbeitnehmer auftauchen. *Mittel- und langfristig* sind positive Wirkungen von forcierten Arbeitszeitverkürzungen zu erwarten, und zwar sowohl beschäftigungspolitisch als auch produktionsstrukturell. Die These von den mittel- und langfristigen negativen Folgewirkungen forcierter Arbeitszeitverkürzungen bewertet denn auch die positiven Möglichkeiten von Produktionsfortschritten diametral anders[16].

3. Die externen „Arbeitsmarktbedingungen"

Es gehört ebenfalls zu den Standardargumenten in der Debatte um die Verkürzung der Arbeitszeit, auf die Restriktionen des externen Arbeitsmarktes hinzuweisen. Die Argumente beziehen sich auf die Angebotsseite: Selbst wenn eine Verkürzung der Arbeitszeit zu einer steigenden Nachfrage nach Arbeitskräften führt, bleibt immerhin offen – so die milde Formulierung –, ob auf dem externen Arbeitsmarkt ein entsprechendes Angebot an Arbeitskräften zur Verfügung steht.
Soweit sich das Argument auf die globale, quantitative Seite bezieht, ist es selbstverständlich nicht stichhaltig. Alle mittelfristigen Prognosen der Angebotsseite des Arbeitsmarktes (Erwerbspotentialrechnungen) gehen – wie wir oben gezeigt haben – davon aus, daß bis 1988 die Zahl der Erwerbspersonen steigen wird. Die Forderung nach Arbeitszeitverkürzung ist ja gerade aus diesen Überlegungen mitgetragen.
Die Argumente zum externen Arbeitsmarkt zielen daher auch nicht auf die quantitative Dimension – abgesehen von Überlegungen zur Reversibilität mit Blick auf die Neunziger Jahre –, sondern auf das Strukturargument. Gemeint ist, daß die Struktur der Angebotsseite sich zu stark von der Struktur der Nachfrageseite unterscheidet, so daß bereits bestehende Ungleichgewichte auf und zwischen Teilarbeitsmärkten eine Realisierung des möglichen Beschäftigungseffektes verhindern.

Auf der schlichten empirischen Ebene ist das Argument für kurze Zeiträume nachvollziehbar. Die Entlassungspolitiken der Unternehmungen haben in den letzten Jahren in der Tat zur Hortung qualifizierter Arbeitskräfte geführt, während weniger qualifizierte Arbeitskräfte entlassen werden. Gleichzeitig haben die Unternehmungen ihre Ausbildungsanstrengungen vermindert. Dies führte zu einer Struktur der Arbeitslosigkeit, die im Gegensatz zu der Nachfrage nach qualifizierten Arbeitskräften im Aufschwung stand.

Jenseit der empirischen Evidenzen ist mehr zu bedenken: Substititions-, Flexibilitäts- und Mobilitätspotentiale sind zu bewerten.

Zum einen bietet die Erhöhung der Zahl der Erwerbspersonen auch Chancen. Offensichtlich wird ein erheblicher Rahmen für die Bereitstellung den Bedarf angepaßter Arbeitskräfte über das neue Angebot gegeben.

Weiter ist zu bedenken, daß Flexibilitätsspielräume über die Vertragskettendynamiken entstehen. Gemeint ist, daß bei etwa 5 bis 6 Mio. zwischenbetrieblicher Arbeitsplatzwechselfälle pro Jahr (Reyher u. a. 1979) marginale Qualifikationsunterschiede ausgeglichen werden, die Dynamik der Arbeitsmärkte also zu einem Ausgleich größerer Qualifikationsunterschiede beiträgt. Schließlich führen veränderte Knappheiten am Arbeitsmarkt sicher auch zu verändertem Einstellungsverhalten. Steigende Knappheiten aufgrund steigender Nachfrage an Arbeitskräften dürften zu einer verstärkten Bereitschaft der Unternehmungen führen, durch innerbetriebliche Aus- und Fortbildung zu einem Ausgleich zwischen angebotener und nachgefragter Qualifikation beizutragen. Dies wird oft akzeptiert, wenn auf verbesserte Beschäftigungsaussichten von Problemgruppen des Arbeitsmarktes bei Verbesserung der gesamtwirtschaftlichen Bedingungen verwiesen wird. Dieses Argument gilt im Zusammenhang mit der Debatte um die Arbeitszeitverkürzung umsomehr.

Das Argument gewinnt an Bedeutung, da tarifliche Arbeitszeitverkürzungen den internen Arbeitsmarkt direkt berühren. Mengenmäßige Restriktionen sind daher auch nur über mengenmäßige Strategien zu lösen, also über betriebliche Strategien zur Verbesserung der Funktionsmechanismen der internen Arbeitsmärkte und Öffnung der ports-of-entry zwischen internem und externem Arbeitsmarkt. Die politischen Optionen liegen so auch auf anderer Ebene als einfache Makropolitiken oder Arbeitsmarktpolitiken zur Beeinflussung der externen Arbeitsmarktpolitiken.

IV. Arbeitszeitpolitik: politische Optionen

Resümieren wir kurz und suchen, die politischen Optionen zu bestimmen.

Tarifliche Arbeitszeitpolitik war in der Vergangenheit effizient und wird es auch und gerade in den Phasen reduzierten Wachstums sein. Dieser Satz bezieht sich auf den *time-drift:* Das Niveau der effektiven Arbeitszeit wird von der tariflichen Arbeitszeit bestimmt, lediglich die *Veränderungen* der effektiven Arbeitszeit sind konjunkturelle Phänomene.

Arbeitszeitinduzierte Produktivitätseffekte sind wahrscheinlich. Damit wird zwar ein Teil der ceteris-paribus-Beschäftigungsäquivalente tariflicher Arbeitszeitpolitik absor-

biert, gleichzeitig aber die Stabilität der Beschäftigungsimpulse auf einen Modernisierungswachstumspfad gefördert. Die *Verteilung* der Beschäftigungsimpulse auf verschiedene Beschäftigungsgruppen wird dabei höchst unterschiedlich ausfallen.
Bestehende Ungleichgewichte zwischen angebotenen und nachgefragten Qualifikationsprofilen auf und zwischen Teilarbeitsmärkten bei forcierter tariflicher Arbeitszeitpolitik werden kurz- und mittelfristig zu quantitativen Restriktionen führen, die jedoch den Funktionsmechanismus der internen und externen Arbeitsmärkte eher verbessern.
Angesichts dieser Analyse liegen die politischen Optionen auf der Hand. Bei unterschiedlichen Auffassungen zwischen und innerhalb der Tarifpartner über die Form von tariflicher und gesetzlicher Arbeitszeitverkürzung dürften selektive Arbeitszeitpolitiken eher Konsenspotentiale aufweisen als lineare, across-the-board-Regelungen. *Selektive Arbeitszeitpolitiken* beziehen sich auf jene Arbeitszeitverkürzungen, die die besonderen Arbeitsbedingungen bestimmter Beschäftigungsgruppen und die besonderen Produktions- und Arbeitsmarktbedingungen von Unternehmungen und Industrien in tarifvertraglich vereinbarte Arbeitszeitverkürzungen ebenso aufnehmen wie die Arbeitszeit-Freizeit-Präferenzen unterschiedlicher sozialer Gruppen. Diese Arbeitszeitpolitikvarianten können über *Arbeitszeit-Flexibilisierungs-Politiken* unterstützt werden. Politiken der Flexibilisierung der Arbeitszeit zielen auf die Erhöhung der individuellen Optionen für die Dauer und Gestaltung der Arbeitszeit. Obwohl für beide Arbeitszeitpolitiken bereits Ansätze implementiert sind, dürfte viel Mut zum Experiment notwendig sein.
Arbeitszeitpolitiken sind kein Allheilmittel zur Lösung der Beschäftigungsprobleme. Lineare Regelungen werden meist eher kompensatorisch zur Vermeidung von Beschäftigungsrückgängen wirken. Unterstützende Beschäftigungspolitiken und Arbeitsmarktpolitiken sind so ohnehin notwendig. Ein qualitativer Unterschied in den Politikdimensionen verdient jedoch herausgestellt zu werden: Die unterstützenden Politiken werden zunehmend auf interne Arbeitsmärkte und Investitionen in Arbeit abzielen müssen. Die Zeiten, in denen globale Makropolitiken allein auf die Verbesserung der Rendite des Faktors Kapital bei einem diesen Rentabilitäten in *qualitativer und quantitativer Hinsicht angepaßten Faktor Arbeit* setzen konnte, sind Geschichte. Erst Politiken, die Ansprüche menschlicher Arbeit auf die Gestaltung des Produktionsprozesses als produktiven Beitrag verstehen, werden auch die Entwicklungschancen der ökonomischen Kernbereiche fördern. Arbeitszeitpolitik wird hierfür nicht nur sinnvoll, sondern unumgänglich sein.

Anmerkungen

1 KWSW 1977, S. 526 – Minderheitsvotum der Kommissionsmitglieder Dräger, Heissler, Messedat, Petersen, Sohn (BDI/BDA); (Unsere Hervorhebung).
2 Beispielsweise DIW 1978, wo in einem Gemeinschaftsgutachten von vier Forschungsinstituten auf die Notwendigkeit eines Policy-Mix einschließlich Arbeitszeitverkürzung verwiesen wurde.
3 Vgl. Arbeiten von *Bolle* 1979a, 1979b sowie kritisch *Koller* 1979 und *Baisch* 1980.
4 Vgl. beispielsweise das bereits zitierte Gemeinschaftsgutachten (DIW 1978).
5 Vgl. beispielsweise Memorandum 1979.

6 Vgl. beispielsweise die früheren Positionen des *Sachverständigenrates*. Daß der Sachverständigenrat neuerdings eine Dominanz der Angebotspolitik und damit der Mikropolitik vertritt, hindert ihn nicht, weiterhin prinzipiell auf die Selbstheilungskräfte des Marktes zu vertrauen. Vgl. *Sachverständigenrat* 1979.

7 Zudem zeigt gerade die Kritik dieser Variante (z. B. der Memo-Gruppe) die mangelnde theoretische Fundierung einer unreflektierten Keynes-Rezeption, und zwar sowohl auf der Makroebene als auch auf der Mikroebene. Vgl. *Bolle* 1979b und *Riese* 1979a.

8 Vgl. die Analyse der Grenzen der mikroökonomischen Arbeitsmarkttheorie und -politik in bezug auf das makroökonomische Beschäftigungsproblem bei *Dragendorf* 1979.

9 Vgl. hierzu auch die weitgespannten Überlegungen bei *Riese* 1979b.

9a Vgl. *Kommission der Europäischen Gemeinschaft* 1978.

10 Zu nennen sind die ausgezeichneten Arbeiten des *Instituts für Arbeitsmarkt- und Berufsforschung*; so etwa *Reyher* 1979.

11 Die hier vorgetragenen Argumente beziehen sich auf analytische Überlegungen und empirische Befunde, die im Rahmen eines Projektes der Forschungsstelle Sozialökonomik der Arbeit (FSA) zur „Dauer und Gestaltung der Arbeitszeit und die Wirkungen neuer Regelungen" angestellt wurden. Die Forschungsstelle Sozialökonomik der Arbeit an der Freien Universität Berlin (Wissenschaftliche Leitung: Prof. Dr. Michael Bolle und Prof. Dr. Burkhard Strümpel) hat dieses Projekt im Auftrage der "Anglo-German Foundation for the Studies of the Industrial Society" durchgeführt. Die Projektergebnisse werden gegen Ende dieses Jahres veröffentlicht. Die hier vertretene Auffassung liegt in der alleinigen Verantwortung der Autoren.

12 Auf der statistischen Ebene hat das Institut für Arbeitsmarkt- und Berufsforschung Berechnungen vorgelegt, die die oben genannten Arbeitszeitkomponenten in der Entwicklung der letzten zwanzig Jahre nachzeichnen. Im Rahmen des oben genannten Forschungsprojektes hat die Forschungsstelle Sozialökonomik der Arbeit (FSA) ähnliche Berechnungen für die Entwicklung seit 1960 für die Beschäftigungssektoren Chemie, elektrotechnische Industrie, Fahrzeugbau und Einzelhandel erarbeitet.

13 Der Einfluß der Betriebsgrößen ist gering und kann außer Betracht bleiben.

14 Vgl. *Kasiske* und *Manske* 1979; *Kunz* und *Müller* 1977.

15 Vgl. die ausführlichen Analysen und Dokumentationen in der in Fußnote 11 genannten Arbeit.

16 Vgl. beispielsweise die Position des *Sachverständigenrates* 1978/79, Zf. 476.

Literatur

Baisch, Helmut 1980: Segmentierungen am Arbeitsmarkt – eine Restriktion keynesianischer Beschäftigungspolitik? In: Argument-Sonderband, AS 52.

Bolle, Michael 1979a: Keynesianische Beschäftigungstheorie und Segmentierungskonzepte. In: Beiträge zur Arbeitsmarkt- und Berufsforschung 33.

Bolle, Michael 1979b: Kritik der arbeitsmarkttheoretischen und -politischen Implikationen des Memorandums. In: Argument-Sonderband, AS 35.

DIW (1978): Wochenbericht 17/8, 45. Jhg., „Die Lage der Weltwirtschaft und der westdeutschen Wirtschaft im Frühjahr 1978."

Dragendorf, Rüdiger 1979 Labour Market Structure and Employment Level – Reflections on the Scope of Labour Market Theory. In: Low pay and labour market segmentation in Advanced industrial countries (working papers). University of Cambridge, Sept. 1979.

EG-Kommission 1978: Commission of the Eurpean Community. Doc. V/457/78, Nov. 1978.

Kommission für wirtschaftlichen und sozialen Wandel (1977): Wirtschaftlicher und sozialer Wandel in der Bundesrepublik Deutschland, Göttingen.

Kasiske, Rainer/Manske, Friedrich 1979: Arbeit, Technik und Betriebsgröße als Einflußfaktoren für die Beschäftigungswirkungen einer Arbeitszeitverkürzung. In: Mitteilungen aus der Arbeitsmarkt- und Berufsforschung, Heft 3, 1979.

Kunz, D./Müller, W. 1977: Produktivitätsorientierte Arbeitszeitverkürzung als beschäftigungspolitisches Instrument. In: Mitteilungen aus der Arbeitsmarkt- und Berufsforschung, Heft 4, 1977.

Memorandum '79 1979: Vorrang für Vollbeschäftigung. Alternativen der Wirtschaftspolitik, Köln.

Mendius, Hans G. 1978: Arbeitszeit und Arbeitsmarkt. In: WSI-Mitteilungen

Oi, Walter Y. 1962: Labour as a Quasi-Fixed Factor. In: Journal of Political Economy Bd. 70, 6.

Reyher, Lutz u. a. 1979: Arbeitszeit und Arbeitsmarkt. In: Mitteilungen aus der Arbeitsmarkt- und Berufsforschung, Heft 3.

Riese, Hajo 1979a: Kritik der theoretischen Grundlagen des Memorandums. In: Argument-Sonderband, AS 35.

Riese, Hajo, 1979b: Wirtschaftspolitik unter veränderten historischen Bedingungen. In: Frankfurter Hefte, 10/79.

Sachverständigenrat 1979: Jahresgutachten 1978/79: Wachstum und Währung, Stuttgart-Mainz.

Die präventive Wendung der staatlichen Sozialpolitik – Formen des Unterlaufens und der Verkehrung auf Betriebsebene*

Ulrich Jürgens/Knuth Dohse/Harald Russig

> „Die Drohung kam plötzlich und unerwartet. Zur Betriebsversammlung bei Bosch in Erbach erschien als Arbeitgebervertreter Dr. Wiedel und erklärte im Namen der Bosch-Geschäftsleitung in Stuttgart den 480 Erbacher Beschäftigten: ‚Wir können hier in Erbach im Hause Bosch unsere Arbeitsplätze nur dann sichern, wenn das Durchschnittsalter der Arbeitnehmer nicht über 35 Jahre steigt. Ältere Arbeitnehmer werden wir versuchen, außerhalb des Hauses in umliegenden Firmen unterzubringen.'"
> (Nils C. Nagel, Menschenverachtende Politik bekämpfen, METALL Nr. 16 vom 15. August 1979, S. 17)

I. Reduziertes Wachstum als Handlungschance für präventive Sozialpolitik?

Die Reformpolitik in den späten 60er und frühen 70er Jahren läßt sich auf dem Felde der Sozialpolitik unter dem Gesichtspunkt zusammenfassen, diese mit einer programmatisch wie real als Modernisierung der Volkswirtschaft betriebenen Wirtschaftspolitik möglichst eng zu verzahnen: Auf das Beschäftigungssystem bezogene Sozialpolitik soll sowohl die Voraussetzungen für diesen Modernisierungsprozeß schaffen (etwa durch Veränderung der Qualifikation und durch Mobilität der Beschäftigten) als auch – prophylaktisch und vorausschauend – die Folgeerscheinungen eher beschleunigter ökonomischer und gesellschaftlicher Wandlungsprozesse abfedern helfen (etwa durch Maßnahmen zur Verbesserung der Arbeitsbedingungen).
Ein ganzes Bündel von Programmen, Gesetzen und Verordnungen wird in diesen Jahren in Gang gesetzt bzw. erlassen, die sich allesamt auf die Beschäftigungs- und Mobilitätssicherung, auf die Bereitstellung eines ausreichenden und qualifizierten Arbeitskräftepotentials, auf die Arbeitsbedingungen sowie auf die Rahmenbedingungen des Austauschprozesses zwischen Kapital und Arbeit beziehen. Es seien nur die wichtigsten genannt: Arbeitsförderungsgesetz (1969)[1]; Lohnfortzahlungsgesetz (1969)[2]; Betriebsverfassungsgesetz (1972)[3]; Rehabilitationsprogramm (1970)[4] mit Rehabilitationsangleichungsgesetz[5] und Schwerbehindertengesetz (1974)[6]; Betriebsrentengesetz (1974)[7]; Maschinenschutzgesetz (1968)[8]; Arbeitssicherheitsgesetz (1973)[9]; Aktionsprogramm „Forschung zur Humanisierung des Arbeitslebens" (1974)[10]; Arbeitsstättenverordnung (1975)[11]; Arbeitsstoffverordnung (1975)[12] usf.

---

*) Der vorliegende Beitrag entstand im Rahmen des Projektbereichs „Sozialpolitik und Beschäftigungssystem" am Internationalen Institut für Vergleichende Gesellschaftsforschung des Wissenschaftszentrums Berlin.

Den Hintergrund dieses Reformschubes bildete der Machtwechsel in der Regierung sowie der konjunkturelle Aufschwung nach 1968. Am Horizont dieser Phase des Einsatzes staatlicher Mittel für Reformen der gesellschaftlichen Beziehungen zwischen Kapital und Arbeit begannen sich jedoch schon bald zumindest finanzielle Schranken für die staatliche Tätigkeit zu zeigen.

Bei der Formulierung und Ausgestaltung der Reformgesetzgebung stand in besonderem Maße die Zielvorstellung im Zentrum reformorientierter Absichten und Erwartungen, die Regelungen stärker auf die Prävention von Belastungen und Beanspruchungen der Arbeitswelt auszurichten. Denn die Grenzen und unbeabsichtigten Folgewirkungen der bisher vorwiegend kompensatorischen Sozialpolitik (und Tarifpolitik) waren inzwischen überdeutlich geworden. Mit der sich abzeichnenden Problematik sich verengender finanzieller Handlungsspielräume des Staates (Fiskalkrise) schien für den Staat überdies ein materieller Anreiz hinzuzukommen, diese präventive Wendung noch stärker zu gewichten. Die sich seit Mitte der 70er Jahre abzeichnende Perspektive einer anhaltenden Phase „reduzierten Wachstums" schien daher auch längerfristig eine Wendung staatlicher (und tariflicher) Politik von kompensatorischer zu präventiver Orientierung zu befestigen.

Zumindest wenn man den Thesen der sozialwissenschaftlichen Diskussion von einer präventiven Wende der staatlichen Sozialpolitik folgt, so wäre diese Situation reduzierten Wachstums bzw. der Krise geradezu eine Handlungschance für eine Politik, welche die Reproduktionsrisiken vorbeugend zu bewältigen sucht und nicht erst im Nachhinein kompensiert. So formuliert etwa *Fritz Böhle* auf dem Soziologentag 1976 die Annahme, daß vor dem Hintergrund der krisenbedingt sichtbar gewordenen „Grenzen des Sozialstaates"

> „... im Rahmen staatlicher Sozialpolitik auch zunehmend eine Strategie der Problemverlagerung mit dem Ziel einer stärkeren Konzentration auf die Vermeidung von Ursachen für die Inanspruchnahme sozialer Leistungen an Bedeutung gewinnt (präventive Sozialpolitik). Um wirksame Ergebnisse zu erzielen, müßte eine solche Strategie notwendigerweise auch den Arbeitsbereich als einen wesentlichen Verursachungsfaktor thematisieren. Der Vorteil einer solchen Strategie liegt wesentlich darin, daß im Bereich staatlicher Sozialpolitik und öffentlicher Leistungsträger Kosten gesenkt (oder zumindest konstant gehalten) und zugleich sozialpolitische Verbesserungen erreicht werden können. Es ist jedoch davon auszugehen, daß eine solche Strategie erst dann an Aktualität gewinnt, wenn andere, näherliegende Strategien auf ‚Widerstand' stoßen bzw. wenn die genannten Grenzen unmittelbar ‚spürbar' werden."[13]

Präventive oder auch „aktive" Sozialpolitik ist besonders in der sozialwissenschaftlichen Diskussion mit hohen Erwartungen versehen und als „neuer Politikmodus" gefeiert worden.[14] Sie wurde der kompensatorischen Sozialpolitik als die progessive Alternative gegenübergestellt, an der eigentlich alle Akteure ein Interesse haben müßten: Auf der einen Seite würde präventive Sozialpolitik kostensparend sein und damit entlastend für den Steuerstaat, auf der anderen Seite würde sie im langfristigen Interesse des Kapitals an der Reproduktion der gesellschaftlichen Arbeitskraft liegen und bereits erkennbare Schranken der Nutzung der Arbeitskräfte (sichtbar in Krankenstand, Fluktuation, Absentismus, kollektiven Widerstandsaktionen usw.) überwinden helfen.[15]

Verschiedene Autoren haben ihre Verwunderung darüber geäußert, daß auch in der politischen Praxis ein breiter politisch-sozialer Konsens über die Notwendigkeit verstärkter Prävention besteht, ein Konsens, der von der SPD zur CSU und vom DGB zum BDA reicht.[16] Verwunderung deshalb, weil die sozialwissenschaftliche Diskussion mit präventiver Politik die Vorstellung eines tiefgreifenden Wandels der Reformpolitik und ein Überschreiten der bisherigen Tätigkeitsgrenzen staatlichen Handelns gegenüber dem privatwirtschaftlichen Bereich verbindet: gilt es doch nun, die Belastungs- und Beanspruchungsstrukturen der Arbeits- und Lebenswelt selbst zu verändern und nicht mehr nur ihre Schadenswirkungen für die Menschen monetär auszugleichen.
Der „breite politisch-soziale Konsens" beruhte aber von Anbeginn der Diskussion über Prävention – und dies wurde von denen häufig übersehen, die Prävention vor allem als etwas reformerisch-progressives verstanden – auf der Mehrdeutigkeit des Präventionsbegriffes. Neben dem soeben charakterisierten arbeitsweltbezogenen Präventionskonzept (institutionelle Prävention), das die Interessen der Arbeitnehmer und der Gewerkschaften aufnimmt, stehen zumindest zwei weitere durchaus unterschiedliche und zum Teil konträre Konzepte von Prävention. Zum einen ist eine verhaltensbezogene Vorstellung von Prävention (personelle Prävention) festzustellen, die nicht bei den Arbeits- und Lebensbedingungen, sondern bei den Individuen und deren persönlicher Lebensführung ansetzt. Hierzu gehören u. a. zweckmäßige Ernährung, maßvoller Gebrauch von Genußmitteln, Vermeidung von Suchtgefahren, ausreichende körperliche Bewegung, sinnvolle Verwendung von Freizeit etc. Dieses Präventionskonzept wird besonders von den Sozialbürokratien wie Krankenkassen und Rentenversicherungen vertreten, die zwar ein Interesse an der Senkung ihrer Kosten für Krankenbehandlung besitzen, aber gleichwohl keinen direkten Zugriff auf die Arbeitswelt haben. Sie können am ehesten noch die individuellen Versicherungsmitglieder erreichen und ihre Präventionsstrategie dann verhaltensbezogen und entsprechend verkürzt ansetzen.[17] Neben diesen Vorstellungen der institutionellen und der personellen Prävention läßt sich noch ein selektiv-repressives Präventionskonzept ausmachen, das besonders den Interessenstrukturen der Einzelkapitale entgegenkommt. Die speziellen Probleme der Betriebe, die angeblich auch das objektive Interesse des Kapitals in Richtung Primärprävention drängen (Krankenstand, Fluktuation, Absentismus etc.), lassen sich gerade bei verschlechterter Arbeitsmarktlage dadurch beheben, daß durch starke Personalselektion Arbeitnehmer mit hohen Fehlzeiten ausgemustert werden und Leistungsgeminderte erst gar nicht eingestellt werden. Repressiv ist diese Selektionspolitik, weil sie unmittelbar auf das Verhalten der einzelnen durchschlägt, die ihre Krankheiten unterdrücken müssen, um ihren Arbeitsplatz zu erhalten. Präventiv ist diese Personalpolitik insofern, als für den Betrieb bestimmte kostenträchtige Probleme gar nicht erst auftauchen.
In diesem Aufsatz wollen wir uns mit dieser selektiv-repressiven Präventionspolitik der Betriebe näher auseinandersetzen. Es handelt sich hier vor allem um Strategien der Personalselektion bei Rekrutierungen, bei Entlassungen, und bei dem Personaleinsatz, die dafür sorgen sollen, daß die Probleme von Krankheiten, Fehlzeiten und Verschleiß nicht die optimale Verwertung von Kapital beschränken können. Hierzu gehören aber auch die richtige Auslese und die rechtzeitige Ausgliederung der Personen, die besonderen Belastungen und Beanspruchungen nicht mehr gewachsen sind.

Es ist die allgemeine These dieses Aufsatzes, daß die selektiv-repressive Präventionspolitik der Betriebe – zumal bei reduziertem Wachstum – gesellschaftlich dominant ist und insbesondere reformorientierten Ansätzen der Primärprävention entgegengesetzt ist. Es läßt sich nicht nur feststellen, daß die Kapitalseite als Konsenspartner für primärpräventive Politik ausfällt. Darüber hinaus ist zu beobachten, daß die selektiv-repressive Präventionsstrategie, welche die Intentionen der „eigentlichen" arbeitsweltbezogenen Prävention unterläuft, teilweise geradezu durch diejenigen staatlichen Regelungen gefördert wird, die die Reformwelle hervorgebracht hat. Diese Thesen sollen im folgenden ausgeführt werden.

II. Unlösbare Zielkonflikte für das Lohnarbeiterverhalten

In Analogie zu dem „magischen" Vieleck der wirtschaftspolitischen Zielsetzungen, die als Unvereinbarkeit von stabilen Preisen, Vollbeschäftigung und außenwirtschaftlichem Gleichgewicht (um die wichtigsten zu nennen) häufig als ein Grunddilemma der rationalen Steuerung kapitalistischer Volkswirtschaften beschrieben worden ist, lassen sich auch die Handlungsmöglichkeiten der Lohnarbeiter gegenüber den Anforderungen, Zwängen und Risiken des kapitalistisch organisierten Produktionsprozesses als ein unlösbarer Zielkonflikt beschreiben. Das „magische Dreieck" für den Lohnarbeiter hat die Ecken der Lohnmaximierung, der Arbeitsplatz-[18] und der Gesundheitssicherung. Unter bestehenden Rahmenbedingungen bedeutet eine individuelle Lohnmaximierungsstrategie (im Akkord, durch Überstunden usw.) mittelfristig die Gefahr gesundheitlicher Zerrüttung und dies wiederum akut die Gefährdung des Beschäftigungsverhältnisses. Es kollidieren ebenfalls die Ziele der Arbeitsplatzsicherung und der Gesundheitssicherung: Wer eine Krankheit durch längeres Aussetzen gründlich auskurieren will oder eine Chronifizierung einer Krankheit verhindern will, indem er häufiger kurzzeitig fehlt, muß mit der Kündigung rechnen.[19] Abgesehen davon, daß Arbeitsplatzunsicherheit ein eigenständiges Krankheitsrisiko darstellt[20], stellt sie einen für das Management häufig sehr willkommenen Stimulus der Leistungssteigerung dar und trägt dazu bei, Widerstands- und Abwehrformen in Angst zu ersticken. Die Disziplinierungsfunktion der Arbeitsplatzunsicherheit läßt sich auch an dem vieldiskutierten Zusammenhang zurückgehender Fehlschichten und Krankenstandsziffern während der Krise zeigen.[21]

Der Zusammenhang zwischen Arbeitsplatzunsicherheit und ‚unvernünftigem' Gesundheitsverhalten stellt sich her über die Überzeugung bzw. Erfahrung bei den Arbeitnehmern, daß das Beschäftigungsrisiko von dem eigenen Arbeitsverhalten abhängt. *Rainer Dombois* zitiert dazu einen Hafenarbeiter: „In der Krise hat man Entlassungen nicht direkt vorgenommen. Die Kollegen haben sich immer selbst entlassen. Durch Trinken oder durch Diebstahl oder sowas."[22] Auf Befragung, wovon es ihrer Meinung nach abhinge, ob man während einer Wirtschaftsflaute einen sicheren Arbeitsplatz habe, meinten etwa 4/5 der befragten Bremer Hafenarbeiter, in deren Bereich soeben eine Beschäftigungsreduktion um etwa 10 % stattgefunden hatte, „daß die Beschäftigungsrisiken nach Regeln verteilt, in Grenzen kalkulierbar oder gar durch eigenes

Verhalten zu beeinflussen sind. Fast jeder zweite Hafenarbeiter macht die Arbeitsplatzsicherung von der eigenen Leistungstüchtigkeit und dem Wohlverhalten abhängig ...".[23]
In einer Situation reduzierten Wachstums wird im Rahmen des „magischen" Dreiecks das Problem der Sicherung des Arbeitsplatzes absolut vorrangig. Die Arbeitsplatzunsicherheit führt dazu, daß die Zielsetzungen der Gesundheitssicherung und der Lohnmaximierung zurückgestellt werden und daß Regelungen sozialpolitischer Art, die ein rationales Gesundheitsverhalten voraussetzen, an Gewicht und Implementationswahrscheinlichkeit verlieren.[24]

III. Arbeitsplatzsicherung als systematische Leerstelle in der staatlichen Sozialpolitik

Geht man der Frage nach, inwieweit staatliche Sozialpolitik sich auf die beschriebene Problemkonstellation bezieht, so müssen zumindest die staatlichen Politiken zur Humanisierung der Arbeit, zum Arbeitsschutz und zur Arbeitsförderung diskutiert werden. Dies kann hier nur skizzenhaft und sekundäranalytisch erfolgen.
Im Bereich der Politiken der Humanisierung der Arbeit läßt sich, wie *Trautwein-Kalms* und *Gerlach* soeben in einer Bilanz des Aktionsprogramms Humanisierung der Arbeit gezeigt haben, zwar ein erfolgreicher Abbau einiger traditioneller Belastungsfaktoren im Arbeitsbereich feststellen; in Hinblick auf die gewerkschaftlichen Zielsetzungen der Verminderung von Leistungsdruck und Fremdbestimmung in der Produktion konnten jedoch keine nennenswerten Erfolge erzielt werden; in ihren Wirkungen auf die Beschäftigung schließlich standen die Humanisierungsprojekte diametral gewerkschaftlichen Forderungen der Arbeitsplatzerhaltung entgegen.

> „Der Schutz vor negativen Rationalisierungsauswirkungen ist durch die Projektmaßnahmen nicht gewährleistet. Vielmehr stellen die meisten Betriebsobjekte selbst Rationalisierungsmaßnahmen dar, deren langfristige Folgen durch das HdA-Programm bisher nicht beeinflußbar sind. Die technischen Neuerungen, verbunden mit den Maßnahmen der Arbeitsorganisation, haben bisher im Gegenteil eher zur Vernichtung von Arbeitsplätzen und zu Erhöhung der Leistungsintensivierung beigetragen."[25]

Man kann also nach den sich nun abzeichnenden Erfahrungen mit der ersten Welle sog. Humanisierungsprojekte feststellen, daß sie keineswegs dazu geführt haben, die Intensität der Arbeit zu reduzieren. Insgesamt verschärfen diese Projekte die beschäftigungspolitische Problemlage und damit die Arbeitsplatzunsicherheit des Einzelnen.
Schwerpunkt der arbeitspolitischen Regelungsaktivität des Staates war in den letzten Jahren ohne Zweifel der Bereich der Arbeitssicherheit (Arbeitssicherheitsgesetz, Arbeitsstättenverordnung, Produktion neuer Unfallverhütungsvorschriften und MAK-Regelungen usw.)[26]. Eine Reihe traditioneller Belastungsfaktoren, wie Lärm, Stäube, Gase, Dämpfe, Schwerstarbeit, Zugluft usw., sind durch diese Regelungen bereits reduziert worden; bei der Ausschöpfung des Regelungsbestandes sind die Möglichkeiten zum Abbau einer Reihe von Belastungsfaktoren durchaus gewachsen. In der betrieblichen Praxis wird von diesen Möglichkeiten jedoch nicht hinreichend Gebrauch gemacht. Dies liegt zum einen darin, daß unter den gegebenen institutionellen Bedingun-

gen nur solche Faktoren überhaupt als Ursachen für Belastungen erkannt und anerkannt werden, die in ihrer Wirkung isolierbar und meßbar sind, und solche Maßnahmen ergriffen werden, die betrieblich kalkulierbar und unter Rentabilitäsgesichtspunkten finanzierbar sind. Die noch immer bestehende Dominanz des traditionellen arbeitswissenschaftlichen Paradigmas ist Ausdruck dieser Interessenlage. Sie führt dazu, daß die für neuere Technologien spezifischen Belastungsfaktoren psychischer Art sowie Probleme der Kumulation von Belastungsfaktoren weitgehend außer acht gelassen werden. Überdies fördern sie den Prozeß der Professionalisierung und Verwissenschaftlichung im Bereich des Arbeitsschutzes und führen so zur weiteren Schwächung basisnaher Bewältigungs- und Abwehrformen gegenüber Belastungen.[27]
Der *Kündigungsschutz*[28] ist durch staatliches Gesetz in diesen Jahren nur für einzelne Arbeitnehmergruppen erweitert worden.[29] Wie sich aus zahlreichen Diskussionsbeiträgen von Rechtsschutzsekretären, Betriebsräten und Arbeitsrichtern der letzten Zeit ersehen läßt[30], genießt die weitaus größte Zahl der abhängig Beschäftigten faktisch keinen Bestandsschutz. Aus dem Streit um den Fortbestand des Arbeitsverhältnisses ist im Kündigungsschutzverfahren schnell ein bloßes Aushandeln der Abfindungshöhe geworden. Laufende empirische Untersuchungen zum Ausgang von Kündigungsverfahren dürften diese Erfahrungen bestätigen. Aus Schätzungen, wonach von den jährlich etwas mehr als 100.000 Kündigungsschutzklägern nur einige Prozent nach dem Rechtsstreit an den alten Arbeitsplatz zurückkehren[30a], erhält man ein realistisches Bild von der Unwirksamkeit des KSchG. Alle Versuche der Gewerkschaften, diesen Zustand durch Grundsatzurteile des BAG oder durch gesetzliche Regelungen zugunsten ihrer Mitglieder zu verändern, sind gescheitert. Mit dem Vorschlag, eine wirksame Erschwerung der Kündigung durch eine arbeitgeberseitige Gestaltungsklage zu erreichen, wie sie § 116 des DGB-Entwurfs für ein Arbeitsverhältnisrecht vorsieht[31], haben sie sich in der von der Bundesregierung 1970 eingesetzten Arbeitsgesetzbuch-Kommission nicht durchsetzen können. Da die Bundesregierung die Kommission wie deren Entwurf nach seiner Veröffentlichung (1977)[32] stillschweigend auf Eis gelegt hat, wird von staatlicher Seite in absehbarer Zeit keine Änderung des mangelnden Bestandsschutzes zu erwarten sein.
Eine Erweiterung hat der Bestandsschutz des Arbeitsverhältnisses für stark Leistungsgeminderte durch das SchwbG von 1974 erfahren. Einmal ist dort der Kreis der berechtigten Schwerbehinderten mit einer MdE von über 50 % erheblich erweitert worden, was sich in einer Flut von Anerkennungsanträgen in Höhe von ca. 3 Mio. von 1974 bis 1978 auswirkte. Eine weitere Verbesserung, die nach unseren Erfahrungen in einigen Betrieben eine gewisse Bedeutung erlangt hat, liegt in der Möglichkeit für Arbeitnehmer mit einer MdE von mehr als 30 %, den Schwerbehinderten gleichgestellt zu werden und damit denselben Kündigungsschutz zu erhalten. Angesichts des schlechten Gesundheitszustandes vieler Arbeitnehmer hat diese Neuregelung gerade für ältere Arbeitnehmer Relevanz. Wer über die Antragstellung beim Arbeitsamt, das im Betrieb rückfragen wird (Voraussetzung ist das Vorliegen einer Gefährdung des Arbeitsplatzes aufgrund der Behinderung – § 2 SchwbG), bereit ist, sich als Schwerbehinderter etikettieren zu lassen, gewinnt damit bei Anerkennung des Antrags zwar den Kündigungsschutz, muß aber, wie wir aus neueren Untersuchungen über das Rekru-

tierungsverhalten von Betrieben wissen, damit rechnen, daß seine Wiederbeschäftigungschancen bei anderen Arbeitgebern und damit seine zwischenbetriebliche Mobilität sich stark verringert haben.

Das *Arbeitsförderungsgesetz* war schon im Ansatz *nicht* darauf ausgelegt, *jedem* Risiko des Arbeitsplatzverlustes entgegenzuwirken, vielmehr setzte es die Notwendigkeit zur zwischenbetrieblichen Mobilität voraus. Gerade die Ansätze einer präventiven Orientierung, die das Gesetz enthielt, nämlich Qualifikationsförderung durch Bildungsmaßnahmen und Statusabsicherung durch Zumutbarkeitskriterien für Arbeitsplatzangebote an Arbeitslose, sind im Verlauf der letzten Jahren seit der Krise von 1974 abgebaut worden.[33]

Insgesamt läßt sich die Konstellation sozialpolitischer Regelungen des Staates, die zur Lösung der krisenbedingten Probleme bereitstanden bzw. geschaffen wurden, als eine Kombination von drei Strategien beschreiben:

- Einerseits sollen sie eine Verminderung der traditionellen Belastungsfaktoren der Arbeit, d. h. körperlicher Belastungen und der Schadenswirkungen der Arbeitsumgebung, bewirken. Diese Maßnahmen waren nicht zuletzt dadurch motiviert, daß das Niveau derjenigen Arbeitsplätze anzuheben war, die durch Inländer auch unter dem Druck der Zumutbarkeitsklausel des Arbeitsförderungsgesetzes kaum noch besetzt werden konnten und damit einer Politik der Substitution der Ausländer Grenzen setzten.
- Andererseits bedeuten sie eine Förderung von Rationalisierungsmaßnahmen in Wachstumsbereichen und eine Flexibilisierung der Produktion und des Personaleinsatzes.
- Mit Ausnahme von Minimalstandards des Kündigungsschutzes und besonderer Kündigungsschutzregelungen für einzelne Arbeitnehmergruppen gibt es schließlich keine Effektivierung und keinen weiteren Ausbau der individuellen Beschäftigungssicherung.

Vom Ergebnis her scheint sich staatliche Sozialpolitik viel eher auf die Rationalisierungsnotwendigkeiten der Kapitalseite zu beziehen als auf die Reproduktionsrisiken der Arbeitnehmer. Insbesondere wurde das dominante Problem der *Arbeitsplatzunsicherheit*, welches auch alle Regelungen zum Arbeitsschutz und zur Gesundheitssicherung begrenzt, gerade *nicht* in den Kanon von Reformgesetzen aufgenommen.

IV. Präventionspolitik des Kapitals

Böhle und *Sauer* stellen in ihrem Aufsatz „Intensivierung der Arbeit und staatliche Sozialpolitik" die These auf, daß die Intensivierung der Arbeit als Form der Mehrwertproduktion zunehmend an Schranken stößt: hohe Krankenstände, Absentismus, Fluktuation und vorzeitiger Verschleiß. In der Überwindung der auftretenden Schranken durch veränderte – also nicht auf Intensivierung der Arbeit beruhende – Methoden der Mehrwertproduktion sehen sie daher ein „objektives Erfordernis", das „jedoch dem einzelnen Kapital ‚von außen' durch kollektive, solidarische Aktionen der Arbeiterschaft wie auch über den *Staat* aufgeherrscht werden"[34] muß.

Auf Basis dieses Defizit- und Stellvertretungsmodells staatlichen Handelns wird die Problembewältigung u. E. zu rasch auf den Staat oder die Gewerkschaften verlagert. Es bleibt zuvor zu prüfen, welches Lösungspotential die *Kapital*seite auf der Betriebsebene zu mobilisieren imstande ist. Bei dieser Betrachtungsweise geraten personalpolitische Strategien in das Blickfeld, welche aus der Sicht des Einzelkapitels die Problematik der Arbeitsintensivierung entschärfen. Die nachfolgenden – wohl nur unvollständig ausgewählten – Personalpolitiken lassen sich in diesem Sinne als „Präventionspolitik des Kapitels" kennzeichnen.

1.1. Einstellungsuntersuchungen

Aus der Arbeitsmarktdiskussion ist bekannt, daß mit der zeitlichen Dauer der Arbeitslosigkeit der Anteil derjenigen Arbeitslosen wächst, die bei der Arbeitsbehörde gesundheitliche Einschränkungen ihrer Arbeitsfähigkeit geltend machen. Diese Situation entwickelt sich vor allem dadurch, daß die Unternehmen bei der Personaleinstellung eine rigorose Selektionspolitik betreiben. Eingestellt werden vor allem die gesunden und voll einsatzfähigen Arbeitskräfte, während eine gesundheitliche Einschränkung der Arbeitsfähigkeit den Arbeitnehmer – aus der Sicht des Managements – für die Einstellung disqualifiziert. Bei der Arbeitsverwaltung wird diese Selektionsstrategie darin sichtbar, daß für Arbeitnehmer mit gesundheitlichen Problemen nur in vergleichsweise geringem Maße Vermittlungsmöglichkeiten bestehen. Die Zeitdauer ihrer Arbeitslosigkeit ist entsprechend erhöht, während junge Arbeitslose ohne gesundheitliche Einschränkungen ihrer Einsatzfähigkeit kaum je über längere Zeit ohne Beschäftigung bleiben.

Für diese Selektionspolitik haben die Betriebe in letzter Zeit[35] die Betriebsärzte funktionalisieren können, deren Einstellung durch das Arbeitssicherheitsgesetz staatlich vorgeschrieben wurde. Im Gegensatz zu dem Aufgabenkatalog des Gesetzes verwenden die Ärzte einen erheblichen Teil ihrer Arbeitskapazität auf gesundheitsbezogene Einstellungsuntersuchungen. Dies wird auch durch eine Untersuchung bestätigt, die im Rahmen des Projektbereichs „Arbeitsschutz und Gesundheitspolitik" im Internationalen Institut für Vergleichende Gesellschaftsforschung am Wissenschaftszentrum Berlin durchgeführt wurde.[36] Deutlich wurde in dieser Untersuchung auch,

> „daß Einstellungsuntersuchungen nicht primär im Hinblick auf die konkreten Belastungen am vorgesehenen Arbeitsplatz erfolgen: Die Quote der Einstellungsuntersuchungen liegt bei 68,8 %, während in nur 29,5 % der Betriebe überhaupt Stellenbeschreibungen mit Bezug auf körperliche, geistige und nervliche Anforderungen vorliegen, wobei davon auszugehen ist, daß auch in diesen Betrieben derartige Stellenbeschreibungen nicht für alle Arbeitsplätze vorliegen. Für die Vermutung, daß Einstellungsuntersuchungen eher die Funktion einer allgemeinen Eingangsselektion haben, spricht auch die Tatsache, daß regelmäßige ärztliche Untersuchungen nur bei 25,5 % der Befragten vorgenommen werden."[37]

Damit ist folgendes festzuhalten: Das Arbeitssicherheitsgesetz, das neben anderen staatlichen Maßnahmen herangezogen wird, um die präventive Wende staatlicher

Sozialpolitik zu belegen, wurde von dem Management zur „industriellen Musterung" funktionalisiert. Leistungsschwache und gesundheitlich angeschlagene Arbeitnehmer werden auf diese Weise aussortiert, blieben auf dem Arbeitsmarkt und werden erst gar nicht in den Betrieb aufgenommen. Für den Betrieb erhöht sich damit tendenziell die Belastbarkeit der Belegschaft. Probleme des gesundheitlichen Verschleißes bleiben externalisiert und stellen sich damit für den einzelnen Betrieb nicht unmittelbar als Problem dar. Es werden durch diese Selektionspolitik geradezu *neue Spielräume für Arbeitsintensivierung eröffnet,* da die Schranken dafür, die in der gesundheitlichen Belastbarkeit der Arbeitnehmer liegen, eher verringert werden.
So faßt auch das Vorstandsmitglied der IG Metall, *Karl-Heinz Janzen*, die gewerkschaftlichen Erfahrungen mit der Praxis der Betriebsärzte zusammen:

„Der Betriebsarzt liefert durch die Einstellungsuntersuchungen in guter Absicht die Daten für Entscheidungen der Personalabteilung, bei denen – das wird häufiger sogar ohne Umschweife zugegeben – wirtschaftliche Gesichtspunkte den Vorrang erhalten. Hieraus entwickelt sich ein beängstigender Kreislauf. Zunächst werden die Arbeitnehmer im Betrieb durch die herrschenden Arbeitsbedingungen verschlissen. Dann wird dafür gesorgt, daß bei den Einstellungsuntersuchungen nur noch gesunde Arbeitnehmer durch das Sieb der Einstellungsuntersuchungen gelangen, um dann erneut den Prozeß des Gesundheitsverschleißes in Gang zu setzen."[38]

2.2. Ausselektion nach Leistungsfähigkeit und -bereitschaft

Es läßt sich für einige Bereiche feststellen, daß selbst in Zeiten guter Geschäftslage, trotz zahlreicher Überstunden und Sonderschichten, vor dem Hintergrund der bestehenden Arbeitslosigkeit eine erhebliche Zahl arbeitgeberseitiger Kündigungen erfolgt.[39] Diese Kündigungen beziehen sich jedoch ganz überwiegend auf die Gruppe der Jungarbeiter und der Probezeit-Beschäftigten. Diese Jungarbeiter und Berufswechsler, die etwa aus dem handwerklichen Bereich kommen und auf die industriellen Bedingungen psycho-physisch nicht vorbereitet sind (soweit das überhaupt möglich ist), reagieren häufig mit erhöhten Fehlzeiten und häufigeren Kurzkrankheiten.[40]
Diesen neu Beschäftigten wird der Zusammenhang zwischen Arbeitsplatzsicherheit und Leistungsbereitschaft mit Nachdruck eingebleut. So galt nach einer Kündigungsstatistik, die für das Winterhalbjahr 1976/77 (Sept.–Febr.) bei einem großen Automobilwerk in Nordrhein-Westfalen angefertigt wurde, über 30 % aller Kündigungen Werksangehörigen mit einer Anstellungszeit unter 6 Monaten (Probezeit). Nicht ganz 50 % aller Kündigungen wurden gegen Werksangehörige unter 25 Jahren ausgesprochen. Unter den Kündigungsgründen wiederum waren 60 % durch Krankheit bedingt bzw. mitbedingt.[41]
Eine solche Auslese während der Probe- und Jungarbeitszeit[42], die aus unseren Interviews ebenfalls belegt ist, bedeutet natürlich nicht nur eine Art personaler Prävention in dem Sinne, daß die Leistungs- und Widerstandsfähigeren ausgelesen werden, sondern auch eine Sozialisation für das Arbeits- und Gesundheitsverhalten. Das Unternehmen senkt auf diese Weise gleichsam präventiv die eigenen Probleme, die mit hohen Fehlzeiten und hohem Krankenstand verbunden sind, ohne die Arbeitsbedingungen zu verändern.

Der Zusammenhang zwischen hohen Fehl- und Krankheitszeiten wird den Arbeitnehmern auch im späteren Arbeitsleben drastisch vermittelt. Nach einer Studie des DGB-Kreises Heilbronn erfolgt ein systematisches Durchkämmen der Betriebe nach Kranken, an dem die Betriebsärzte häufig beteiligt sind.[43] Bereits 40 % der anhängigen Kündigungsschutzklagen resultieren danach aus Krankheitskündigungen. Der Verband der Metallindustriellen Baden-Württembergs hat zwar den Vorwurf der „Jagd auf Kranke" dementiert, nicht jedoch das Prinzip der Krankheitskündigungen. Nach seinen Angaben gehe man in der Regel von einer 40 Arbeitstage andauernden Erkrankung als unterer zeitlicher Grenze aus.[44] Unbestritten ist allerdings, daß die Einschüchterung in Form von „Sozialgesprächen" bereits weitaus früher ansetzt. Der Druck, den die Angst vor Arbeitsplatzverlust auf das Verhalten der individuellen Arbeitnehmer ausübt, wird sehr deutlich in der wiederholt nachgewiesenen Diskrepanz zwischen dem Krankheitsbefund und der tatsächlichen Inanspruchnahme der gesetzlichen Krankenversicherung und d.h. der Arbeitsunfähigkeitsmeldung beim Arbeitgeber. So hat eine Untersuchung der Betriebskrankenkassen Hessen erst kürzlich (1979) ergeben, daß etwa 80 % der sich gesund fühlenden bzw. sich als gesund ausgebenden Beschäftigten nach Maßgabe des derzeitigen ärztlichen Wissens als krank gelten müssen; 3 % von ihnen mußten sich gar einer stationären Behandlung unterziehen.[45]

3.3. Entwicklung von Personalinformationssystemen (PIS)

Die Auseinandersetzungen um das „Informationssystem Arbeitseinsatz- und Arbeitsplatzplanung" bei Daimler-Benz (ISA)[46], in denen sich 9000 Belegschaftsmitglieder gegen ein rein management-kontrolliertes Personalinformationssystem mit ihren Unterschriften wehrten, hat auf die Möglichkeiten aufmerksam gemacht, die sich das Management durch neue Informationstechnologien verschafft. Dabei ist nicht das Informationssystem, sondern der Konflikt darum als große Ausnahme zu werten. Entsprechende Systeme werden in den Großunternehmen der deutschen Industrie teilweise bereits praktiziert, teilweise befinden sic sich noch im Aufbau. Nach einer Studie der Abteilung Information/Technologie der IG Metall von 1978[47] existieren bereits computergestützte Personalinformationssysteme, die über 100 000 Arbeitsplätze und Arbeitnehmer erfassen, wobei jeweils bis zu 1000 Merkmale gespeichert werden können.[48]

Das Grundprinzip der PIS ist es, die Anforderungsprofile der Arbeitsplätze und die Eignungsprofile der Beschäftigten systematisch und nach aufeinander beziehbaren Kriterien zu erfassen. Die Begründung des Managements ist – abgesehen von dem Ziel der Rationalisierung der Personalabteilung – explizit personalpolitisch: Auf Basis des PIS werde es endlich möglich sein, jedem Mitarbeiter den seinen Fähigkeiten, Wünschen und gesundheitlichen Voraussetzungen angemessenen Arbeitsplatz zu vermitteln.

Wenn auch die technokratischen Euphorien hinsichtlich einheitlichen Kriterien zur Arbeitsplatzanalyse und der Möglichkeiten der PIS inzwischen gedämpft sind[49], so bedeuten sie doch einen wesentlichen Schritt vorwärts in der Managementsstrategie, Personalentscheidungen als Ergebnis von Sachzwängen erscheinen zu lassen. Durch Zusammenfügen der meist ohnehin schon geführten Dateien der Anwesenheitskontrolle, der Leistungsbewertung, der Termin- und Qualitätskontrollen, der werksärztlichen Untersuchungen und eventueller gesundheitlicher Einschränkungen der Arbeitsfähigkeit usw. wird die relative Eignung jedes Mitarbeiters zu einer (schein-)objektiven Größe, die zur Planung und Legitimation von Entscheidungen in den verschiedenen Funktionsbereichen des Personalwesens verwendet werden kann.

Beförderungen, Umsetzungen und Freistellungen können automatisch den jeweils geeignetsten Personen zugerechnet werden. Die Automatisierung der Selektion ermöglicht die Flexibilisierung der Personaleinsatzstrategien im Rahmen der gesetzlichen, tarifvertraglichen und betrieblichen Rigidisierungen (erweiterter Kündigungsschutz usw.). Bemerkenswert daran ist, daß sich das Management zu Recht darauf berufen kann, mit dieser Automatisierung vielen Forderungen der Gewerkschaftsseite nach Personalplanung, nach Berücksichtigung arbeitswissenschaftlich gesicherter Erkenntnisse und nach Weiterbeschäftigung gekündigter oder umzusetzender Arbeitskräfte mit langjähriger Betriebszugehörigkeit zu entsprechen. Denn durch die Personalinformationssysteme können die Kriterien für Personalauswahl objektiv gehandhabt werden, können alternative Beschäftigungsmöglichkeiten im Betrieb bei gesundheitlichen oder altersbedingten Einschränkungen der Leistungsfähigkeit gefunden werden, lassen sich Versetzungswünsche der einzelnen bei Leistungsabfall durch Abklären der Arbeitsplatzanforderungen eher realisieren, können Schonarbeitsplätze gleichsam für jeden Einzelfall identifiziert werden.

Diese Möglichkeiten, die sich für den Betriebsrat vielfach nur als eine Verlängerung seiner bisherigen, auf die Problematik von Leistungsgeminderten bezogenen Tätigkeit darstellt[50], bringen für das Management in mindestens dreifacher Hinsicht eine Bewältigung des Problems der Leistungseinschränkung von solchen Arbeitnehmern, denen nicht ohne weiteres gekündigt werden kann. Zum einen wird die Leistungsminderung selbst relativiert. Durch Vergleich von Anforderungsprofil der Arbeitsplätze und dem verbliebenen Leistungsprofil des Arbeitnehmers lassen sich Arbeitsplätze auffinden, an denen die spezielle Einschränkung für die Produktivität nicht ins Gewicht fällt. Der Arbeitnehmer fällt damit als produktiv einsetzbare Arbeitskraft nicht aus, wird nicht zu einem vom Betrieb zu tragenden Sozialfall, sondern kann in dem verbleibenden Leistungsprofil voll genutzt werden. Durch die Informationssysteme wird mithin der Arbeitseinsatz Leistungsgeminderter erheblich flexibilisiert und der Weg zur allseitigen Vernutzung der Arbeiter eröffnet. Zum anderen lassen sich auf diese Weise Weiterbildungskosten einsparen, die ansonsten bei innerbetrieblicher Umschulung auf solche Arbeitsplätze anfallen können, auf denen der Leistungsgeminderte noch eingesetzt werden kann. Denn in die Informationssysteme lassen sich Optimierungskriterien eingeben, die primär die Arbeitsplätze als geeignet auswählen, die dem bisherigen Qualifikationsniveau entsprechen. Schließlich kann bei entsprechender Art der Leistungsminderung dem Arbeitnehmer scheinbar objektiv nachgewiesen werden, daß für ihn keine Versetzungsmöglichkeiten innerhalb des betrieblichen Arbeitsplatzspektrums mehr bestehen, also die Ausselektion legitimiert werden. Auf diese Weise läßt sich der Druck auf Abgang aus dem Betrieb – etwa in eine Erwerbsunfähigkeitsrente – erhöhen. Gleichermaßen wird dem Betriebsrat die Möglichkeit genommen, einer Kündigung mit dem Hinweis zu widersprechen, der Betroffene könne noch anders eingesetzt werden (§ 102 Abs. 3 Ziff. 3 BetrVG): Wie sollte er besser als auf Basis eines umfassenden Informationssystems sagen können, wo eine alternative Beschäftigungsmöglichkeit zu finden ist?

V. Restriktionen für präventives Handeln der betrieblichen Interessenvertretungen

Angesichts der beschriebenen Präventionsstrategie auf Betriebs- und Unternehmensebene erscheinen die betriebliche und gewerkschaftliche Interessenvertretung als die Instanzen, von denen eine Abwehr der Versuche der Kapitalseite, die arbeitsbezogenen Präventionsziele zu unterlaufen, am ehesten zu erwarten wäre. Die präventive Wendung der Sozialpolitik im reform-progressiven Sinne würde so ergänzt und abgesichert durch qualitative Tarifpolitik und entsprechende Betriebsvereinbarungen.
Für eine solche Wendung der Tarifpolitik, die auf den Abbau der Belastungs- und Beanspruchungsstrukturen des Arbeitsprozesses ausgerichtet ist, gibt es insgesamt nur erste Ansätze. Der Lohnrahmentarifvertrag I[50a] stellt immer noch innerhalb der gesamten Tarifvertragslandschaft der Bundesrepublik Deutschland eine Ausnahme dar. Auch Modelle der Verkürzung der Arbeitszeit sind bisher weitgehend an traditionellen Belastungsformen orientiert. Eine allgemeine Arbeitszeitverkürzung, welche die Expositionsdauer von Belastungen generell verkürzt, ist durch die Laufdauer der Manteltarifverträge für die nächsten Jahre verbaut.
Das dominante Problem der leichten Ersetzbarkeit von Arbeitnehmern mit den entsprechenden Disziplinierungseffekten ist auch auf den betriebsnäheren Regelungsebenen kaum angegangen. Als Ausnahme ist die Beschäftigungssicherung für ältere Arbeitnehmer zu nennen, die zur partiellen Rigidisierung von Personalpolitik geführt hat. Die entsprechenden Schutzwirkungen werden jedoch gerade von der staatlichen Sozialpolitik wieder eingeschränkt: Die Vorverlegung der Frühverrentungsgrenzen verkürzt tendenziell den Zeitraum, innerhalb dessen der Beschäftigungsschutz greift, und erleichtert den Druck auf ältere Arbeitnehmer, aus dem Beschäftigungsverhältnis abzugehen.[51] Die Schutzwirkungen selbst sind – mit Ausnahme von Baden-Württemberg – durch eine längere Bindung an den Beschäftigungsbetrieb erkauft. Bevor man die Schutzposition erreicht, sind langjährige Anpassungsleistungen und Zumutungen der Arbeitgeber zu erfüllen, um nicht Gefahr zu laufen, den Arbeitsplatz und damit den potentiellen Altersschutz zu verlieren.
Nun ließe sich argumentieren, daß die eigentliche Prävention nicht nur in Tarifverträgen fixiert ist, sondern durch die seit 1972 gestärkte Stellung des Betriebsrates und dessen Tätigkeit durchgesetzt wird. Doch hat die zweifellos erfolgte Ausweitung einzelner Mitbestimmungsrechte nichts an der begrenzten Durchsetzungsmacht der betrieblichen Interessenvertretung (Arbeitskampfverbot) geändert. Und gerade dort, wo durch die Mitbestimmungsrechte über die detaillierten Arbeitsschutznormen hinaus ein Bereich autonomen Arbeitsschutzhandelns für den Betriebsrat verbleibt[52], sind die Einwirkungsmöglichkeiten begrenzt und an unrealistische „gesicherte arbeitswissenschaftliche Erkenntnisse" geknüpft (§ 90/91 BetrVG).[53]

Eine Einschränkung der unternehmerischen Dispositionsfreiheit über das „Ob“ und „Wie“ der Produktion besteht jedenfalls nicht. Der Einfluß der betrieblichen Interessenvertretung auf die Personalpolitik ist dabei zwei Restriktionen unterworfen: Die eine ist durch Recht gesetzt, die andere durch die Betriebsbezogenheit der Regelungsträger hergestellt.

Das Betriebsverfassungsgesetz gibt dem Betriebsrat in personellen Angelegenheiten im Rahmen eng umschriebener Widerspruchstatbestände ausschließlich die Kompetenz, über Verteilungskriterien – sei es in zeitlicher oder in personeller Hinsicht – mitzubestimmen. Eckstein dieser Konzeption war dabei die Vorstellung, Problemlösungen durch Planung zu gewährleisten. Planung auf Unternehmens- und Betriebsebene schien dem Gesetzgeber bei der BetrVG-Novellierung und auch der folgenden gewerkschaftlichen Diskussion über Gestaltungsmöglichkeiten mit Hilfe der Mitwirkungsrechte des Betriebsrates bei der Personalplanung als ein Mittel, die Risiken und Chancen, die auf die Belegschaft aufgrund der Erwartungen und Zielsetzungen des Unternehmens zukommen, durchsichtig zu machen, um selbst auf kollektiver und individueller Ebene längerfristige Handlungsperspektiven zu gewinnen. Als Vorteile erscheinen bei Planung: (1) Zeit für die Erstellung eines komplementären Sozialplanes. (2) Verteilung des „Schadens“ auf die Individuen nach sozialen Gesichtspunkten. (3) Verteilung der „Schadensfälle“ über die Zeit.

Insgesamt sollte der Betriebsrat nicht über betriebswirtschaftliche Kalküle mitbestimmen, welche die Personalanpassung zur Folge haben, sondern durch Beteiligung an der Personalplanung die personalpolitischen Effekte der Unternehmerentscheidungen abpuffern und sozial umverteilen.

Die zweite Restriktion ist durch die Betriebsbezogenheit und -begrenztheit der Betriebsratstätigkeit bedingt. Gerade bei Arbeitsplatzunsicherheit gibt es immer eine gewisse Parallelität zwischen Belegschafts- und Unternehmensinteressen an der Prosperität des Betriebes. Denn auch die Belegschaftsvertretung kann nur in dem Rahmen handeln, der durch das oben charakterisierte „magische“ Dreieck der Lohnarbeit bestimmt wird. Vielfach akzeptieren daher die Belegschaftsvertreter die Managementinteressen an einer leistungsstarken Belegschaft sowie die Argumente gegen solche Arbeitnehmer, die sich dem Leistungsdruck individuell durch Krankheiten bzw. durch Fehlzeiten verweigern. Die Solidarität der Betriebsräte bezieht sich in diesem Rahmen am ehesten auf die Arbeitnehmer, die sich mit vollem Kräfteeinsatz im Betrieb verschlissen haben, die dadurch spezielle Leistungsminderungen aufweisen und für die sich die Gefahr der Kündigung entsprechend erhöht. In dieser Konstellation haben die Betriebsräte kaum Möglichkeiten, die Präventionsstrategie des Managements eine Präventionsstrategie entgegenzusetzen, die die fatalen Zusammenhänge zwischen Arbeitsplatzsicherungs- und Gesundheitsverhalten durchbrechen könnte.

VI. Schlußfolgerungen

Insgesamt scheint damit gerade bei „reduziertem Wachstum“ das einzelne Kapital die Schranken selbständig zu überwinden, die angeblich durch die Arbeitsintensivierung für die Kapitalverwertung entstehen. Der Selektionsstrategie innerhalb des betrieblichen

Beschäftigungssystems entspricht die Marginalisierungsstrategie an den Grenzen des Beschäftigungssystems. Das Zusammenwirken der betrieblichen Beschäftigungsstrategien und der sozialpolitischen Auffanginstitutionen, von *Esser u. a.*[54], als selektiver Korporatismus bezeichnet, funktioniert offensichtlich ohne wesentliche Konflikte.

Die Probleme, die auf diese Weise von den Unternehmen externalisiert werden und eine große Schar von Erwerbsunfähigen, Frührentnern, Langfristarbeitslosen etc. zur Folge haben, werden von keiner wirksamen Interessenvertretung aufgegriffen. Rentner sind häufig froh, dem Produktionsdruck entkommen zu sein. Langfristarbeitslose werden häufig bürokratisch individualisiert und sind überdies durch ihre Lage soweit demoralisiert, daß auch hier kein Protestpotential zu erwarten ist. Gewerkschaften und Belegschaftsvertreter werden durch diese Externalisierungsprozesse der Tendenz nach zu Vertretern der leistungsstarken und eher gesunden Arbeitnehmer, so daß sich auch aus dieser Richtung eine Aufnahme des Problemdrucks der aus dem Beschäftigungssystem aussortierten Arbeitnehmer nicht ergibt.

Auftretende Fiskalprobleme werden – wie das Haushaltsstrukturgesetz und das Kostendämpfungsgesetz exemplarisch zeigen – im Sozialleistungsbereich im übrigen noch immer vergleichsweise problemlos durch inkrementale Leistungseinschränkungen aufgefangen, entfachen jedenfalls keine Initialzündung für eine aus staatlichem Eigeninteresse entspringende präventive Wende der Sozialpolitik.

Die Schranken, die sich – um zu der zu Beginn angeführten These von *Böhle/Sauer* zurückzukehren – einer auf zunehmende Intensivierung der Arbeit abzielenden Strategie der Nutzung der Arbeitskraft durch die Kapitalseite in der Form zunehmender Kosten und Widersprüche entgegenstellen, sind offensichtlich zu durchlässig und flexibel, als daß sie der Kapitalseite die Notwendigkeit einer staatlich gelenkten und auf die Veränderung der Arbeitsbedingungen zielenden Präventionsstrategie fühlbar machen würde. Gerade bei reduziertem Wachstum können die Betriebe die für sie anfallenden Probleme der Arbeitsintensivierung am ehesten durch Selektion und Repression bearbeiten.

Die Phase reduzierten Wachstums ist somit keineswegs als Zeitraum zu begreifen, der besondere Handlungsspielräume in Richtung einer Primärprävention eröffnet. Für die Kapitalseite stellt diese Phase in der ausgeführten Weise sogar eine direkte Problemlösung dar, angesichts derer ein hypostasiertes objektives Interesse an Verbesserung der Arbeitsbedingungen eine abstrakte Konstruktion bleibt. Die staatlichen Politiken fördern teilweise sogar die selektive Personalpolitik der Betriebe. So werden, um noch einmal Beispiele zu nennen, die in Großbetrieben immer schon praktizierten Einstellungsuntersuchungen durch das Arbeitssicherheitsgesetz zum industriellen Standard; auf der anderen Seite der Lebensarbeitskarriere werden Leistungsgeminderte konfliktärmer als vorher in die Frühverrentung ausgegliedert. Sofern sich daneben in der Sozialbürokratie Präventionsprogramme zur Senkung der fiskalischen Belastungen durchsetzen, beruhen sie auf dem Konzept der verhaltensbezogenen Prävention.

Es ist zu vermuten, daß diese Art der Prävention Forderungen nach Primärprävention politisch absorbiert. Denn diese Programme haben ausdrücklich nur Problemfälle zum Gegenstand, wodurch die industriellen Konflikte aus den belastenden Arbeitsbedingungen nicht nur in individuelle Fälle „übersetzt“ werden, sondern auch „institutionell" behauptet wird, kollektive Konflikte als individuelle Konflikte lösen zu können. Wenn schon nicht die Opfer dieses Szenario in Frage stellen, ist dann nicht wenigstens von den Gewerkschaften als Organisation der zukünftigen „Opfer des Arbeitsmarktes" zu erwarten, daß sie eine primärpräventive Wende von Tarif- und Sozialpolitik erzwingen? In der Phase reduzierten Wachstums müssen die Gewerkschaften besonders auch ihre qualitativen, auf Arbeitsbedingungen gerichteten Forderungen an der Gefahr des Arbeitsplatzverlustes messen. Darüber hinaus dämpfen die beschriebenen Repressions- und Selektionsmaßnahmen gleichfalls die prononcierte Artikulation von Forderungen in den Betrieben.

Wenn die Arbeitsplatzangst der Individuen derzeit den Zielkonflikt im Arbeitnehmerverhalten gegenüber Belastungen und Beanspruchungen strukturiert, dann liegt es nahe, daß in der gegenwärtigen Phase Anstrengungen, Regelungen und Phantasie strategisch auf die Frage konzentriert werden, wie die Verteilung knapper Arbeitsplätze gesellschaftlich so organisiert werden kann, daß die Individualisierung und die damit verbundenen Entmachtungsprozesse der Arbeitnehmer minimiert werden. In jedem Fall sollten Modelle in die Diskussion gebracht werden, wie die gewerkschaftliche Politik der Arbeitszeitverkürzung sozialpolitisch so unterstützt werden kann, daß die Angst vor dem Arbeitsplatzverlust, an dem sich gegenwärtig die Repressionsstrategien der Kapitalseite festmachen, ihren Stachel verliert.

Anmerkungen

1 Arbeitsförderungsgesetz (AFG) vom 25.6.1969 (BGBl. I. S. 582).
2 Gesetz über die Fortzahlung des Arbeitsentgelts im Krankheitsfalle (Lohnfortzahlungsgesetz) vom 27.6.1969 (BGBl. I S. 946) – in Kraft seit 1.1.1970.
3 Betriebsverfassungsgesetz (BetrVG) vom 15.1.1972 (BGBl. I S. 13).
4 Bundesarbeitsblatt, H. 1, 1970.
5 Gesetz zur Angleichung der Leistungen zur Rehabilitation (RehaAnglG) vom 7.8.1974 (BGBl. I S. 1881).
6 Gesetz zur Sicherung der Eingliederung Schwerbehinderter in Arbeit, Beruf und Gesellschaft (SchwbG) vom 29.4.1974 (BGBl. I S. 1006).
7 Gesetz zur Verbesserung der betrieblichen Altersversorgung vom 19.12.1974 (BGBl. I S. 3610) – dient u. a. der Erleichterung der zwischenbetrieblichen Mobilität.
8 Gesetz über technische Arbeitsmittel vom 24.6.1968 (BGBl. I S. 717) – Allgemeine Verwaltungsvorschriften dazu vom 27.10.1970 (BAnz Nr. 205 vom 3.11.1970).
9 Gesetz über Betriebsärzte, Sicherheitsingenieure und andere Fachkräfte für Arbeitssicherheit (ASiG) vom 12.12.1973 (BGBl. I S. 1885).
10 Vgl. dazu aus jüngster Zeit: Pöhler, Willi 1979.
11 Verordnung über Arbeitsstätten v. 20.3.1975 (BGBl. I, S. 729).
12 Verordnung über gefährliche Arbeitsstoffe in der Fassung der Bekanntmachung v. 8.9.1975 (BGBl. I, S. 2493). Ein knapper Überblick zur Systematik des Arbeitsschutzes findet sich bei Fitting, Karl u. a. 1977, Vorbemerkung zu § 89 BetrVG.
13 Böhle, Fritz 1977, 290 ff., 310.
14 Vgl. u. a. Widmaier, H. P. 1970; breit in die Diskussion gekommen ist der Ansatz erst mit der Sozialindikatoren- und Sozialberichterstattungsbewegung; vgl. Krupp, H.-J. und Zapf, W. 1977; für die Gesundheitspolitik ist der neue Politikmodus mit Partizipationsforderungen verknüpft worden, vgl. Standfest, E. (Projektleiter) 1977; für verschiedene Politikbereiche vgl. die Diskussion in dem Schwerpunktheft „Präventive Sozialpolitik" 1978.
15 Vgl. dazu auch Böhle, Fritz und Sauer, Dieter 1975, 49 ff.
16 Vgl. Hufemann, Klaus und Huster, Ernst-Ulrich 1979, 554 ff., sowie Göckenjan 1979.

17 Vgl. dazu Göckenjan 1979.

18 Unter Arbeitsplatzsicherheit verstehen wir hier sowohl die Sicherung des je spezifischen Arbeitsplatzes und damit die Verwertung der betriebsspezifischen *Qualifikation* wie auch den Fortbestand des Beschäftigungsverhältnisses bei demselben Arbeitgeber.

19 Siehe dazu unten Abschnitt 4.2.

20 Vgl. für die Antizipationsangst die Übersicht bei Frese, Michael und Mohr, Gisela 1978, 282 ff., (288 f.); Brenner, M. Harvey 1971, 606 ff.

21 Vgl. die Beiträge in: Nieder, Peter 1979.

22 Dombois, Rainer 1979, 161 ff., 173.

23 Dombois, Rainer 1979, 172. Ein alternatives Regelungssystem, welches derartige diffuse Zwänge der Verhaltensanpassung vermeidet, wird diskutiert in: Dohse u. a. 1979.

24 Bei allen Einschränkungen, die gegenüber den Ergebnissen von Meinungsforschung gemacht werden müssen, spiegelt sich die dramatische Bedeutungsverschiebung des Ziels „Sicherheit vor Entlassungen" in Meinungsbefragungsergebnissen sehr gut wider. So wurde in einer Umfrage, die das nordrhein-westfälische Ministerium für Arbeit, Gesundheit und Soziales im Winterhalbjahr 1972/73 anfertigen ließ, das Ziel „angenehme Arbeitsbedingungen" (hier dürfte das Ziel der Gesundheitssicherung am ehesten repräsentiert sein) von 50 % der Befragten „für wichtig gehalten"; das Ziel „gute Verdienstmöglichkeiten" wurde von 49 % und das Ziel „Sicherheit vor Entlassungen" wurde erst an 5. Stelle von 23 % der Befragten „für wichtig gehalten". Nach einer Studie des sozialwissenschaftlichen Forschungsinstituts der Konrad-Adenauer-Stiftung von Juli/August 1975 wurde dagegen dem Ziel „Sicherung der Arbeitsplätze" von 72,8 % der Befragten der 1. Rang in ihrer Zielstruktur zugesprochen, höhere Löhne hatten demgegenüber nur für 11,4 % den Vorrang und bessere Arbeitsbedingungen nur für 5,8 % der Befragten.

25 Trautwein-Kalms, Gudrun und Gerlach, Gerhard 1979, 359. Die Untersuchung erscheint demnächst unter dem Titel „Gewerkschaften und Humanisierung der Arbeit" (Frankfurt 1980).

26 Vgl. Fitting, Karl u. a. 1977.

27 Vgl. zu diesem Konzept Kühn, Hagen und Hauss, Friedrich 1978.

28 Vgl. dazu das Kündigungsschutzges. v. 10.8.1951 i.d.F.v. 25.8.1969 (BGBl. I S. 1317), zuletzt geänd. d. Gesetz v. 27.4.1978 (BGBl. I S. 550) (Neuregel. d. „Massen"-entlassungen).

29 Über § 9 MuSchuG hinaus genießen echten KüSchu betriebl. Inter. Vertreter (§ 15 KüSchG) Schwerbehinderte (§ 12 SchwbG) sowie Wehr- und Ersatzdienstleistende (§ 2 ArbPlSchuG).

30 Vgl. die Protokolle der beiden Kündigungsschutztagungen der IG Metall von 1977 und 1978, IG Metall o.J.; Seggern, Burkhard von 1979; Feser, Klaus u. a. 1979.

30a Empirische Projekte laufen in Hamburg (Max-Planck-Institut) und Berlin (Freie Universität, FB Rechtswissenschaften). Die Schätzgrößen verdanken wir mündlichen Hinweise über den Pretest aus dem Berliner Projekt. Die Mängel des Kündigungsschutzes sind eines der zentralen Themen der juristischen Fachdiskussion; vgl. dazu: Zöllner, Wolfgang 1978a und b mit Referat von S. Simitis. Den neuesten Diskussionsstand vermittelt prägnant: Coen, Helmut 1979. Vgl. auch die Beiträge von Brox, Dütz und Reuter in: Gamillscheg u. a. 1979.

31 Deutscher Gewerkschaftsbund 1977, 245 ff.

32 Bundesministerium für Arbeit und Sozialordnung 1977a. Vgl. zum Entwurf und zum unrühmlichen Ende der Kommission: Hanau, Peter 1978, 215 ff.; weiter: Söllner, Alfred 1978, 91 ff. Wlotzke, Otfried 1979, 681 ff.

33 Diese Zusammenhänge sind bereits relativ gründlich erarbeitet worden; vgl. dazu z. B. Bieback, Karl-Jürgen 1977, 5 ff. Zu den Verschlechterungen durch das 4. und 5. Gesetz zur Änderung des AFG und zur Kontroverse um die ‚Zumutbarkeit' einer Beschäftigung im Sinne des § 103 AFG vgl.: Albrecht, Richard und Reidegeld, Eckart 1978, 360 ff.; Hohmann-Dennhardt, Christine 1978, 32 ff.; Knigge, Arnold 1978, 94 ff.

34 Böhle, Fritz und Sauer, Dieter 1975, 50.

35 Zur Tätigkeit der Betriebsärzte *vor* Inkrafttreten des Arbeitssicherheitsgesetzes vgl.: Bundesministerium für Arbeit und Sozialordnung 1977b. Danach gehörten in 84 % der Betriebe bis zu tausend Beschäftigten Einstellungsuntersuchungen und in 42 % Tauglichkeitsuntersuchungen zu den Aktivitäten des Betriebsarztes; Arbeitsplatzbegehungen dagegen nur zu 37 % und Arbeitsplatzanalysen (spezielle Untersuchungen zur besseren Gestaltung der Arbeitsplätze) nur zu 11 %. Dazu heißt es in der Studie: „Dies scheint die ... These zu bestätigen, daß die betriebsärztliche Versorgung durch die Einführung des Lohnfortzahlungsgesetzes für das Unternehmen eine neue Bedeutung erhält. Einstellungsuntersuchungen als selektive (s. = auswählen) Maßnahme bei der Personalrekrutierung bewirken für das Unternehmen eine Risikominderung, in-

dem krankheitsanfällige Arbeitnehmer frühzeitig erkannt und eine Einstellung vermieden werden kann." Das ASiG hat im Effekt durch Pflicht zur Einstellung von Betriebsärzten diese Praxis nur verallgemeinert.

36 Vgl. zu Untersuchungskonzeption: Hauss, Friedrich u. a. 1978. Die Untersuchung basiert auf einer Befragung von 1402 Teilnehmern an gewerkschaftlichen Schulungsmaßnahmen aus den Bereichen IG Chemie, IG Druck und Papier, IG Metall, Gewerkschaft NGG und IG Textil und Bekleidung im Sommer 1979. Die Veröffentlichung des Schlußberichts wird vorbereitet.

37 Unveröffentlichtes Material aus der Vorauswertung.

38 Janzen, Karl-Heinz 1977, 13.

39 Die Zahl der Kündigungsschutzklagen ist dafür wegen der Parteistellung ein – grober – Indikator: Es klagt immer ein Arbeitnehmer, und zwar im Jahre 1978 etwas mehr als 110 000. Dies ist aber nur ein kleiner Teil aller (freiwilligen wie unfreiwilligen) Betriebswechsel. Allein im Jahre 1978 registrierten die Arbeitsämter ca. 3,08 Mill. neue Arbeitslosenmeldungen (ANBA Nr. 2/1979, 134).

40 Vgl. Eschweiler, Walter u. a. 1979, 109 ff.

41 Unveröffentlichte Materialien.

42 Vgl. auch Hinweise in den Protokollen der Kündigungsschutztagung der IG Metall, IG Metall o.J.

43 Dabei handelt es sich um eine Mitgliederbefragung der IG Metall in Baden-Württemberg über die Zusammenhänge zwischen Belastungen am Arbeitsplatz, zunehmendem Leistungsdruck und dem Gesundheitszustand der Arbeitnehmer. Im Bereich der Verwaltungsstelle Heilbronn/Neckarsulm erklärten 38,8 % der Befragten, sie fühlten sich gesund, 27,5 % fühlten sich „nicht ganz auf der Höhe", 15,5 % fühlten sich „angeschlagen", 18,1 % fühlten sich „abgeschlafft' und 6,9 % fühlten sich „krank". (Der offizielle Krankenstand beträgt für die Region Franken laut AOK 4,93 %). Auf die Frage, ob sie Nachteile befürchteten, wenn der Arzt sie arbeitsunfähig schriebe, antworteten 31,5 % der Befragten mit Ja; 32,1 % befürchteten Nachteile, wenn sie eine ärztlich verordnete Kur in Anspruch nehmen.

44 Handelsblatt vom 15.8.1979 (Jagd auf kranke Arbeitnehmer). Das Problem der krankheitsbedingten Kündigung wird – seiner Bedeutung entsprechend – in der juristischen Fachliteratur in den letzten Jahren breit diskutiert, doch enthalten die Arbeiten i.d.R. keine empirischen Angaben über die Verbreitung solcher Art von Kündigungen. Von Arbeitsrichtern kann man hören, daß ca. 1/3 aller Kündigungsschutzverfahren Leistungsgeminderte betreffen und daß diese Art zu kündigen im Ansteigen begriffen ist, da eine Entscheidung nach den Urteilen des BAG immer besser vorauskalkulierbar sein dürfte. Den besten Überblick über die Rechtsprechung zur krankheitsbedingten Kündigung bis 1977 gibt Lepke, Achim 1977; danach sind zwei grundlegende Entscheidungen des BAG zur Frage der Informationspflicht des Arbeitgebers über die Krankheitsprognose und zur Frage, wer den zukünftigen Krankheitsverlauf zu „beweisen" hat, ergangen. Vgl. dazu Neumann, Dirk 1978, 1838 ff.; Palme, Antonie 1978, 225 ff.; Popp, Klaus 1979, 42 ff.; Stein, Axel, 1979, 161 ff. Eine Analyse von 40 veröffentlichten Urteilen findet sich bei Mezger, Gabriele u. a. 1979, 264 ff. Aus der Praxis der gewerkschaftlichen Rechtsschutzarbeit finden sich Beispiele bei Michaelis, Hans Peter 1979, 259 ff.; Seggern, Burkhard von 1979b, 168 ff.

45 Vgl. Hufemann, Klaus und Huster, Ernst-Ulrich 1979, 55. Vgl. auch die Ergebnisse der Vorsorgeuntersuchung in Baden-Württemberg: Eimeren, W. v. u. a. 1972. In der *Tendenz* bleiben diese Ergebnisse aussagekräftig, auch wenn man einwendet, daß bei den von medizinischem Personal durchgeführten Reihenuntersuchungen besonders strenge Definitionskriterien verwendet wurden. Zum Problem vgl. Helberger, Christoph 1977.

46 Vgl. die Berichterstattung des express (express 1979, 10 f.).

47 Drinkuth, Andreas u. a. 1979, 512 ff.

48 Vgl. auch Lehmann, Peter K. W. 1979, 422 ff.

49 Vgl. das Vorwort von Gerhard Reber. Reber 1979.

50 Daher ist es den Betriebsräten auch erheblich erschwert, die „Dominanz des Management-Aspektes" in dem gesamten Informationssystem zu erkennen, den Rainer Marr wie folgt bestimmt: „Wenn es das Ziel jedweder Management-Informationssystementwicklung ist, dazu beizutragen, daß betriebliche Entscheidungen rationeller und damit auch objektiver getroffen werden, ist damit zwangsläufig verbunden, daß der Objektcharakter der abgebildeten Elemente zunimmt ... Diese Zunahme der Objektstellung des einzelnen Organisationsmitglies und die ... wachsende ‚Entfernung' (aufgrund stärkerer Informations- und Entscheidungszentralisation)

zwischen dem Ort der Willensbildung und dem Ort der Willensdurchsetzung gehen zu Lasten der Durchsetzbarkeit sozialer, d. h. hier mitarbeiterbezogener Zielsetzungen ... Es ist dann zu erwarten, daß die 'hard facts' monetärer Kosten-Nutzen-Konsequenzen von Entscheidungen die 'soft facts' sozialer Konsequenzen in stärkerem Maße verdrängen als das bislang der Fall ist." (Marr, Rainer 1979, 114). Zu den Mitbestimmungsrechten des Betriebsrates vgl. Pornschlegel, Hans 1977, 3 ff.

50a Lohnrahmentarifvertrag II vom 20.10.1973; abgedruckt in: „Werktage werden besser", 1977, S. 174 ff.

51 Ausführlich diskutiert bei: Dohse u. a. 1978.

52 Vgl. die Übersicht in: Fitting u. a. 1977, Vorbemerkung zu § 89.

53 Vgl. dazu Fuchs, K. D. 1979.

54 Vgl. Esser, Josef u. a. 1979.

Literatur

Albrecht, Richard und Reidegeld, Eckart, 1978: Arbeitsförderungsgesetz – Entwertung durch Gesetzesänderungen und Verordnungen, in: Soziale Sicherheit, H. 12, 360 ff.

Bieback, Karl-Jürgen, 1977: Statusschutz und Mobilitätszwang im Sozialversicherungsrecht, in: Demokratie und Recht, H. 1, 5 ff.

Böhle, Fritz, 1977: Humanisierung der Arbeit und Sozialpolitik, in: Soziologie und Sozialpolitik (= Kölner Zeitschrift für Soziologie und Sozialpsychologie, Sonderheft 19), 290 ff.

Böhle, Fritz und Sauer, Dieter, 1975: Intensivierung der Arbeit und staatliche Sozialpolitik, in: Leviathan, H. 1, 49 ff.

Brenner, Harvey M., 1971: Economic Changes and Heart Disease Mortality, in: American Journal of Public Health, Vol. 61, No. 3, 606 ff.

Bundesministerium für Arbeit und Sozialordnung (Hrsg.), 1977a: Arbeitsgesetzbuchkommission. Entwurf eines Arbeitsgesetzbuches, Bonn.

Bundesministerium für Arbeit und Sozialordnung 1977b: Anwendung arbeitswissenschaftlicher Erkenntnisse im Industriebetrieb, Bonn.

Coen, Helmut, 1979: Das Recht auf Arbeit und der Bestandsschutz des gekündigten Arbeitsverhältnisses, Köln.

Deutscher Gewerkschaftsbund, 1977: Entwurf für ein Arbeitsverhältnisgesetz (o.O., o.J.), vom Bundesvorstand des DGB am 5.4.77 verabschiedet, Auszug in: Arbeit und Recht, H. 8, 245 ff.

Dohse, Knuth; Jürgens, Ulrich; Russig, Harald, 1978: Probleme einer Beschränkung gewerkschaftlicher Bestandsschutzpolitik auf die Absicherung älterer Arbeitnehmer, Berlin, (IIVG PV 78–22).

Dohse, Knuth; Jürgens, Ulrich; Russig, Harald, 1979: Bestandsschutz durch Seniorität, Berlin (IIVG/dp 79–221).

Dombois, Rainer, 1979: Stammarbeiter und Krisenbetroffenheit. Fallanalysen zur Krisenbetroffenheit angelernter Arbeiter, in: PROKLA 36, 161 ff.

Drinkuth, Andreas, u. a., 1979: Erfahrungen und praktische Probleme von Einzelgewerkschaften bei der Ausbreitung von Informationstechnologien, in: WSI-Mitteilungen Nr. 9, 512 ff.

Eimeren, W. v.; Selbmann, H; Überla, K., 1972: Modell einer allgemeinen Vorsorgeuntersuchung – Schlußbericht, bearbeitet von Eimeren u. a., Stuttgart.

Eschweiler, Walter; Hinze, Dirk; Nieder, Peter, 1979: Beschreibung und Ergebnisse einer empirischen Untersuchung zur Erfassung der Ursachen von Fehlzeiten, in: Nieder, Peter, a.a.O., 109 ff.

Esser, Josef; Fach, Wolfgang; Simons, Georg, 1979: Öffnung oder Spaltung der Gesellschaft-Grenzprobleme des „Modells Deutschland", in: Universität Konstanz – Fachbereich Politische Wissenschaft, Diskussionsbeitrag Nr. 9/79.

Express, 1979: Express Nr. 9 vom 17.9.79, 10 f.

Feser, Klaus, 1979: Arbeitsgerichtsprotokolle, Neuwied u. Darmstadt.

Fitting, Karl; Auffarth, Fritz; Kaiser, Heinrich, 1977: Betriebsverfassungsgesetz, Handkommentar, 12. Auflage, München.

Frese, Michael und Mohr, Gisela, 1978: Die psychopathologischen Folgen des Entzuges von Arbeit: Der Fall Arbeitslosigkeit, in: Frese, Michael; Graf, Siegfried; Semmer, Norbert (Hrsg.): Industrielle Psychopathologie, Bern, 282 ff.

Gamillscheg, Franz; Hueck, Götz; Wiedemann, Herbert (Hrsg.), 1979: 25 Jahre Bundesarbeitsgericht, München.

Göckenjan, Gerd, 1979: Bestimmungsfaktoren und Durchsetzungschancen präventiver Sozialpolitik in der gesetzlichen Krankenversicherung. Veröffentlichungsreihe des Internationalen Instituts für vergleichende Gesellschaftsforschung, Wissenschaftszentrum, Berlin.

Hanau, Peter, 1978: Der Kommissionsentwurf eines Arbeitsvertragsgesetzes, in: Zeitschrift für Rechtspolitik, H. 9, 215 ff.

Hauss, Friedrich; Kühn, Hagen; Rosenbrock, Rolf, 1978: Belegschaftshandeln und Arbeitsschutz. Empirische Vorstudie und Begriffsentwicklung, Veröffentlichungsreihe des Internationalen Instituts für Vergleichende Gesellschaftsforschung, Wissenschaftszentrum, Berlin.

Helberger, Christoph, 1977: Ziele und Ergebnisse der Gesundheitspolitik, in Zapf, Wolfgang (Hrsg.) Lebensbedingungen in der Bundesrepublik, Frankfurt/New York.

Hohmann-Dennhardt, Christine, 1978: Arbeitslosigkeit als abweichendes Verhalten, in: Soziale Sicherheit, H. 2, 32 ff.

Hufemann, Klaus und Huster, Ernst-Ulrich, 1979: Präventive Sozialpolitik: Ideologie und Realität, in WSI-Mitteilungen, H. 10, 554 ff.

IG-Metall, o.J.: Protokolle der beiden Kündigungsschutztagungen der IG Metall von 1977 und 1978, Schriftenreihe der IG-Metall Nr. 78, Frankfurt.

Janzen, Karl-Heinz, 1977: Die Rolle des Betriebsarztes im Arbeitsgeschehen – aus der Sicht der Gewerkschaften, in: IG Metall (Hrsg.): Arbeitsmedizin und betriebsärztliche Tätigkeit, 13, Frankfurt.

Knigge, Arnold, 1978: Neuregelungen im Bereich der Arbeitsförderung, in: Der Betrieb, H 1/2, 94 ff.

Krupp, H.-J. und Zapf, W., 1977: Sozialpolitik und Sozialberichterstattung, Frankfurt.

Kühn, Hagen und Hauss, Friedrich, 1978: Entwicklungstendenzen im medizinischen Arbeitsschutz – Thesen, Veröffentlichungsreihe des Internationalen Instituts für Vergleichende Gesellschaftsforschung, Wissenschaftszentrum, Berlin.

Lehmann, Peter K. W. PDS, 1979: Das Personal-Informationssystem in der Standard Elektrik Lorenz AG (SEL), in: Reber, Gerhard, a.a.O., 422 ff.

Lepke, Achim, Neumann, Dirk, 1977: Kündigung bei Krankheit, Düsseldorf und Frankfurt.

Marr, Rainer, 1979: Leistungsbereitschaftsbezogene Indikatoren in EDV-gestützten Personalplanungssystemen, in: Reber, Gerhard, a.a.O., 96 ff.

Mezger, Gabriele; Richter, Klaus; Wahsner, Roderich, 1979: Krankheit als Kündigungsgrund im Arbeitsverhältnis, in: Demokratie und Recht, H. 3, 264 ff.

Michaelis, Hans Peter, 1979: Krankheitsfehlzeiten und betriebliche Disziplinierung, in: Der Betriebsrat, H. 9/10, 259 ff.

Neumann, Dirk, 1978: Kündigung bei Krankheit, Neue Juristische Wochenzeitschrift, 1838 ff.

Nieder, Peter (Hrsg.), 1979: Fehlzeiten – ein Unternehmer- oder Arbeitsnehmerproblem? Wege zur Reduzierung von Fehlzeiten, Bern/Stuttgart.

Palme, Antonie, 1978: Kündigung wegen Krankheit in der neueren Rechtsprechung, in: Blätter für Steuerrecht, Sozialversicherung und Arbeitsrecht, H. 9, 225 ff.

Pöhler, Willi (Hrsg.), 1979: ... damit die Arbeit menschlicher wird. Fünf Jahre Aktionsprogramm Humanisierung des Arbeitslebens (HdA), Bonn.

Präventive Sozialpolitik, 1978: Sonderheft der WSI-Mitteilungen, H. 10.

Reber, Gerhard (Hrsg.), 1979: Personalinformationssysteme, Stuttgart.

Seggern, Burkhard von, 1979: Die krankheitsbedingte Kündigung, in: Der Betriebsrat, H. 9/10, 268 ff.

Söllner, Alfred, 1979: Arbeitsrechtskodifikation und bürgerliches Gesetzbuch, in: Klug, U.; Ramm, Th.; Rittner, F.; Schmiedel, B.: Gesetzgebungstheorie. Juristische Logik, Zivil- und Prozeßrecht, Gedächtnisschrift für Jürgen Rödig, Berlin, 91 ff.

Standfest, E. (Projektleiter), 1977: Sozialpolitik und Selbstverwaltung. Zur Demokratisierung des Sozialstaates, WSI-Studien, Bd. 35, Köln.

Stein, Axel, 1979: Zur Interessenabwägung nach § 1 Kündigungsschutzgesetz bei der Kündigung wegen Krankheit, in: Blätter für Steuerrecht, Sozialversicherung und Arbeitsrecht, H. 11, 161 ff.

Trautwein-Kalms, Gudrun; Gerlach, Gerhard, 1979: Implikationen des Regierungsprogramms Humanisierung der Arbeit für die Arbeitnehmer und ihre Gewerkschaften, BMFT, Forschungsbericht Humanisierung des Arbeitslebens, Abschlußbericht. Die Untersuchung erscheint demnächst unter dem Titel „Gewerkschaften und Humanisierung der Arbeit" (Frankfurt, 1980).

„Werktage werden besser", 1977: Der Kampf um den Lohnrahmentarifvertrag II in Nordwürttemberg/Nordboden, Köln/Frankfurt a.M.

Widmaier, H. P., 1970: Aspekte einer aktiven Sozialpolitik, in: Sanmann, H. (Hrsg.): Zur Problematik der Sozialinvestitionen, Berlin.

Wlotzke, Otfried, 1979: Zum Vorhaben eines Arbeitsvertragsgesetzes – Eine rechtspolitische Betrachtung, in Gamillscheg u. a., a.a.O., 681 ff.

Zöllner, Wolfgang, 1978a und b: Sind im Interesse einer gerechteren Verteilung der Arbeitsplätze Begründung und Beendigung des Arbeitsverhältnisses neu zu regeln? Verhandlungen des 52. Deutschen Juristentages, Bd 1 (a) Gutachten, München; Sitzungsberichte, Bd. 2 (b), München.

Reduziertes Wachstum und soziale Sicherungssysteme

Wolf Wagner

Ich will das Thema in zwei Schritten bearbeiten. Der erste soll den Zusammenhang der unterschiedlichen Systeme der sozialen Sicherung idealtypisch aufzeigen. Im zweiten soll dann dargesttellt werden, wie sich darauf die Bedingungen reduzierten Wachstums auswirken.

1. *Der innere Zusammenhang der Sicherungssysteme*

Unter anderem angeregt durch den Aufsatz von *Lenhardt* und *Offe* zum Soziologentag 1976 habe ich folgendes Schema (Bild 1) entwickelt, an dem ich versuchen will, einen inneren Zusammenhang der unterschiedlichen Sicherungssysteme aufzuzeigen.

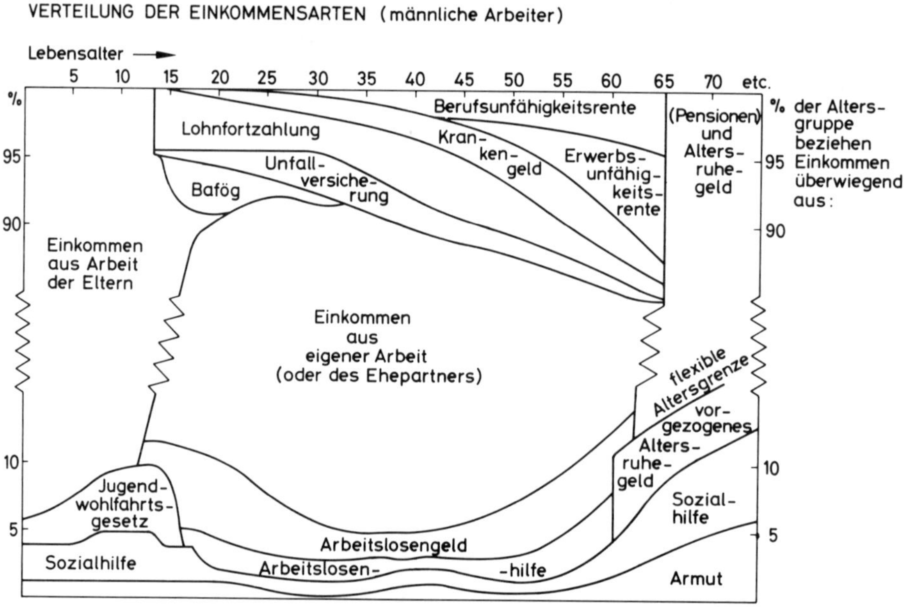

Bild 1

Das Schema zeigt, aus welchen Einkommensquellen die Angehörigen der aufeinanderfolgenden Altersgruppen der männlichen Arbeiter ihren Lebensunterhalt überwiegend bestreiten. Im Zentrum steht dabei selbstverständlich die Arbeit als Einkommensquelle – entweder direkt oder indirekt über die Eltern oder den Partner oder die Partnerin, oder indirekt als Altersruhegeld. Andere Quellen des Lebensunterhaltes kommen nur in Randbereichen vor. Da sie bei der Untersuchung der sozialen Sicherungssysteme entscheidend sind, ist der mittlere Bereich der Normalität ausgeschaltet durch die Ziehharmonika-Strichelung und nur die 10 bis 20 % einer jeden Altersgruppe kommen in Betracht, die überwiegend Einkommen aus anderen Quellen beziehen.
Im System der Unfall- und Krankenversicherung, von dem nahezu alle Arbeiter irgendwann betroffen sind, kann gezeigt werden, daß die Leistungen mit der Entfernung zum Arbeitsprozeß abnehmen. Die Unfallversicherung als direkt auf den Arbeitsprozeß bezogene Risikoabsicherung ist am großzügigsten ausgestaltet und bringt auch die dauerhaftesten Leistungen. Die Lohnfortzahlung mit der sie begleitenden Naturalleistung in der Krankenversorgung erfaßt alle Fälle von Arbeitsunfähigkeit, auch solche, die nicht aus der Arbeit stammen. Diese Phase, in der der bisherige Nettolohn weiterbezahlt wird, ist als Durchflußkammer zur schnellen Wiederherstellung der Arbeitsfähigkeit konzipiert. Als materieller Anreiz dazu und negative Sanktion gegen andauernde Arbeitsunfähigkeit setzt die Lohnfortzahlung bekanntlich nach sechs Wochen aus und wird durch das niedrigere Krankengeld (80 % des Bruttolohns) abgelöst, das dann für dieselbe Krankheit 1 1/2 Jahre lang läuft. Dauert die Krankheit auch noch über diesen Zeitpunkt hinaus an, dann tritt das Rentensystem ein.

(Der Verlauf der Sektoren erklärt sich daraus, daß der Krankenstand der Pflichtmitglieder mit etwa 5 % durch alle Altersgruppen konstant ist, wobei die Jüngeren häufiger und kürzer, die Älteren seltener, dafür aber sehr viel länger arbeitsunfähig gemeldet sind. Daraus erklärt sich auch ihr geringerer Anteil bei der Lohnfortzahlung. Unfälle sind bei jüngeren Arbeitern erheblich häufiger als bei älteren Arbeitern. (*Schmidt*, 1967, S. 11–17; *Rehhahn*, 1973))

Am unteren Segment des Schemas läßt sich die abgestufte Sanktionswirkung der sozialpolitischen Sicherungssysteme noch am besten verdeutlichen: es sieht im Vergleich zu den anderen Segmenten dünn aus. Doch hat es ähnlich wie das Krankenver-

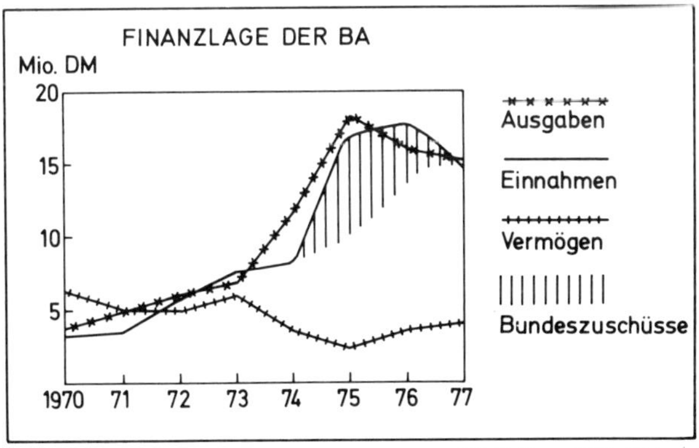

Bild 2

(Beiträge, 1979, 76)

sicherungssystem eine Kiemenfunktion: Große Mengen von Menschen strömen durch das System hindurch und nur ein relativ geringer Anteil von ihnen wird herausgefiltert, die dann als Randgruppen den Sanktionen der weiter vom Arbeitsprozeß entfernten Reintegrationsmechanismen ausgesetzt werden.
Nach ANBA 1978 gab es 1977 als durchschnittliche Bestandsgröße 1 029 995 Arbeitslose, aber als Strömungsgröße für das ganze Jahr 3 315 014 Zugänge an Arbeitslosen, also das Dreifache. Nach *Mertens*, (1979, S. 121), ist der hohe Arbeitslosenbestand so als stockender Rest folgender Strömungen auf dem Arbeitsmarkt entstanden: „1974 kam es zu 7 Millionen Entlassungen, aber nur zu knapp 6 Millionen Neueinstellungen (...) 1975 trat mit 6 Millionen Entlassungen gegenüber 5,4 Millionen Neueinstellungen ein Defizit von 600 000 hinzu. Seitdem ist die jährliche Zu- und Abgangsbilanz wieder ausgeglichen." Von 1973 bis 1978 sind etwa 6 Millionen Arbeitskräfte mindestens einmal arbeitslos gemeldet gewesen (von sehr viel mehr Arbeitsplatzwechslern, also etwa jeder dritte abhängig Beschäftigte (*Klees*, 1978, S 58 f)). Dieser besonders wichtige Sektor der Sozialpolitik ist ebenfalls nach dem Prinzip der abgestuften Abschreckung aufgebaut, wobei es hier erklärtermaßen darum geht, die Mobilität der Arbeitskräfte zu stärken und sie zum Verbleib im Arbeitsverhältnis anzuhalten. So wird bereits der Zugang an die Bedingung geknüpft, daß das Arbeitsverhältnis nicht mutwillig oder fahrlässig aufgelöst worden ist. Kommt das Arbeitsamt zu dieser Überzeugung, so wird das Arbeitslosengeld zuerst einmal für eine Sperrzeit von 4 Wochen verweigert. Dann ist der Empfang des Arbeitslosengeldes, wenn man einmal drin ist, zwar formell auf 68 % des Arbeitsentgelts festgesetzt, doch gibt es dabei eine Vielzahl von Berechnungsklauseln und Leistungsgruppen, die für eine noch breitere Streuung der Einkünfte sorgen als unter dem Lohnverhältnis. Die Koppelung der Bezugsdauer an die Dauer des vorangegangenen versicherungspflichtigen Arbeitsverhältnisses trägt weiter zur Individualisierung und zur Bindung an ein betriebsorientiertes Leistungsprinzip bei.
Mit der Dauer der Arbeitslosigkeit verschärfen sich diese Bedingungen drastisch. Jetzt setzt nämlich auch hier das Zumutbarkeitskriterium an: Anfangs dürfen nur Arbeiten aus dem bisherigen Bereich, also der bisherigen Arbeit ähnliche Arbeiten vermittelt werden. Je länger es dauert, bis eine solche Arbeit vermittelt werden kann, desto stärker weitet sich das aus, was als „zumutbare" Arbeit gilt, egal ob mit ihr sozialer Abstieg, Schichtarbeit, Einkommensverlust oder Pendeln bzw. ein Umzug einhergeht. Diese Zumutbarkeit ist von höchter Bedeutung: denn an sie ist die Sanktion geknüpft, wenn für „zumutbar' erachtete Arbeit abgelehnt wird, dann wird eine vierwöchige Sperrzeit auf das Arbeitslosengeld verhängt. Wenn das die zweite Sperrzeit ist (also nach der ersten wegen Kündigung ein „zumutbarer" Arbeitsplatz abgelehnt wird), dann entfallen damit alle Geldleistungen aus dem AFG. Da das Arbeitslosengeld sowieso zeitlich begrenzt ist, setzt für alle Dauerarbeitslosen nach einiger Zeit die Arbeitslosenhilfe ein, die die Einkünfte auf nominell 58 % des letzten Arbeitsentgelts senkt. Da sie aber ähnlich wie die Sozialhilfe an das Bedürftigkeitsprinzip gebunden ist, können Vermögen und andere Einkünfte angerechnet werden.
Diejenigen, die aus den Leistungen des AFG ausgesteuert sind, oder bei denen die 58 % der Arbeitslosenhilfe noch unter die entsprechenden Regelsätze des BSHG

fallen, sind auf die Sozialhilfe angewiesen (Bild 3). *Hofemann* gibt an, daß von den Arbeitslosen, die zwischen 12 und 15 Monate arbeitslos waren, 7 %, von denen, die länger als 2 Jahre arbeitslos waren, 24 % Sozialhilfe bezogen. Dazu meint er: „Es wird vermutet, daß von den Empfängern von Arbeitslosenhilfe der überwiegende Teil unterhalb der Sozialhilfeschwelle liegt." (*Hofemann*, 1979, S. 44) Bedenkt man nun, daß die Regelsätze der Sozialhilfe bewußt so angesetzt werden, daß sie deutlich unterhalb des niedrigsten Lohneinkommens der Region liegen (§ 4 der Regelsatzverordnung), und daß auch diese noch entzogen werden kann, wenn „zumutbare" Arbeit verweigert wird, dann wird hier das abgestufte System der Abschreckung zur Stabilisierung der Arbeitsmoral deutlich.

Diese Zielsetzung wird noch deutlicher, wenn man bedenkt, daß für über 65jährige, die also dem Arbeitsmarkt nicht mehr zur Verfügung stehen, sofort ein Mehrbedarf von 30 % auf die Regelsätze anerkannt wird. Ähnlich funktioniert das vorgezogene Altersruhegeld, das im 60. Lebensjahr nach über einjähriger zusammenhängender Arbeitslosigkeit gewährt wird.

Das Verhältnis der beiden Frühinvaliditätsrenten, Berufsunfähigkeits- und Erwerbsunfähigkeitsrente, ist ein ebenfalls deutliches Beispiel für die auf den Arbeitsprozeß gerichtete Abstufung des Sicherungssystems. Die Berufsunfähigkeitsrente (BU-Rente), die gewöhnlich früher einsetzt als die Erwerbsunfähigkeitsrente (EU-Rente), da in ihr nur eine teilweise Invalidität berentet wird, hat einen Hebesatz von 1 % gegenüber den 1,5 % der EU-Rente. Durch die unterschiedlichen Anwartschaftszeiten ergeben

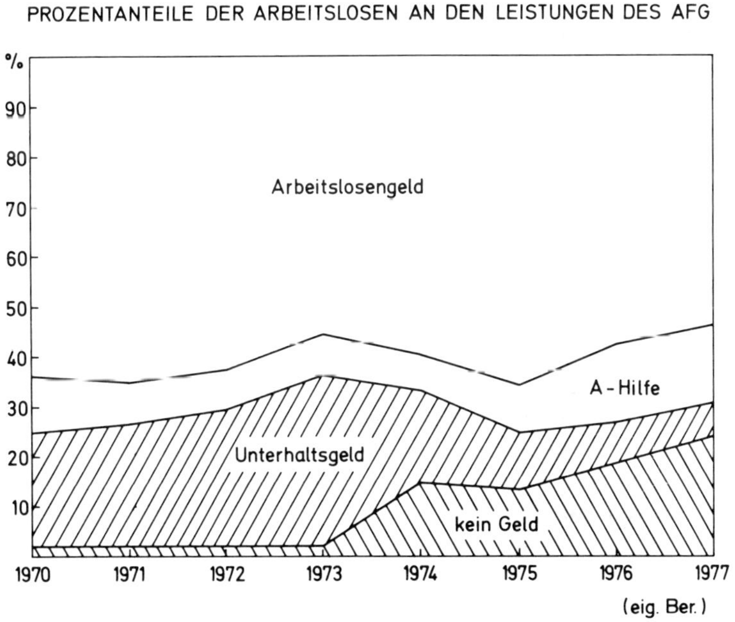

Bild 3

sich ganz erhebliche Differenzen zwischen den Rentenarten: 1977 lag die BU-Rente in der Arbeiterrentenversicherung durchschnittlich um 34 % unter der EU-Rente und um 40 % unter dem normalen Altersruhegeld, das mit dem 65. Lebensjahr einsetzt (berechnet nach Angaben in Statistik der Rentenversicherungen, VdR, Bd. 50, S. 152). *Florian Tennstedt* hat in einer umfangreichen Untersuchung des Verfahrens und der Rechtsprechung bei der Berufsunfähigkeitsrente gezeigt, wie hier vor allem zwei Instrumente eingesetzt werden: einmal der Zumutbarkeitsbegriff, der darüber entscheidet, welche Arbeit einem geschädigten Antragsteller noch zuzumuten ist, welche noch in seinem Berufsfeld liegt, so daß er nicht als „berufsunfähig ' gezählt werden kann. Dazu haben die Gerichte schon in den 50er Jahren auf der Basis ihres eigenen sachverstandslosen „gesunden Menschenverstandes ' die Theorie entwickelt, jede Arbeit sei zuzumuten und gehöre zum bisher ausgeübten Berufsfeld, wenn mit ihr kein „wesentlicher" sozialer Abstieg verbunden sei. Diesen sozialen Abstieg haben die Richter nun nicht etwa mit Einkommensgruppen operationalisiert, sondern vom Einkommen völlig abgelöst und nach altüberkommenen zünftlerischen Vorstellungen die „Drei-Stufen-Theorie" entwickelt: Danach gibt es die Höchstqualifizierten, die einen Lehrberuf gelernt und ausgeübt haben. Sie können nur dann an Anlerntätigkeiten oder gar ungelernte Tätigkeiten verwiesen werden, wenn diese durch Verantwortung und soziales Ansehen (nicht etwa durch ihren Lohn) „aus dem Kreis der sonstigen ungelernten Tätigkeiten deutlich hervorgehoben" (*Tennstedt*, 1972, S. 92) sind. Angelernte Arbeiter können auf alle, außer auf die einfachsten, Arbeiten, ungelernte Arbeiter auf jede Tätigkeit auf dem Arbeitsmarkt verwiesen werden. Weder bisherige Qualifikation noch bisheriges Einkommen werden also geschützt, sondern ein wolkiger „status", d. h. wenn es eine solche „zumutbare" Tätigkeit gibt, dann wird die Rente verweigert, und der Antragsteller muß sich mit einem erheblichen Einkommensverlust auf schlechtbezahlte Tätigkeiten bewerben, was seine Chancen beim nächsten Antrag noch weiter verschlechtert. 1969 weitete der große Senat des Bundessozialgerichtshofes den Zumutbarkeitsbegriff noch weiter aus: Der Antragsteller muß sich für solche Abstiegstätigkeiten auf das gesamte Bundesgebiet verweisen lassen. Erst wenn er nachweisen kann, daß sich pro möglicher Stelle mehr als 1,3 Bewerber gemeldet haben, gilt der Arbeitsmarkt als zu, und er kann auf die Rente rechnen. (*Rüth*, 76, S. 20) Erst wenn die begutachtenden Ärzte völlige Erwerbsunfähigkeit festgestellt haben, wenn es also keine Tätigkeit mehr gibt, für die der Antragsteller medizinisch tauglich ist, fallen diese Zumutbarkeitsprüfungen weg.

Das Verhältnis der BU zur EU-Rente ist also so konstruiert, daß es möglichst schwer gemacht werden soll, den allgemeinen Arbeitsmarkt vorzeitig zu verlassen oder ein Teileinkommen zu beziehen, das nicht unmittelbar aus Lohnarbeit stammt. Nur schwerwiegendste gesundheitliche Schädigungen oder die völlige Aussichtslosigkeit auf dem Arbeitsmarkt werden als Grund zugelassen. Letzteres wird durch das Urteil des Bundessozialgerichts von 1976 bestärkt, das als Kriterium der Unvermittelbarkeit und damit als Nachweis, daß es keine zumutbare Tätigkeit gibt, die Regel einführt: länger als ein Jahr Arbeitslosigkeit.

Dieser Wall, einjährige und längere Arbeitslosigkeit, ist auch vor den vorzeitigen Bezug des Altersruhegeldes aufgeschüttet. Erst wenn das 63. Lebensjahr erreicht ist, kann seit 1973 ohne solche arbeitsmarktgebundenen Klauseln darüber selbständig entschieden werden, ob man der Lohnarbeit den Rücken kehren will. Unterhalb der dünnen Schicht derjenigen, die von der Sozialhilfe leben, liegt die kaum faßbare Armutszone, die lediglich für das Jahr 1969 nach unterschiedlichen Armutsdefinitionen annähernd quantitativ dargestellt ist (*Klanberg*, 1978) Sie ist die letzte und zugleich kleinste Randgruppe mit dem höchsten Sanktionsdruck.

In der Abstufung der immer kleiner werdenden Gruppen mit gleichzeitig steigendem Sanktionsdruck stimmen so die sozialen Sicherungssysteme erstaunlich genau mit dem sozialwissenschaftlichen Konstrukt des *marginal enforcement* überein, wonach das normgerechte Verhalten der Masse stabil gehalten wird, indem nicht sie selbst zum Adressat von Sanktionen und Drohungen wird, sondern nur ihre Ränder, wo normabweichendes Verhalten mit zunehmendem, abgestuftem Sanktionsdruck bedroht ist.

Wenn man dieser Analogie folgt, dann ergibt sich der innere Zusammenhang der sozialen Sicherungssysteme nicht mehr allein daraus, daß sie Leistungs- und Einkommensausfälle kompensieren oder festlegen, unter welchen Bedingungen Einkommen ohne Austausch gegen Verausgabung der Arbeitskraft bezogen werden kann (*Lenhardt* und *Offe*, 1977). Es zeigt sich vielmehr darüber hinaus, daß sie die zusätzliche Funktion haben, durch abgestufte Randabschreckung das normgerechte Arbeitsverhalten repressiv zu stabilisieren.

2. *Die Veränderung der sozialen Sicherungssysteme bei reduziertem Wachstum*

Aus Platzgründen will ich diese Veränderungen nur an einem Segment des Schemas vorführen, und zwar am Beispiel der Arbeitslosenversicherung.

Für das Gebiet der Rentenversicherung kann ich sie nur kurz andeuten.

Wie das Bild 2 und die dazugehörige Tabelle 1 zeigen, produzierte das reduzierte Wachstum mit dem gleichzeitigen Anstieg der Arbeitslosenzahl ab 1974 für die Bun-

Tabelle 1: Bundesanstalt für Arbeit – Finanzlage Einnahmen, Ausgaben und Bundeszuschüsse nach § 178 AFG 1970–1977 (Statistisches Jahrbuch)

Jahr	Ausgaben Mio. DM	Einnahmen Mio. DM	Zuschüsse Mio. DM
1970	3 907	3 574	–
1971	4 928	4 032	–
1972	5 794	5 767	–
1973	6 807	7 469	–
1974	10 352	7 986	7 282
1975	17 836	9 234	2 990
1976	15 930	14 061	
1977	15 082	15 368	

desanstalt für Arbeit ein enormes Defizit, das nur durch Bundeszuschüsse ausgeglichen werden konnte. Auf der offensichtlichen Seite der Sozialpolitik wird auf diese Situation mit Gesetzesänderungen und Runderlassen reagiert: Das Haushaltsstrukturgesetz, das 1976 in Kraft trat, schränkte zuerst einmal die Statussicherung, die laut § 2 des AFG ebenfalls Aufgabe des AFG ist, radikal ein und macht die Zumutbarkeit einer Arbeit „von der Lage und Entwicklung auf dem Arbeitsmarkt" abhängig. Wie aber das Bild 3 und die Tabelle 2 mit der Verteilung der Leistungen des AFG auf die Arbeitslosen zeigen, wurde bereits mit Beginn der umfangreichen Arbeitslosigkeit ohne Änderung des Gesetzes mit dieser verschärften Anwendung des Zumutbarkeitsbegriffes gearbeitet. Die Veränderungen bei den Empfängern von Umschulungsgeld (Unterhaltsgeld) wurde auch durch das Haushaltsstrukturgesetz lediglich im nachhinein legalisiert und noch weiter verschärft: Ausgebildete werden danach erst nach 3 Jahren in ihrem Ausbildungsberuf, Unausgebildete nach 6 Jahren versicherungspflichtiger Arbeit zur Förderung zugelassen. Vor einer Neuförderung müssen drei Jahre vergangen sein. Zudem werden alle nicht direkt arbeitsmarktpolitischen, also präventiven Umschulungen von 80 % auf 58 % des bisherigen Einkommens gesetzt, statt 50 wird nun DM 15,– anrechnungsfreies zusätzliches Wocheneinkommen erlaubt! Diese finanzielle Abschreckungsmaßnahmen tun offensichtlich ihre Wirkung (*Klees*, 1978, 89 ff; *Hofemann*, 1979), wie man auf dem Bild leicht sehen kann.

Am 1.1.78 tritt die 4. Änderung des AFG in Kraft, die zwei weitere gravierende Änderungen bringt: Sperrzeiten werden nicht mehr wie zuvor mit aufschiebender Wirkung, sondern werden von der Zeit des Arbeitslosengeldes ersatzlos abgezogen. D. h. jeder, der von sich aus, im gegenseitigen Einvernehmen, wegen vertragswidrigem Verhalten, schlechter Arbeit, Fehlzeiten oder ähnlichem als Begründung das Arbeitsverhältnis auflöst oder gekündigt bekommt, erhält automatisch 4 Wochen weniger Arbeitslosengeld. Dazu brachte die Novelle die Auflage, daß die Arbeitslosenhilfe auf ein Jahr zu beschränken sei, dann müsse der Anspruch und damit auch die Vermittelbarkeit des Arbeitslosen erneut überprüft werden. Falls sich dabei herausstellt, daß

Tabelle 2: Prozentuale Verteilung der Leistungen nach dem AFG auf die im Jahresdurchschnitt gemeldeten Arbeitslose (eigene Berechnungen nach ANBA, Sondernr. 1978)

Jahr	Arbeitslosengeld	Arbeitslosenhilfe	Unterhalt für Umschulung	Keine Leistungen nach AFG	Summe
1970	64,4	11,5	22,9	1,3	100,1
			keine Angabe –	geschätzt	
1971	65,1	8,3	(25,6)	(1,0)	100
1972	63,7	8,1	(27,2)	(1,0)	100
1973	56,2	8,3	34,8	0,6	99,9
1974	60,4	6,9	18,1	14,6	100
1975	65,8	10,3	11,0	13,0	100,1
1976	58,0	15,5	8,1	18,4	100
1977	54,1	15,9	6,2	23,8	100

der Arbeitslose nicht mehr vermittelbar ist, wird er ausgesteuert. Diese Gesetzesänderung erklärt den Rückgang im Arbeitslosengeld und den entsprechenden Anstieg bei den Empfängern der Ahi und bei dem Anteil derjenigen, die überhaupt keine Leistungen aus dem AFG erhalten, aber als Arbeitslose registriert sind. Gleichzeitig wurde vom BA angekündigt, der Ermittlungsdienst des BA werde massiv ausgebaut (*Klees*, 1978, 98 ff). Damit aber nicht genug: Am 8.8.78 erscheint der Dienstblatterlaß 230/78, der eine weitere Verschärfung der Zumutbarkeitskriterien durchsetzen will, nämlich mit Hilfe der Drei-Stufen-Theorie, die ich bei der BU bereits dargestellt habe, soll „eine weitgehende Anpassung der Arbeitslosen an die Bedürfnisse des Arbeitsmarktes" erfolgen (FR vom 21.3.), und zwar soll alle 6 Monate die Vermittelbarkeit auf der jeweiligen Stufe überprüft werden und falls sich herausstellt, daß auf der bisherigen Stufe nicht vermittelt werden kann, soll eine Stufe tiefer gegangen werden können – bis zur Vermittelbarkeit auf alle Arbeitsplätze innerhalb des Bundesgebietes, womit das Defizit, das auf dem Arbeitsmarkt durch die Verdrängung der ausländischen Nicht-EG-Arbeitskräfte abgedeckt wäre.
Nach heftigen Protesten der gewerkschaftlichen Vertreter in der BA, nach ebenso heftigen Auseinandersetzungen in der Regierungskoalition und in der SPD-Fraktion, wurde die 5. Novelle des AFG verabschiedet, die am 1.8.79 in Kraft getreten ist. Dabei haben sich die Arbeitgeber-Interessen mit Hilfe der FDP weitgehend durchgesetzt: je nach Alter, Ausbildung und Familienstand soll die Zumutbarkeit unterschiedlich scharf gehandhabt werden. Dabei können Angestellte in Arbeiterpositionen vermittelt werden. Schichtarbeit, Umzüge oder Wochenendpendeln und finanzieller Abstieg müssen hingenommen werden. So kann ein Buchhändler, wenn er nach einem halben Jahr nicht vermittelbar ist, auch als Wurstverkäufer im Kaufhaus vermittelt werden.
Diese Verschärfung der repressiven Seite der sozialen Sicherungssysteme tritt aber nicht nur auf der offiziellen, leicht sichtbaren Seite ein in Form von Gesetzen und Verordnungen. Sie läßt sich auch für die Veränderung in der alltäglichen Handhabung der Verwaltungspraxis nachweisen. Das geht aus Bild 4a und Tabelle 3 deutlich hervor: Eigentlich müßten die Sperrzeiten immer einen annähernd konstanten Prozentsatz an den Zugängen an Arbeitslosen ausmachen, da zu vermuten ist, daß sich bei zunehmender Arbeitslosigkeit die Menschen kaum leichtfertiger verhalten werden als bei Vollbeschäftigung. Es zeigt sich aber, daß der Prozentsatz der Sperrzeiten parallel zur Kurve der Zugänge verläuft, mit steigender Arbeitslosigkeit also zunimmt. Daß dies nicht allein und auch nicht vorwiegend an den verschärften Zumutbarkeitskriterien liegt, wird am Verlauf der Prozentsatzkurve für Sperrzeiten aus diesem Grunde ersichtlich. Sie steigt zwar ebenfalls mit der Arbeitslosigkeit, aber nicht annähernd so steil wie die Sperrzeitenkurve insgesamt. Aus Tabelle 3 zeigt die Zahlenreihe für den Prozentsatz der Überprüfungen, daß auch eine verschärfte Aufmerksamkeit der BA nicht der Grund für diese Entwicklung sein kann, denn auch dieser Prozentsatz steigt zwar deutlich an, aber eben auch nicht in genügendem Umfang.
Es ist auch absurd anzunehmen, der Anstieg sei durch das Verhalten der Arbeiter selbst zu erklären, denn offensichtlich geht der Anstieg vor allem auf den Verhängungsgrund „selbstverschuldeter Verlust des Arbeitsplatzes" zurück. Es widerspricht

Tabelle 3: Datenreihen 1967–1977 zur Arbeitsmarktpolitik

Jahr	Arbeitslosen-quote (ANBA) (1) %	Zugänge an Arbeitslosen pro Jahr (ANBA) (1) abs. Z.	Sperrzeiten Anzahl der Fälle p. Jahr (ANBA) (2) abs. Z.	Sperrzeiten wegen Zumut-barkeit (ANBA) (2) abs. Z.	Prozent der Sperrzeiten an den Zugängen allg. (2) %	Prozent der Sperrzeiten an den Zugängen wegen Zumutb. %	Überprüfungen in % der Zugänge (2) %	stillg. Arbeits-poten. in % (3) %	Stille Reserve (MittAB 1/79) in 1 000 abs. Z.	Sozialhilfeempfänger pro 1 000 Einwohner (WiSta 4/79) und eig. Berechn.
1967	2,1	2 544 505	150 068	18 361	5,9	0,7	1,6	–	263	26
1968	1,5	1 789 722	81 954	16 700	4,6	0,9	4,9	–	138	25
1969	0,9	1 369 441	37 550	6 926	2,7	0,5	3,4	–	–	24
1970	0,7	1 295 671	23 397	3 676	1,8	0,3	1,7	0,6	–	25
1971	0,8	1 563 092	38 120	5 268	2,4	0,3	1,2	1,0	92	25
1972	1,1	1 662 387	62 078	8 891	3,7	0,5	1,4	1,5	147	27
1973	1,2	1 877 084	59 094	9 455	3,1	0,5	1,2	1,6	156	28
1974	2,6	2 795 239	164 243	22 096	5,9	0,8	0,7	2,9	206	31
1975	4,7	3 450 298	239 746	44 443	6,9	1,3	1,6	5,8	480	33
1976	4,6	3 255 536	261 850	61 889	8,0	1,8	3,6	6,1	561	34
1977	4,5	3 315 014	291 296	71 292	8,8	2,2	3,8	7,2	609	35

(1) aus ANBA, Sondernummer 1978
(2) berechnet nach Daten aus ANBA, Sondernummer 1978
(3) berechnet nach Daten aus MittAB 1/79

ARBEITSMARKTPOLITIK DURCH ÖKONOMISIERUNG

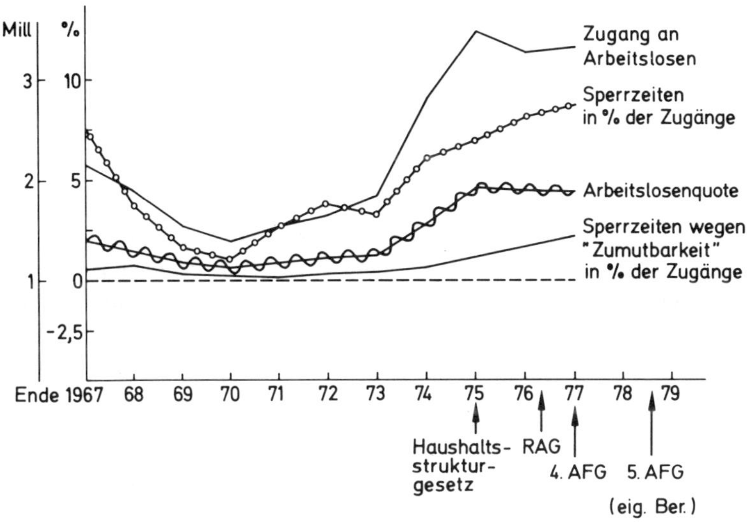

Bild 4a

ARBEITSMARKTPOLITIK DURCH ÖKONOMISIERUNG

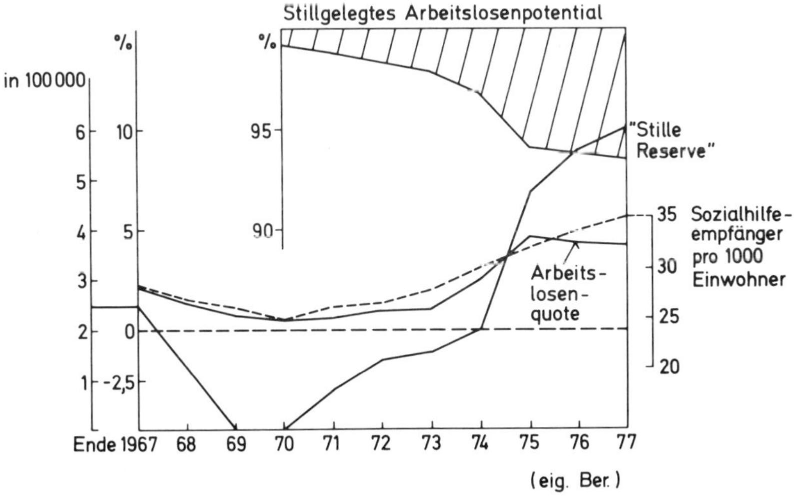

Bild 4b

aber aller Erfahrung anzunehmen, Arbeitnehmer würden ausgerechnet bei steigender Arbeitslosigkeit dazu neigen, mehr als zuvor ihre Arbeitsplätze von sich aus zu kündigen oder aufs Spiel zu setzen. So bleibt als Erklärung nur die willkürliche Handhabung von Vorschriften durch die Bürokratie der Bundesanstalt: Je nach Finanzlage und Lage auf dem Arbeitsmarkt verändert sich die Interpretation, wann ein Arbeitsverhältnis als „selbstverschuldet" aufgelöst gilt. Der Effekt dieser Willkür wirkt auf jeden Fall bei denjenigen, die sie selbst schon erfahren haben, wahrscheinlich aber auch noch mit einer gewissen Streuung: Um die Sperrzeiten zu vermeiden, die jetzt auch noch von der gesamten Zeit, während der man Arbeitslosengeld erhalten soll, abgezogen werden, müssen sich die Arbeitnehmer und Arbeitnehmerinnen so verhalten, daß sie dem Arbeitgeber auch nicht den geringsten Anlaß zur Kündigung geben. Auf keinen Fall aber dürfen sie selbst ein schwer ertragbares Arbeitsverhältnis selbst auflösen. Diese Art Sperrzeit ist demnach eine gezielte Sanktion zur Aufrechterhaltung der Arbeitsdisziplin. Ihre nahezu parallele Entwicklung zur Zu- und Abnahme der Arbeitslosigkeit – ohne entsprechende Veränderung der Gesetze! – erhöht zumindest die Plausibilität meiner These: unter den Bedingungen reduzierten Wachstums tritt bei den sozialen Sicherungssystemen die repressive Funktion in den Vordergrund, mit Hilfe abgestufter Sanktionsmechanismen die Arbeitsdisziplin zu stabilisieren.

Die Ökonomisierung unter dem Druck der angespannten Finanzlage hat aber nicht nur den Effekt, die Arbeiter und Arbeiterinnen im Arbeitsprozeß zu stabilisieren, sondern hat auch eine genau entgegengesetzte Wirkung (Bild 4b und Tabelle 3). Parallel zur Entwicklung der Arbeitslosenquote und damit auch als Reaktion auf die Finanzierungslücke bei der BA wächst die Stille Reserve und das stillgelegte Arbeitspotential. Das sind diejenigen Arbeitskräfte, die ohne Arbeit sind, aber nicht arbeitslos gemeldet sind und damit auch nicht als erwerbstätig zählen, obwohl sie bei entspannterem Arbeitsmarkt sofort bereit wären, Arbeit anzunehmen. Das ist ein Teil von dem, was Marx die „industrielle Reservearmee" nennt, Frauen vor allem, die als Hausfrauen „stillgelegt" sind. Welche Folgen die offenbare Dominanz der repressiven Funktion über die Funktion der Sicherung hat, wird an der Entwicklung der Kurve über die Anzahl der Empfänger von Sozialhilfe pro 1000 Einwohner deutlich: sie verläuft genau parallel zur Arbeitslosenquote. Da die Untersuchung von *Leibfried* und die Ergebnisse von *Piven* und *Cloward* nahelegen, daß auch dieses letzte Netz der sozialen Sicherung wie alle Netze vorwiegend aus Löchern besteht, kann man durchaus eine ähnliche Entwicklung der Armut annehmen, d. h. der Anzahl derjenigen Personen, die keinerlei soziale Sicherung haben oder in Anspruch nehmen und von einem Einkommen vegetieren, das unter den Sozialhilfesätzen liegt.

Eine ganz ähnliche Entwicklung läßt sich auch für den Bereich der Rentenversicherung der Arbeiter belegen. Auch dort erzeugte das reduzierte Wachstum eine katastrophale Finanzlage (Bild 5 und Tabelle 4). Die wurde aber noch zusätzlich verschärft durch eine arbeitsmarktpolitische Entlastungsmaßnahme, die vor dem großen konjunkturellen Einbruch in die Wege geleitet worden war – wohl noch mit der ungebrochenen Hoffnung auf dauerhaftes, stetiges Wachstum: Die Krise von 66/67 und der nachfolgende Boom hatten aus dem Arbeitsprozeß die älteren Arbeitnehmer herausgefiltert

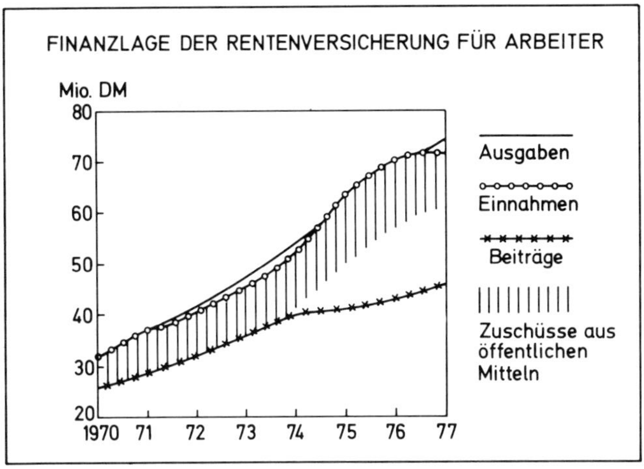

(stat. Jahrb.)

Bild 5

Tabelle 4: Rentenversicherung für Arbeiter – Finanzlage Einnahmen, Ausgaben und Zuschüsse aus öffentlichen Mitteln 1970–1977 (Statistisches Jahrbuch)

Jahr	Ausgaben Mio. DM	Einnahmen insges. Mio. DM	Einnahmen aus Beiträgen Mio. DM	Zuschüsse aus öffentlichen Mitteln Mio. DM
1970	31 939	32 936	25 740	6 326
1971	35 180	36 940	29 112	6 677
1972	40 861	40 752	31 804	7 927
1973	46 814	45 999	37 178	7 777
1974	54 288	53 154	40 132	9 873
1975	61 725	62 940	41 049	10 974
1976	69 641	70 084	43 784	12 197
1977	74 248	73 511	46 148	13 428

und sie als spezielle Problemgruppe als schwer vermittelbare im Netz der sozialen Sicherung hängen lassen. Das wird an der Skizze über die Abweichung der Arbeitslosenquote der 60- bis 65jährigen Arbeiter von der allgemeinen Arbeitslosenquote sehr deutlich (*G. Schmid*, 1977): (Bild 6)

Der Berg, der sich bis 1972 angestaut hatte, wurde durch gesetzliche Veränderungen abgeschöpft: 1971 wurde die Möglichkeit geschaffen, daß Arbeitnehmer, die das 60. Lebensjahr vollendet haben und zuvor ein Jahr lang ununterbrochen arbeitslos gemeldet waren, vorzeitig das Altersruhegeld beziehen durften; 1972 wurde die flexible Altersgrenze eingeführt, die es den Arbeitnehmern freistellte, ab dem 63. Lebensjahr auf Rente zu gehen. Die Folgen können an Bild 7 und der Tabelle 5 abgelesen werden:

Angesichts der Tatsache, daß 1978 1/3 aller offenen Stellen (im Banken- und Versicherungsgewerbe sogar 2/3) mit einer Höchstaltersgrenze ausgeschrieben worden sind (FR vom 26.5.79), erscheint diese Lösung des Beschäftigungsproblems über ein Ableiten des Problemdrucks ins Altersruhegeld zwingend. Sie kommt auch den Interessen des Kapitals sehr entgegen, da sie auf diese Weise mit einem Minimum an innerbetrieblichen Konflikten (der Betriebsrat hat hier keinerlei Mitspracherecht, Sozialpläne sind nicht nötig) den Personalbestand ihren Plänen anpassen können (*Dohse*, u.a. 1978, 28 ff). Laut Schätzung der Autorengemeinschaft des IBA (1979, S. 30)

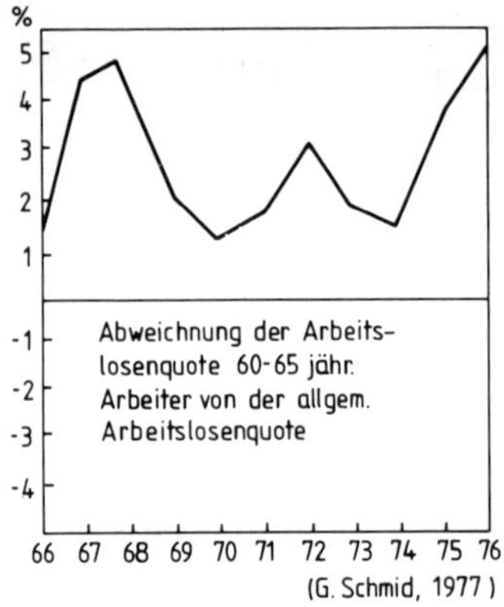

Bild 6

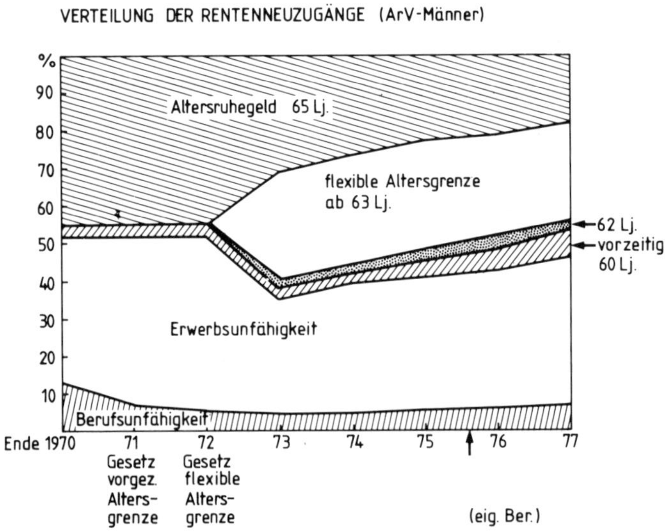

Bild 7

Tabelle 5: Prozentuale Verteilung der Rentenarten an den Neuzugängen an Versichertenrenten eines Jahres (Statistik der deutschen gesetzlichen Rentenversicherung, VdR) ArV – Männer

Jahr	BU	EU	vorzeitig 60. Lj	vorgezogenes AR 62. Lj	63. Lj	normal 65. Lj	Summe
1970	13,6	38,9	2,5	–	–	45,0	100
1971	8,3	45,1	1,9	–	–	44,7	100
1972	6,8	45,3	3,3	–	–	44,6	100
1973	5,1	30,7	3,7	0,8	29,5	30,2	100
1974	5,9	34,5	2,2	1,5	29,5	26,1	99,7
1975	6,2	36,0	3,7	2,4	29,7	21,9	99,9
1976	6,3	36,9	6,8	2,9	26,8	20,1	99,8
1977	6,5	41,1	6,1	3,2	25,0	17,9	99,8

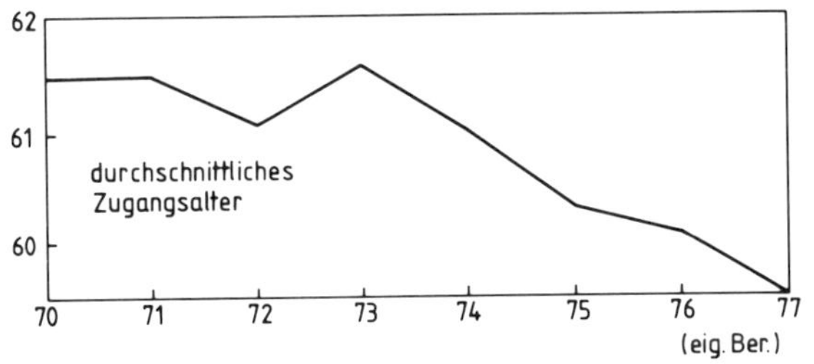

Bild 8

sind durch diese Maßnahmen in der Zeit von 1973–1979 843 000 Anbieter von Arbeitskraft vom Markt genommen worden, was für diese Zeit die Zahl der registrierten Arbeitslosen um 562 000 verringert haben dürfte.

Doch hat diese arbeitsmarktpolitische Maßnahme auch schwerwiegende Auswirkungen auf die Rentenversicherung selbst. In den Bildern 7 und 8 und in der Tabelle 6 kommt dies deutlich zum Ausdruck: von 1970 bis 1977 steigt der Anteil derjenigen Rentner, die vor dem 65. Lebensjahr auf Rente gehen, von 60,5 auf 79,5 % – gerade 20 % aller Versicherten in der Arbeiterrentenversicherung arbeiten noch bis zur normalen Altersgrenze. Gleichzeitig sinkt das durchschnittliche Zugangsalter von 61,6 auf 59,5 Jahre. Diese Entwicklung stellt für die Rentenversicherung eine zusätzliche finanzielle Belastung dar, die die Wirkung des ungünstigen Altersaufbaus in der Bundesrepublik noch verschärft.

Als in dieser Situation der konjunkturelle Einbruch von 1974 zu der ungünstigen Lage das hinzufügte, was zur Katastrophe noch gefehlt hatte, mußte die Rentenversicherung die sattsam bekannten Schritte unternehmen. Ich will auf diese in der Presse breit dargestellten Rentensanierungsmaßnahmen hier gar nicht eingehen, sondern analog zur Arbeitslosenversicherung die weniger spektakulären Einsparungsmaßnahmen der Bürokratie in ihren Wirkungen aufspüren:

Tabelle 6: Daten aus der Rentenversicherung der Arbeiter (Männer)

Jahr	Anzahl der neu festgesetzten Versicherten-renten (1)	Durchschn. Zugangs-alter (1)	% der Zugänge vor dem 65. Lj (1)	% der abgelehnten an den gestellten Rentenanträgen (2)	Rentenanträge der ArV in % der 60–65-jährigen Veränderung gegen Vorjahr (2)	% der durchschn. Netto-Monatsrenten (neu) am letzten durchschn. Brutto-Monatseinkommen (3)	
						63. Lj vorgez.	norm. Altersr. 65. Lj
1970	429 724	61,6	60,5	9,8	– 0,4	keine Angaben	
1971	425 722	61,6	60,9	10,0	– 1,6	keine Angaben	
1972	431 136	61,1	51,3	9,3	+ 2,0	keine Angaben	
1973	498 993	61,7	60,4	9,1	+ 18,2	63,5	46,8
1974	509 095	61,0	68,7	11,5	– 7,0	61,9	42,6
1975	454 653	60,6	73,9	11,6	+ 2,2	56,6	38,4
1976	430 393	60,1	76,9	12,9	+ 7,4	57,6	36,6
1977	381 263	59,5	79,2	14,5	+ 1,6	59,5	37,8

(1) Statistik der deutschen gesetzlichen Rentenversicherung, VdR
(2) eigene Berechnungen nach Zahlen des Statistischen Jahrbuches
(3) eigene Berechnungen nach Zahlen der Statistik der deutschen gesetzlichen Rentenversicherung, VdR.

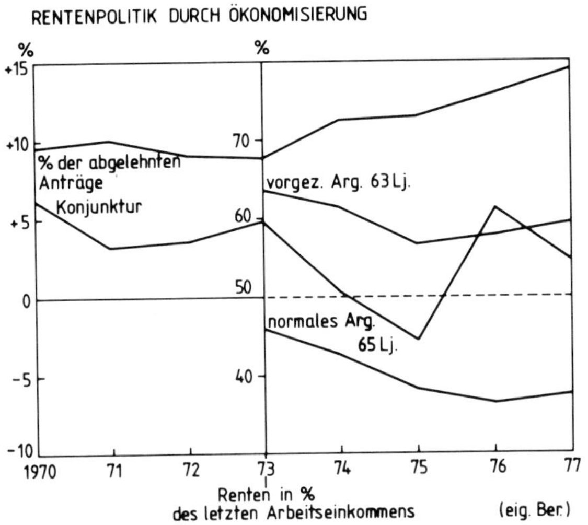

Bild 9a

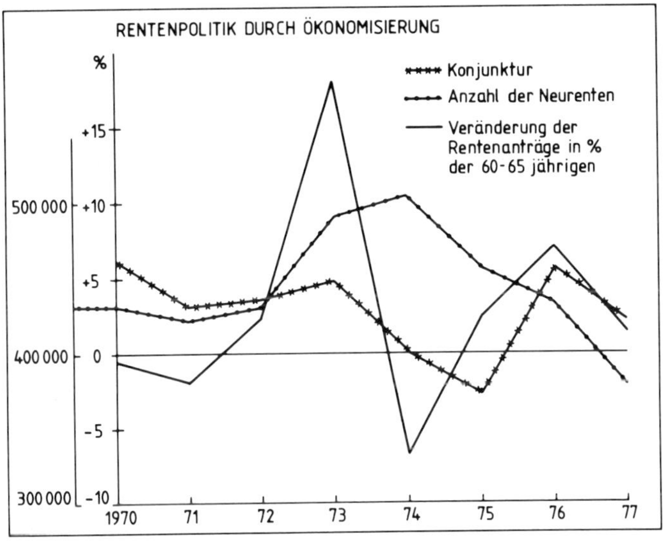

Bild 9b

Bild 9a und b zeigt zusammen mit Tabelle 6, wie mit dem Konjunktureinbruch auch in der Rentenversicherung der Prozentsatz der Ablehnungen von Anträgen deutlich ansteigt. Gleichzeitig sinkt der Prozentanteil der monatlichen Nettorente für Neuzugänge an ihrem vorangegangenen Bruttomonatseinkommen, wobei er bei der vorgezogenen Altersrente mit einem Minimum von 56,6 % wegen der langen Anwartschaften noch vertretbar ist, im Gegensatz zu den 37,8 % bei der normalen Altersrente. Diese beiden Faktoren können erklären, warum in Bild 9b die Zahl der gestellten Anträge bezogen auf die Anzahl der 60–65jährigen entgegen der verbreiteten Theorie in der

Sozialwissenschaft prozyklisch und nicht antizyklisch verläuft (der Sprung von 72 auf 73 ist auf die Einführung der flexiblen Altersgrenze zurückzuführen und erklärt auch die Abweichung von der konjunkturellen Entwicklung danach).
So sprechen die Kurven der Bilder 9a und b doch sehr dafür, daß in der Rentenversicherung ähnlich auf das reduzierte Wachstum reagiert wurde wie in der Arbeitslosenversicherung: Aus Kostengründen werden die bürokratischen Mechanismen so gehandhabt, daß möglichst viele potentielle Klienten möglichst lange außerhalb des Leistungsgefüges der Bürokratie gehalten werden. Die dabei freigesetzte Repression wirkt – so meine These – durch die Randabschreckung auf die Stabilisierung der Arbeitsdisziplin und überdeckt in Zeiten reduzierten Wachstums mehr und mehr die sichernde Funktion von Sozialpolitik. Es ist anzunehmen, daß diese disziplinierende Funktion mit dazu beiträgt, daß diejenigen, die in der Wirtschaftskrise objektiv am ehesten Grund zum Protest und zur Auflehnung hätten, subjektiv kaum je dazu finden.

3. *Zusammenfassung*

1. Die Systeme sozialer Sicherung sind um den Prozeß der Lohnarbeit herum als ihr Zentrum angeordnet, um Leistungs- und Einkommensausfälle zu kompensieren und gleichzeitig zu definieren, unter welchen Bedingungen Einkommen ohne Austausch gegen Verausgabung von Arbeitskraft bezogen werden kann (*Lenhardt, Offe*, 1977). Dies erfolgt aber in einer Form, die den Systemen die zusätzliche – möglicherweise nicht einmal bewußte – Funktion repressiver Stabilisierung normgerechten Arbeitsverhaltens gibt: die einzelnen Bereiche sind so aufgebaut, daß sich die Sanktionen schrittweise abgestuft verschärfen, je weiter sich eine Person vom Zentrum – der normal funktionierenden Lohnarbeit – entfernt (*marginal enforcement*).
2. Mit reduziertem Wachstum wird diese repressive Funktion dominant. Dies wird an der Rentenversicherung und an der Arbeitslosenversicherung gezeigt: Die Bürokratie reagiert auf die Finanzklemme sinkender Einnahmen und steigender Anforderungen, indem sie die unbestimmten Rechtsbegriffe und Antragskriterien schärfer handhabt, um so eine potentielle Klientel abzuschrecken (Steigerung der Sperrzeiten und Antragsablehnungen prallel zur Konjunktur- und Kostenentwicklung).

Literatur

Amtliche Nachrichten der Bundesanstalt für Arbeit (ANBA), 1978: Arbeitsstatistik 1977, Jahreszahlen, 26. JG., Sondernummer Juni 1978.

Autorengemeinschaft, 1979: „Der Arbeitsmarkt in der Bundesrepublik Deutschland 1979 (insgesamt und regional") in: Mitt AB, 1/79, S. 24–39.

Beiträge, 1979: Beiträge zum wissenschaftlichen Sozialismus „Arbeitslosigkeit und Armut in der BRD", in: Beiträge zum wissenschaftlichen Sozialismus, Heft Nr. 21, 1, 1979, S. 66–81.

Bieback, Karl-Jürgen, 1978: „Arbeitsmarktpolitik und Arbeitsvermittlung – Zur Funktion und Kritik der Instrumente staatlicher Arbeitsmarktpolitik nach dem AFG" in: Zeitschrift für Sozialreform – 24. Jg., H. 7, S. 385–423.

Böhle, Fritz und *Sauer, Dieter*, 1975: „Intensivierung der Arbeit und staatliche Sozialpolitik" in: Leviathan 1, S. 49–78.

DIW, 1978: „Früherer Rentenbeginn entlastet Arbeitsmarkt", in: Deutsches Institut für Wirtschaftsforschung, Wochenbericht 1/78, 49. Jg., S. 1–5.

Dohse, Knuth, 1978: „Die staatliche Regulierung der Ausländerbeschäftigung in der ökonomischen Krise", in: Veröffentlichungsreihe des Internationalen Instituts für Vergleichende Gesellschaftsforschung, Wissenschaftszentrum Berlin, PV/78–30, Berlin.

Dohse, Knuth und *Jürgens, Ulrich* und *Russig, Harald*, 1978: „Probleme einer Beschränkung gewerkschaftlicher Bestandsschutzpolitik auf die Absicherung älterer Arbeitnehmer – zum Verhältnis von Bestandsschutz und personalpolitischer Flexibilität", in: Veröffentlichungsreihe des Internationalen Instituts für Vergleichende Gesellschaftsforschung, Wissenschaftszentrum Berlin, PV/78–22, Berlin.

Egle, Franz und *Leipoldt, Rudolf*, 1977: „Mehrfacharbeitslosigkeit, Dauer der Arbeitslosigkeit und Wiedereingliederung von Arbeitslosen – Eine empirische Untersuchung aus einer Abgangsstichprobe", in: Mitteilungen aus der Arbeitsmarkt- und Berufsforschung, 10. Jg., H. 4, S. 463–468.

Ewers, Klaus und *Lenz, Peter*, 1977: „Die Ausländerbeschäftigung unter dem Druck von Wirtschaftskrise und ‚Konsolidierungspolitik'", in: Opfer des Arbeitsmarktes, Zur Theorie der strukturierten Arbeitslosigkeit, Hrsg. Claus Offe, Neuwied und Darmstadt, (Luchterhand).

Göckenjan, Gerd, 1979: „Bestimmungsfaktoren und Durchsetzungsebenen präventiver Sozialpolitik in der gesetzlichen Krankenversicherung", in: Veröffentlichungsreihe des Internationalen Instituts für Vergleichende Gesellschaftsforschung, Wissenschaftszentrum Berlin, IIVG/dp/79–201/Berlin.

Hofemann, Klaus, 1979: „Die Wirksamkeit der Arbeitsmarktpolitik für die Begrenzung des Beschäftigungsrisikos", in: Soziale Sicherheit, 28. Jg., H. 2, S. 40–45.

Karr, Werner, 1977: „Zur Altersstruktur der Arbeitslosen – Analyse ihrer längerfristigen Entwicklung", in: Mitteilungen aus der Arbeitsmarkt- und Berufsforschung, 10. Jg., H. 3, S. 349–362.

Karr, Werner und *Leipoldt, Rudolf*, 1979: „Unterschiede im Leistungsbezug zwischen den Arbeitsamtbezirken der Bundesrepublik Deutschland", in: Mitt AB, 1, S. 16–23.

Klanberg, Frank, 1979: „Materielle Armut in Perspektive", in: Umverteilung im Sozialstaat, Empirische Einkommensanalysen für die Bundesrepublik Deutschland, Hrsg.: H.-J. Krapp, W. Glatzer, Ffm/New York (Campus), S. 113–198.

Klanberg, Frank, 1978: „Armut und ökonomische Ungleichheit in der Bundesrepublik Deutschland" FrankfurtM/New York.

Klees, Bernd, 1978: „Einführung" zum Arbeitsförderungsgesetz – Stand: 1. Januar 1978, Darmstadt-Neuwied.

Kühlewind, Gerhard, 1977: „Neue Alternativrechnungen zur flexiblen Ruhestandsgrenze – Quantitative Auswirkungen auf das Arbeitskräfteangebot und Kostenüberlegungen", in: Mitt AB 1, S. 38–46.

Mertens, Dieter, 1979: „Argumente für eine integrations- und solidaritätsorientierte Arbeitspolitik", in: Längerfristige Perspektiven für den Arbeitsmarkt in der Bundesrepublik Deutschland, Bericht über den wissenschaftlichen Teil der 41. Mitgliederversammlung deutscher wirtschaftswissenschaftlicher Forschungsinstitute e. V. in Bonn am 11./12.5.78, Konjunkturpolitik Beiheft 25, S. 121–147.

Naschold, Frieder, 1978: „Entwicklung des Wohlfahrtsstaates, Politische Mobilisierung und die Rolle des Staatsapparates – eine konzeptionelle und empirische Überprüfung kontroverser Theorieprogramme", in: Veröffentlichungsreihe des Internationalen Instituts für Vergleichende Gesellschaftsforschung, Wissenschaftszentrum Berlin, Berlin.

Nerd, Gernot, 1977: „Verminderung des Arbeitskräfteangebots als Mittel zum Abbau der Arbeitslosigkeit", in: ifo-schnelldienst 26, S. 10–27.

Ricke, Jobst und *Karmaus, Wilfried* und *Höh, Ruth*, 1977: „Frühinvalidität – Arbeiterschicksal? Medizinalstatistische Ergebnisse über den Einfluß sozioökonomischer Faktoren auf Gesundheit und Krankheit am Beispiel der Frühinvalidität", in: Jahrbuch für kritische Medizin 2, Argument-Sonderbände AS 17, S. 148–161.

Rödel, Ulrich und *Guldimann, Tim*, 1978: „Sozialpolitik als soziale Kontrolle", in: Starnberger Studien 2, Guldimann et. al. Sozialpolitik als soziale Kontrolle, Frankfurt (edition suhrkamp) S. 11–56.

Rüth, Walter, 1976: „Ursachen vorzeitiger Berufs- und Erwerbsunfähigkeit;, Kommission für wirtschaftlichen und sozialen Wandel, 121, Göttingen (Schwartz + Co.).
Rodenstein, Marianne, 1978: „Arbeiterselbsthilfe, Arbeiterselbstverwaltung und staatliche Krankenversicherungspolitik in Deutschland", in: Starnberger Studien 2, Sozialpolitik als soziale Kontrolle, Guldimann et. al., Frankfurt (edition suhrkamp), S. 113–180.
Schmid, Günther, 1977: „Strukturelle Arbeitslosigkeit in der BRD. Beiträge zur Problemanalyse der Unterbeschäftigung und Überlegungen zu arbeitsmarktpolitischen Konsequenzen.", in: Veröffentlichungsreihe des Internationalen Instituts für Management und Verwaltung, Wissenschaftszentrum Berlin, IIM/77–6.
Steffen, Margret und *Niestrath, Friedrich-Herrmann* 1977: „Die Ausgliederung älterer Arbeitnehmer aus dem Arbeitsmarkt – Individuelles Versagen oder gesellschaftliche Notwendigkeit?", in: Opfer des Arbeitsmarktes – Zur Theorie der strukturierten Arbeitslosigkeit, Projektgruppe Arbeitsmarktpolitik, Claus Offe (Hrsg.), Darmstadt/Neuwied (Luchterhand), S. 93–120.
Tennstedt, Florian, 1972 Berufsunfähigkeit im Sozialrecht – Ein soziologischer Beitrag zur Entwicklung der Berufsunfähigkeitsrenten in Deutschland, Frankfurt (EVA).
Vietorisz, Thomas und *Harrison, Bennett*, 1978: „Der arbeitsmarktendogene Ursprung von Mobilitätsbarrieren", in: Der gespaltene Arbeitsmarkt – Probleme der Arbeitsmarktsegmentation, Hrsg. Werner Sengenberger, Frankfurt/New York (Campus), S. 99–115.
Wacker, Ali, 1979: „Arbeitslosigkeit und Arbeitslose als Gegenstand sozialer Kontrolle – Zum Verhältnis von Sozial- und Arbeitsmarktpolitik", Manuskript o. O., o. J., (vermutlich 1979 zum Soziologentag).

Reduziertes Wachstum als Chance für Steuerreformen?

Peter Grottian

0. Einleitung

Die Fragestellung, ob reduziertes Wachstum mehr Chancen für Steuerreformen i. S. von Steuerumverteilung, Steuervereinfachung und Steuertransparenz bietet, provoziert zunächst nichts, allenfalls ein wissenschaftlich wie politisches zynisches Gelächter. Die Antwort scheint angesichts der Zeitdekade 1969–1979 festzustehen. Sie lautet: Wenn es überhaupt eine gewisse Chance für Steuerreformen gegeben hat, dann unter den gesellschaftlichen Bedingungen der Jahre 1968–1971/72, aber seitdem sind diese Chancen rapide gesunken und es spricht wenig dafür, daß sie sich in absehbarer Zeit verbessern könnten. Das Referat verfolgt die Absicht, anhand einer empirischen Staatstätigkeitsanalyse zu belegen, daß entgegen diesen weit verbreiteten Annahmen, nicht die Konflikt- und Einklagungspotentiale 1968–1972 die Chancen oder die Realisierung von minimalen Steuerreformen bewirkt haben, sondern primär konjunktur- bzw. arbeitsmarktpolitische Verursachungszusammenhänge reduzierten Wachstums dafür verantwortlich zu machen sind. Daraus folgt die Arbeitshypothese, daß sich die Chancen für Steuerreformen seit 1973/74 und insbesondere im Vergleich zur sog. Reformperiode 1968–1972 tendenziell sogar eher leicht verbessert haben. Mit anderen Worten: Das politische Ringen um gerechtere Einkommens- und Verteilungsstrukturen – ob in Steuerreformkommissionen, SPD-Steuerparteitagen oder öffentlichen Kontroversen – bleibt relativ folgenlos, wenn nicht primär konjunktur- und arbeitsmarktpolitische Entwicklungen bzw. Begründungszusammenhänge minimale Steuerreformen durchsetzungsfähig machen. Ich will versuchen das anhand der einzelnen Thematisierungszyklen von Steuerreformen (1969–1972, 1973/74), und den minimalen Realisierungen zu belegen.
Mit einer solchen Arbeitshypothese zieht man die bisherigen sozialwissenschaftlichen Interpretations- und Erklärungsmuster zur „Politik der inneren Reformen" in Zweifel.

1. Sozialwissenschaftliche Diskussion zur „Politik der inneren Reformen"

In diesen – und hier können wir uns eine differenzierende Beurteilung der wichtigsten Erklärungsversuche getrost sparen (Naschold 1972; Mayntz/Scharpf 1973; Altvater 1972/73; Offe 1972, 1975; Ronge/Schmieg 1971/73; Ehmke 1969) – ist davon ausgegangen worden, daß der Staat aufgrund der veränderten ökonomischen und legitimatorischen Anforderungen sowohl was seine Struktur betrifft (Planung und Reorganisation), als auch im Hinblick auf konkrete Politikbereiche unter massive Reformzwänge geraten sei, die bis zum Zeitpunkt abwärtsgerichteter Konjunkturentwicklungen und steigender Arbeitslosenzahlen 1974 angedauert habe (M. G. Schmidt 1978). Haben wir – und ich schließe mich in diese Selbstkritik ausdrücklich ein – nicht gleichsam in einem „wissenschaftlichen Schaumbad" gebadet, umspült von der „Produktivkraft Partizipation" (Naschold 1972), von dem „sich steigernden Konfliktniveau" (Mayntz/Scharpf 1973), von der „politischen Krise" (Jänicke 1973) oder der Legitimationskrise des politischen Systems (Dittberner/Ebbighausen 1973)? Haben wir nicht einfach für bare Münze genommen, daß der Staat zumindest Versuche unternimmt und unternehmen muß, eine Politik der inneren Reformen einzuleiten, ohne konkret zu untersuchen, ob zumindest Versuche auch tatsächlich stattgefunden haben? Und haben wir nicht den legitimatorischen Druck überschätzt, der im Gefolge der Studentenrevolte tatsächlich vorhanden war, nicht in die Forderungen nach inneren Reformen ein Konflikt- und Einklagungspotential „hineingeheimst", das mitnichten der Realität von 1969/70 entsprochen hat?

Wenn man so fragt, wendet man sich aber implizite auch gegen jene – sich immer mehr verbreitenden – Überlegungen, daß es zu den „euphorisch-konflikthafen" Zeiten der Reformpolitik (1969/70) ernsthaft gelungen sei, in Ansätzen eine inhaltliche Abänderung der Systemstruktur zu erzwingen und daß erst der erpresserische Effekt von konjunkturellen Abwärtsbewegungen und Arbeitslosigkeit, verbunden mit einer ins Krisenkartell eingeschmolzenen Gewerkschaftsbewegung, innere Reformen haben strecken und still legen lassen (vgl. als Beispiele Offe 1975: 309 ff.; Ebbighausen 1976: 9 ff.; Grube/Richter 1977; Narr/Scheer/Spöri 1976). Wird auch hier nicht ein unzutreffendes Deutungsmuster aufgebaut, überfrachtet mit den eigenen Hoffnungen, daß es möglichst so gewesen sein müsse, um die „entlastende" Erklärung der ökonomischen Krise 1973/74 plausibel zu machen? Wenn man so fragt, ist nicht zuletzt damit die Wendung gegen die schon Mitte der 60-er Jahre verbreitete und jetzt wieder belebte „Überforderungsthese" des Staates verbunden (Hennis/Kielmansegg/ Matz 1977; Hennis 1977)?

Die ersten Zweifel an solchen politischen Rechtfertigungsmustern und in der sozialwissenschaftlichen Diskussion gängigen Hypothesen beginnen, wenn man gerade den Anfang der sozial-liberalen Regierung näher untersucht; ich kann das hier nur stichwortartig andeuten; sie ergibt eine „Latte der Ernüchterungen":

Die erste Ernüchterung stellt sich ein, wenn man sich nochmals die Regierungserklärung vom Oktober 1969 vor Augen führt: sie ist wenig konkret, bestenfalls interpretationsfähig, ein konkretes Reformprogramm enthält sie nur in Ansätzen.

Die zweite Ernüchterung stellt sich ein, wenn man die genannten Reformprojekte der Regierungserklärung vom 28.10.69 und ihre Fortschreibung in dem unveröffentlichten Reformschwerpunkt vom 15.1.71 mit den realisierten Reformen im Jahre 1972 (Wahlkampf) vergleicht. So ist zwar die Schlußfolgerung unausweichlich, daß „vieles auf den Weg gebracht" (Brandt), aber *keines* der größeren Reformprojekte (Bildung, Steuerreform, Vermögensbildung, Familienrecht, Umweltschutz, Strafvollzug, Mitbestimmung, Städtebauförderung etc.) auch nur in Ansätzen realisiert worden ist, Nicht zufällig wird der Wahlkampf des Jahres 1972 auf dem Gebiet der inneren

Reformpolitik mit der Formel geführt, die „angefangenen Reformen" auch zu vollenden". Untersucht man die Verlautbarungen der Regierungskoalition in den Monaten Oktober–Juni 1969/70 näher, so stellt sich entgegen den landläufigen Behauptungen heraus, daß bereits im Dezember/Januar 1969/70 (!) von Ehmke, Möller, Schiller, Brandt u. a. systematisches „Herunterkochen" der inneren Reformpolitik erfolgt ist, eine „Dämpfung der Erwartungen" (Brandt NZZ v. 14.12.69), eine Warnung vor „falschen Illusionen" (Möller 1969 a–e). Diese Strategie korrespondierte – davon wird noch später zu reden sein – mit internen Entscheidungsprozessen, nach denen evident war, daß die gesamten Programme bei sich abzeichnenden Steuerausfällen (Dezember 1969) ohne Steuererhöhungen oder Haushaltsumschichtungen nicht finanziert werden konnten. Brandt deutete schon nach zwei Monaten nach der Regierungserklärung an, „daß wir mit konventionellen Finanzierungsmethoden allein nicht durchkommen werden" (Brandt 1969c), aber Steuererhöhungen nicht in Frage kommen könnten (Brand 1969; vgl. FAZ v. 3.2.70). Bereits im März 1970 sprach der Bundeskanzler von konjunktur- und finanzbedingten „Phasenverschiebungen" Brandt 1970) der angekündtigten Reformpolitik und gab zu verstehen, daß er Haushaltungsumschichtungen für ein ungeeignetes Mittel halte, den Finanzierungsspielraum des Staates zu erhöhen (Brandt 1970). Nicht zufällig kann deshalb einer der sorgfältigsten Beobachter der damaligen Bonner Szene – Heribert Schatz – (Schatz 1973, 9 ff.) zur Mitte des Jahres 1970 von Versuchen zur Prioritätensetzung innerhalb des Reformprogramms berichten; und nicht zufällig beginnt die Debatte – zunächst intern und sehr vorsichtig – über „Reformen ohne Geld" (Brandt 1970h; Pöhl 1971).

Die Formulierung Brandts anläßlich eines Fernsehinterviews vom 8.6.70 „im übrigen ist es ja nicht so, als ob das Wort von den inneren Reformen vergessen worden sei" (Brandt 1970b), kennzeichnet vielleicht am treffendsten jene damals eingetretene Situation, nach der ein rein defensives Rechtfertigungsmuster mit ersten Ansätzen der Resignation einsetzte – bevor eine innere Reformpolitik überhaupt begonnen hatte (vgl. Fenner 1977).

Die dritte Ernüchterung stellt sich ein, wenn nach der ökonomisch funktionalen Notwendigkeit innerer Reformpolitik gefragt und untersucht wird, wie stark der Anforderungsdruck ökonomischer Erfordernisse gewesen ist (vgl. Ronge/Schmieg 1973: 266 ff). Die fast komplette Nicht-Realisierung innerer Reformpolitik bis 1972 – aber auch von Ausnahmen abgesehen später – spricht zunächst für die These, daß der stumme Zwang ökonomisch notwendiger Reformpolitik so groß, so nachhaltig und durchsetzungsfähig nicht gewesen sein kann.

Die vierte Ernüchterung stellt sich ein, wenn nach dem legitimatorischen Druck für bestimmte Reformbereiche gefragt und untersucht wird, wie stark das konflikthafte Einklagungspotential gewesen ist. Nimmt man auch hier nur die öffentlich geführten Debatten zum Maßstab, so drängt sich unwillkürlich der Eindruck auf, daß gerade in der von vielen Autoren hochstilisierten Reformphase 1969/70 die innere Reformpolitik im Vergleich zur Außen- und Deutschlandpolitik einen ungleich geringeren Raum einnimmt. Brandts Begründung, daß die Öffentlichkeitsarbeit seiner Regierung zu wünschen übrig lasse, dieses „aber einer noblen Gesinnung und einer Scheu vor zuviel Publizität" (Brandt 1970c) entspringe und im übrigen ja die innere Reformpolitik keineswegs in Vergessenheit geraten sei (Brandt 1970b), ist doch nur das Spiegelbild dessen, daß der legitimatorische Druck entgegen allen Behauptungen so stark nicht gewesen sein kann oder die reformorientierten Kräfte in der Bundesrepublik darauf vertrauten, daß die SPD/FDP-Koalition mit den Reformen ernstmachen würde. Vergeblich sucht man in den ersten sechs Monaten der Regierung Brandt/Scheel nach einer Finanzierungsdebatte der inneren Reformen, vergeblich sucht man nach konkreten Forderungen der Gewerkschaften, vergeblich bemüht man sich, in der Öffentlichkeit Spuren studentischen Protests zu finden und vergeblich blättert man in den Zeitungen, um „Pressekampagnen" für bestimmte Reformbereiche auszumachen. Die innenpolitischen Debatten zur Bildungspolitik, Finanzpolitik, Konjunkturpolitik und Steuerpolitik – sie lesen sich sehr „normal", keineswegs die reformfreudigen Bürger widerspiegelnd, die gewillt sind, auf die Barrikaden zu gehen, wenn Reformen nicht rasch realisiert werden.

Wenn diese Argumentation auch nur einigermaßen zutreffend ist, dann sind die oben zitierten Hypothesen der ökonomischen und relativ stabilen legitimatorischen Anforderungen gleichermaßen zweifelhaft. Unter dieser Erkenntnisperspektive wird dann auch der Blick für die verschüttete Fragestellung frei, wie das Rätsel erklärt werden kann, daß die SPD/FDP-Koalition ein Reformprogramm thematisiert und gleichzeitig erste Dethematisierungsprozesse ablaufen und später verstärkt werden – und gleichwohl keine nennenswerten Legitimationsdefizite erkennbar werden. *Entschlüsselt werden soll die Beobachtung, daß die fast komplette Nicht-Realisierung der „Politik inneren Reformen" praktisch legitimationsfolgenlos geblieben ist,* die Reformen waren also längst tot, bevor sie unter dem Druck der ökonomischen Krise abgetötet werden konnten.

Eine solche auf die verschiedenen Politikbereiche des Jahres 1969/70 projezierte Analyse hat für unsere Fragestellung, unter welchen gesellschaftlichen Bedingungen überhaupt minimale Chancen für Steuerreformen i. S. von Umverteilung, Transparenz und Steuervereinfachung bestehen, einschneidende Konsequenzen: denn wenn sich empirisch belegen ließen, daß die Steuerreform als geplantes „Jahrhunderwerk" schon 1970/71 erfolgreich von der Tagesordnung abgesetzt werden kann und gewissermaßen erst wieder i. S. einer konjunkturellen und arbeitsmarktpolitischen Funktionalität ab Ende 1973 reaktiviert wird, so würde das den empirischen Nachweis verstärken: nur in Phasen reduzierten Wachstums sind minimale Ansätze für Steuerreformen realisierbar.

2. Hypothesen und empirischer Befund zum Thematisierungszyklus 1969–1972

Als erstes Glied einer empirischen Belegkette wäre zunächst gegen eine ökonomische Funktionalitätsthese die Hypothese zu belegen:

a) daß die veränderten ökonomischen Strukturbedingungen *keine* wesentliche Korrektur des Steuersystems erzwangen, weil die Belastungsverschiebungen im Steuersystem die produktionstangierenden Steuer *entlasteten*, die durch zusätzliche politische Maßnahmen verstärkt wurden, so daß von daher gesehen weder unter objektiven noch in der Wahrnehmung der Akteure sichtbaren ökonomischen Anforderungen eine ökonomisch verursachte Thematisierung der Steuerreform angenommen werden kann.

Die These einer ökonomischen Verursachung für die Thematisierung der Steuerreform könnte sich zum einen relativ plausibel auf das Argument gründen, daß die steuerliche Belastung des Produktionsprozesses Mitte bis Ende der 60er Jahre in einem Ausmaß zugenommen hat, daß eine Steuerentlastung sowohl unter konjunkturellen, als auch internationalen Wettbewerbsgesichtspunkten, eine ökonomische Funktionalität für sich beanspruchen könnte. Sie könnte sich zweitens auf das Argument stützen, daß – unabhängig von den ökonomischen Strukturveränderungen des Produktionsprozesses – zumindest in der Perzeption der Akteure des Produktionsprozesses, den Unternehmern und ihren Verbänden, die Steuerbelastung als unerträglich erschienen ist und deshalb 1968/69 gezielte Versuche zunehmen, über eine Thematisierung der Steuerreform eine Steuerentlastung zumindest für bestimmte Steuern (Gewerbesteuer) zu erreichen. Die Thesen der ökonomischen Verursachung könnte sich schließlich noch auf das Argument berufen, die Steuerreform sei als ökonomischer Kompensationsmechanismus wegen eines vorhandenen Lohn-Lags der Arbeitnehmer ökonomisch unausweichlich. Diese hypothetischen Annahmen lassen sich wie folgt mit einiger Plausibilität widerlegen:

Das konjunkturelle Argument findet in der konjunkturellen Situation des Jahres 1969/70 keine Stütze, da die gesamte wirtschaftliche Lage sich seit dem Herbst 1969 in einer Hochkonjunkturphase mit einer boomartigen Nachfrageexpansion, einer primär nachfrageinduzierten Lohnwelle, einem beschleunigten Preisanstieg und einem sich fortsetzenden hohen Leistungsbilanzüberschuß befindet.

Ungleich schwieriger ist die These zu widerlegen, die internationale Wettbewerbsfähigkeit der deutschen Wirtschaft sei durch die auferlegten Steuerlasten nicht mehr gewährleistet und von daher gesehen eine Korrektur unabweislich.

Der Nachweis müßte nämlich über den Vergleich nomineller Steuertarife hinausgehen und die faktischen Steuerent- und Steuerbelastungen aufsummieren, um jene Vergleiche einigermaßen sinnvoll herzustellen. Entscheidend wären aber erst Einnahmen *und* Ausgabenvergleiche, die für die Bundesrepublik vermutlich nicht vor 1982 zu erwarten sind (vgl. Transferkommission). Solche Vergleichsstudien liegen bis jetzt nicht ausreichend vor (vgl. Ansätze bei Mennel 1973; Musgrave 1969; Hedtkamp 1977: 649 ff. mit weiterer Literatur). So gesehen muß sich der Nachweis auf empirische Hilfsargumente stützen:

- Die steuerliche Entlastung des Produktionsprozesses im Kontext der allgemeinen Steigerung des Steueraufkommens ist unabweisbar;
- Die empirischen Standortforschungen kommen ganz überwiegend zu dem Ergebnis, daß Steueranreize nur selten standortbestimmend sind (Brede 1971: 93 ff.; Wittmann 1975: 185; für die USA Bellstedt 1966: 295 u. BMF 1972).
- Auch die Studien zum Investitionsverhalten belegen, daß „steuerliche Anreize niemals ein ausreichender Grund für Erweiterungsinvestitionen sind" (Wittmann 1975; 185; Albach 1975; Honko 1967; vgl. auch die Erfahrungen mit der Investitionszulage 1975) und allenfalls Investitionsentscheidungen zeitlich vorverlegen können (vgl. weitere Beispiele für die jüngste Zeit Sörgel, 1976; 376 ff.).

– Schließlich kommen empirische Studien zur Wirkung der Begünstigung degressiver Abschreibungen zu dem Ergebnis, daß auch von dorther kein nachhaltiger Einfluß auf die Investitionsentscheidung zu erwarten steht (Wittmann 1975:151 f.).
– Das Argument der tendenziellen Entlastung des Produktionsprozesses erhält aber erst dann seine Aussagekraft, wenn danach gefragt wird, welche zusätzlichen Entlastungen seit 1969 – trotz des stürmischen Konjunkturaufschwungs – verfügt worden sind und eine massive steuerliche Entlastung zeitigten. Möller selbst hat den Steuerausfall über das Auslaufen der nicht mehr erhobenen Investitionssteuer bis 1973 mit 12,9 Mrd. DM beziffert (Möller 1970a).
  Praktisch in der Öffentlichkeit unbekannt geblieben ist der Umstand, daß die oben genannten Steuerausfälle sich nochmals um ca. 5,7 Mrd. DM allein für den vorhersehbaren Zeitraum 1969–1971 gesteigert haben (qualitative Interviews). Diese Steuerausfälle sind durch eine bis heute nicht an das Licht der Öffentlichkeit gekommene Veränderung des Einführungserlasses zum Umsatzsteuergesetz verursacht (§ 30 „Körperliches Wirtschaftsgut"), der weitere Bereiche der Investitionstätigkeit von der Steuer freistellt. Zusammenfassend und salopp formuliert: während im Bundeskanzleramt über die Finanzierbarkeit von einzelnen Reformen nachgedacht wird, konnte die Wirtschaft im Zeitraum 1969–1971 allein 16,9 Mrd. DM zusätzliche Steuerentlastungen verbuchen.
– Schließlich lassen sich bis 1969/70 – und insbesondere vor der Wahl 1969 – keine Befürchtungen der Unternehmer aufspüren, die eine steuerpolitische Zukunft nach einer „Machtübernahme" durch die SPD in düsteren Farben schildern. Der Grund dafür ist denkbar einfach und sehr banal: Die Wahlplattformen von SPD und FDP versprachen nichts, was die Unternehmer grundsätzlich hätten fürchten müssen und Möller wurde in den Wirtschaftsverbänden als Garant angesehen.

Zum zweiten – und das ist ungleich wichtiger – rechnete man sowohl im BDI als auch im DIHT und anderen Wirtschaftsverbänden nicht mit einem Wahlsieg der SPD, wähnte vor allem die FDP relativ sicher an der Seite der CDU/CSU. Das würde auch die offenkundig eingetrene Lähmung – vor allem des BDI – nach der Bildung der SPD/FDP-Koalition erklären, die in den ersten Monaten des Jahres 1970 praktisch unfähig war, in einer geeigneten Form auf die neue Regierung zu reagieren. Der dritte Grund einer sich in relativer steuerpolitischen Sicherheit wähnenden Wirtschaft bestand darin, in der von Finanzminister Strauß eingesetzten Steuerreform-Kommission einen Garanten der eigenen Interessen zu sehen, da ihre personelle Zusammensetzung keine unternehmerfeindlichen Schlußfolgerungen erwarten ließ. Im Gegenteil, kurz vor den Wahlen war dem BDI bekannt geworden, daß dieses Expertengremium sogar eine drastische Senkung (oder sogar Abschaffung!) der Gewerbesteuer anstrebte, ohne daß schon zum damaligen *Zeitpunkt* geklärt war, wie diese Steuerausfälle für die Kommunen kompensiert werden könnten (qualitative Interviews).

Damit wären wir bei der zweiten zu belegenden Hypothese:

b) Daß die legitimatorischen Anforderungen für eine Steuerreform *zunächst ausschließlich als Anhängsel eines Erwartungs- und Forderungskatalogs allgemeiner innerer Reformpolitik* vorhanden waren und deshalb die These eines legitimatorischen Drucks nicht mehr aufrechterhalten werden kann:

- Die These, die Steuerreform sei u. a. im Hinblick auf die Finanzierung der inneren Reformen thematisiert worden, läßt sich aufgrund des vorliegenden empirischen Materials relativ eindeutig widerlegen. Die qualitativen Interviews dazu führten zu dem Ergebnis, daß es entgegen aller Äußerungen von Möller, Brandt u. a. weder auf Parteiebene noch in den einzelnen Ressorts (insb. BMF) mehr als „Aus-dem-hohlen-Bauch"-Berechnungen gab, geschweige denn einen Zusammenhang zwischen eventuellen Finanzierungslücken und daher notwendigen Steuererhöhungen hergestellt worden ist (bis Dez. 1969). Möller konnte deshalb zur Finanzierung der Reformen in eimen Report-Interview nichts sagen (Möller 1969c). Das zeigt, wie die SPD/FDP-Koalition im wahrsten Sinne des Wortes in ihr Programm der inneren Reform „hineingetaumelt" ist (qualitative Interviews).
- Die Steuerreform ist weder im Wahlkampf noch im Zeitraum bis zur Regierungserklärung als ein Instrument zur gesellschaftspolitisch notwendigen Einkommens- und Vermögensverteilung von den späteren Regierungsparteien problematisiert worden. Die Wahlplattform der SPD spricht lapidar von einem „gerechten, einfachen und überschaubaren Steuersystem" und auch die FDP-Wahlplattform sagt nichts über eine wie auch immer formulierte Perspektive zu einer Einkommensverteilung aus. Auch der Zusammenhang von Lohn-Lag und Steuerreform blieb praktisch undiskutiert. Zwar hatte der Sachverständigenrat (SVR 1968, Tz. 287) ein Lohn-Lag von 2–21/2 v.H. für 1967/68 errechnet, aber das BMWI hatte in seinem Jahreswirtschaftsbericht (JWB 1969, Zif. 55) hier eher vorsichtig taktiert und auf die Problematik kurzfristiger Einkommensentwicklung verwiesen. Die Befunde aus den Interviews deuten ganz überwiegend darauf hin, daß die Steuerreform nur unter dem Gesichtspunkt kurzfristig zu befriedigender Steuererleichterungen gesehen und eine kurzfristig aufgebrochene Diskussion in den Koalitionsverhandlungen bis zur Abgabe des Gutachtens durch die eingesetzte Steuerreformkommission hinausgeschoben worden ist (Möller 1969b, 1969e, FAZ v. 20.10.69 qualitative Interviews).
- Es läßt sich zweifelsfrei belegen, daß weder starke Interessengruppen, die Medien und die Öffentlichkeit, noch die Gewerkschaften und die Wissenschaft, eine Steuerreform überhaupt thematisierten oder zumindest eine Politisierung in einer Weise versuchten, der als unmißverständlicher und auch unausweichlicher legitimatorischer Druck hätte von den Akteuren des Staates perzipiert werden müssen. Eine Durchsicht aller Fernseh- und Radiosendungen im Zeitraum Juli–Oktober 1969 ergab, daß diesem Thema nur in sechs Sendungen ein breiterer Raum bereitgestellt worden ist und auch die einschlägigen Zeitungen (FAZ, WELT, Spiegel, ZEIT, BILD, Wirtschaftswoche) diesem Thema nur wenig Platz einräumten. Signifikant erscheint mir, daß selbst die Spalten des „Handelsblatts" in den Monaten August–September 1969 kaum von der Sorge über „radikale" Steuerreformen getragen sind und die Besetzung des Finanzressorts mit Alex Möller sogar mit „großer Hoffnung" (Handelsblatt v. 31.10.69) aufgenommen und kommentiert wird. Auch der 8. Ordentliche Bundeskongreß des DGB in München belegt die These, daß selbst die Gewerkschaften – sieht man von einer kurzen Redepassage von Neemann zur Einkommensverteilung und von Vetter zur Vermögensbildung ab (DGB Nachrichtendienst 1969, 122 u. 152 ff.) – der Steuerreform kaum Beachtung schenkten.

Die Stellungnahmen in der Folgezeit beziehen sich deshalb fast ausschließlich auf die „Vermögensbildung in Arbeitnehmerhand" (DGB-Nachrichtendienste v. 6.6.69) und auf eine Erhöhung des Arbeitnehmer-Freibetrags (DGB-Nachrichtendienste v. 30.7.69), wobei ein Gesamtzusammenhang indessen nicht hergestellt wird. Am treffendsten kommt die Haltung in einem Statement Vetters auf einer Sitzung des Presseclubs Rhein-Main der Journalisten-Union zum Ausdruck, in dem er auf die Kritik an der fehlenden gewerkschaftlichen Position zur Vermögensbildung antwortete: „Die Vermögensverteilung ist ungerecht. Aber bei der allgemeinen Einstellung zu Eigentum und Vermögen in der Bundesrepublik würde es mir schon reichen, wenn das laufend sich neu bildende Vermögen etwas gerechter verteilt werden würde" (Vetter 1969a).

Damit wären wir bei der dritten zu belegenden Hypothese:

c) Daß die sich langsam ausbildenden legitimatorischen Anforderungen für eine Steuerreform nicht *stabil* waren, die Legitimation schon relativ problemlos auf der Ebene glaubhaft-alternativloser Problemlösungs*versuche* hergestellt werden kann und sich erwartete oder tatsächliche „Enttäuschungen" über nicht realisierte Reformziele entweder politisch kaum virtualisieren können oder über

– *symbolische Problemlösungsversuche* („formal statt inhaltlich")
– *steuerreformbezogene Themenkarussells* („Vermögensbildung" statt „Steuerreform", „Familienlastenausgleich" als neuen Kern der Steuerreform etc.)
– *externe Themenkarussells* („Weltwirtschaft")

relativ reibungslos und *ohne größeren Widerstand potentiell opponierender gesellschaftlicher Kräfte* (Gewerkschaften, Studenten, Öffentlichkeit, Wissenschaft etc.) auflösen lassen.

Die fehlende legitimatorische Anforderung sagt natürlich noch nichts darüber aus, inwiefern die Akteure der SPD/FDP-Koalition nunmehr selbst i. S. einer präventiven Legitimationspolitik die Steuerreform zu ihrem Thema machten. Zu untersuchen ist demnach, welche staatlichen Steuerungs*versuche* unternommen werden (vgl. Offe 1972; Grottian 1974; Grottian/Murswieck 1974),

– den Zusammenhang von innerer Reformpolitik und Steuer-/Haushaltspolitik und Konjunkturpolitik zu thematisieren, um die Finanzierbarkeit der geplanten Reformen sicherzustellen (fiskalische Steuerungsressoruce);
– die personellen, informatorischen, programmatischen und organisatorischen Bedingungen herzustellen, um Problemlösungsversuche einzuleiten und Strategien ihrer Durchsetzung vorzubereiten (Steuerungsressource politisch-administrative Rationalität);
– die Steuerbürger selbst für eine Steuerreform zu mobilisieren (legitimatorische Steuerungsressource) oder auf vorgetragene Anforderungen zu reagieren.

Für den Zusammenhang von Steuerreformpolitik und Konjunkturpolitik läßt sich zunächst eine bewußte politische Entkoppelung feststellen.

So läßt sich anhand der konjunkturbedingten Steuerpolitik des Jahres 1970 und insbesondere anhand des Konjunkturzuschlags der empirische Nachweis führen, daß Möller und mit ihm die SPD/FDP-Koalition alle Versuche unterbunden haben, über eine spezifische konjunkturelle Steuerpolitik die politischen Durchsetzungschancen für eine allgemeine Steuerreform systematisch zu verbessern. Während die allgemeine Steuerreformdiskussion nach wie vor bis zur Mitte des Jahres 1970 wenig klare Konturen aufweist, erzwang die konjunkturelle Situation seit Anfang 1970 Überlegungen anzustellen, inwiefern die steuerpolitischen Möglichkeiten des Stabilitäts- und Wachstumsgesetzes (§ 26) ausgeschöpft werden sollten. Auf diesem Hintergrund hat das BMWI und das BMF schon ab Anfang Januar in Besprechungen konjunkturpolitische Steuermaßnahmen erörtert und in Frage kommende Maßnahmen mehr oder minder schubladenmäßig fertiggestellt (Schlecht 1971).

Für unseren Diskussionszusammenhang ergibt sich nun die Frage, wie die politischen Spitzen im BMF und BMWI den auf der Hand liegenden Zusammenhang von konjunkturbedingtem Steuerzuschlag und die allgemeine Steuerreform handhaben. Dem liegt die These zugrunde, daß eine systematische Unterdrückung aller konjunkturumverteilenden Steuermaßnahmen zugunsten von niedrigen Einkommensbeziehern ein entscheidender Indikator dafür ist, in allgemeinen Steuerreformfragen auch auf Versuche zur Einkommen- und Vermögensumverteilung zu verzichten. Der empirische Beleg eignet sich aber nur dann für diese Aussage, wenn der Nachweis geführt werden kann, daß eine konjunkturell mögliche Einkommen- und Vermögensumverteilung in bescheidenen Maßen über einen Steuerzuschlag zur Entscheidungsdisposition gestanden und eine Ablehnung erfahren hat.

Die Entscheidungsalternativen ergaben nach den Ressortverhandlungen zwischen BMF und BMWI:

Ein Konjunkturzuschlag (mit Rückzahlbarkeit) ergab durch das Mehraufkommen bei einem Zuschlag von 10% auf die Dauer von 6 Monaten 1970:

Einbeziehung sämtlicher Steuerpflichtiger	= 3,0 Mrd. DM
Sozialgrenze bei 50 DM monatl. Lohnsteuer	= 2,8 Mrd. DM
Sozialgrenze bei 100 DM monatl. Lohnsteuer	= 2,4 Mrd. DM

Das oben genannte Aufkommen von 3 Mrd. DM ohne Sozialgrenze setzte sich zusammen aus:

Lohnsteuer	1,75 Mrd. DM
Einkommensteuer	0,80 Mrd. DM
Körperschaftsteuer	0,45 Mrd. DM

Bei den jeweils alternativ in Aussicht genommenen Möglichkeiten würden die Steuerpflichtigen je nach Höhe der Sozialgrenze bei folgenden Monatslöhnen erfaßt:

Grenze bei Monatssteuer von 50 DM;	
Ledige	550,– DM
Verheiratete ohne Kind	690,– DM
Verheiratete mit einem Kind	790,– DM
Verheiratete mit 2 Kindern	930,– DM

Grenze bei Monatssteuer von 100 DM:	
Ledige	812,– DM
Verheiratete ohne Kind	955,– DM
Verheiratete mit einem Kind	1055,– DM
Verheiratete mit 2 Kindern	1195,– DM

Von der Betroffenheit ergab sich folgendes Bild:		
Zahl der Arbeitnehmer insgesamt		24,4 Mio Arbeitnehmer
davon unter die Steuerpflicht fallend		19,8 Mio Arbeitnehmer
durch Zuschlag belastet bei Sozialgrenze 50 DM	ca.	10,0 Mio Arbeitnehmer
durch Zuschlag belastet bei Sozialgrenze 100 DM	ca.	6,7 Mio Arbeitnehmer

Der entscheidende Diskussionspunkt war von Anfang an der der sozialen Symmetrie. Sowohl im BMF als auch im BMWI rechneten die Steuerreferenten mit dem Vorwurf – vor allem von den Gewerkschaften – daß erneut der absolut größte Anteil des Mehraufkommens über die Lohnsteuer aufgebracht werde und dadurch die Arbeitnehmer unverhältnismäßig hoch belastet seien. Die Beamten des BMF und BMWI machten deshalb ihren Ministern den Vorschlag, sowohl die Investitionssteuer (4,1 Mrd. DM) als auch einen Konjunkturzuschlag mit einer Sozialgrenze bei 100 DM zu erheben. Bis heute unbekannt geblieben ist dabei, daß die Beamten sogar zu einer Staffelung der Rückzahlbarkeit (niedrige Einkommensbezieher) und Nicht-Rückzahlbarkeit (höhere Einkommensbezieher) mit konjunktur- und steuerumverteilenden Wirkungen rieten. In einer Unterredung der Beamten der Abteilung I mit Möller sahen die Beamten in einer solchen Regelung einen geeigneten Ansatzpunkt, *auch* in der Steuerreformdebatte den Boden für eine Diskussion zu bereiten, um die Reformvorstellungen der Koalition besser zu realisieren. Auch aus dem Bundeskanzleramt (Ehmke) und der SPD-Fraktion (Apel, Matthöfer) kamen gleichlautende Erwägungen zu Steuererhöhungen, zumal sich dort inzwischen die Einsicht verbreitet hatte, daß ohne Steuererhöhungen das Programm der inneren Reformen nicht finanzierbar sei.

Gerade diesen Zusammenhang lehnte Möller mit aller Entschiedenheit ab und beharrte auf der Steuerdiskussion, die frei von konjunkturpolitischen Erwägungen geführt werden müßte. Auch der Versuch, die Investitionsteuer „anzuhalten" – weder von Schiller noch von Müller in seiner „konjunkturpolitischen Vernünftigkeit" (qualitatives Interview) bestritten – erreichte nicht einmal mehr die Schwelle der Thematisierung in der Öffentlichkeit (vgl. als Ausnahme Stoltenberg 1970). Der Konjunkturzuschlag mit einer Rückzahlungspflicht und einer Sozialgrenze bei 100 DM wird gleichwohl beschlossen, ohne daß politisch und konjunkturell mögliche Alternativen noch ernsthaft in Erwägung gezogen wurden. Kurz vorher war die geplante Steuersenkung – Verdoppelung des Arbeitnehmerfreibetrages und Abbau der Ergänzungsabgabe – zurückgezogen und die degressive Abschreibung ausgesetzt worden. Kurz: der mögliche „Testfall" konjunkturbedingte Steuerpolitik (Konjunkturzuschlag) für mögliche Steuerumverteilungsvorstellungen im Rahmen der Steuerreform blieb bewußt ungeprüft.

Trotz einer eher defensiven Thematisierung der Steuerreform ist Möller seit Dezember 1970 in einer Serie von Interviews sichtbar bemüht, die Steuerreform neben der allgemeinen Konjunktur- und Finanzpolitik ins Zentrum seiner Außendarstellung zu rücken (Möller DFL v. 21.12.69; Der Volkswirt v. 5.13.69 u. a.). Dabei betonte er eher einzelne Probleme der Steuerreform (Erbschaftssteuer, Vermögenssteuer, Spekulationsgewinne u. a.), als den Gesamtzusammenhang zu problematisieren. Gleichzeitig wird im Gefolge der Diskussion über die inneren Reformen die Steuerrreform von den Medien selbst in den Zusammenhang „großer Reformerwartungen" (FAZ v. 26.11.69; FR v. 22.11.69; Report v. 10.11.69) gestellt und mit Etiketten, wie „Große Steuerreform" oder „Jahrhundertwerk" versehen. So geriet die Steuerreformdiskussion mehr und mehr in die ohnehin positiv besetzten anderen Reformprojekte (Bildung etc.) und konnte damit den Eindruck vermitteln, daß die SPD/FDP-Koalition an einer grundsätzlichen Thematisierung über die Regierungserklärung hinaus interessiert war. Der Problemlösungsversuch erhielt seine erste Reformlegitimation keine Rede also davon, daß ein legitimatorischer Druck einsetzte und die Koalition zu einer Präzisierung ihrer steuerpolitischen Reformziele gezwungen gewesen sei. Das positive Reformimage des "good will" genügte bereits.

Der empirische Beleg für unsere Hypothese des glaubwürdig-alternativlosen Problemlösungsversuchs des Staates – ohne erkennbare Legitimationsdefizite – laßt sich insbesondere an der Diskrepanz legitimationssichernder Außendarstellung, daß die Reform zielstrebig vorangetrieben werde, und dem inhaltlich gerade nicht oder jedoch nur in ganz bescheidenen Ansätzen verfolgbaren Problemlösungsversuchen zeigen.

1. Möller bildet eine größere Steuerreformgruppe im Bundesministerium für Finanzen;
2. Unterstützung der Arbeit der von Strauß eingesetzten Steuerreformkommission;
3. Erzeugung eines Images einer „Großen Steuerreform" in der „Ahnengalerie" Miquel und Erzberger.

Mitnichten läßt sich aber empirisch ein inhaltlich vorwärtsdrängender Arbeitsprozeß ausmachen. Trotz zahlloser Versuche der Ministerialbürokratie – der Steuerreformgruppe – dem Minister eine Konzeption vorzutragen oder abzuringen, trotz weiterer Vorstöße aus anderen Abteilungen, der SPD-Fraktion u. a. führen die qualitativen Interviews zu dem empirisch fast spektakulär zu nennenden Ergebnis, daß die *Steuer-*

reformgruppe erst mit der Sitzung vom 20.3.71 (!!!) Klarheit über die Linie des Ministers erhielt. Sie hat also praktisch 15 Monate isoliert ein eigenes Modell für eine Steuerreform entwickelt, ohne daß die politische Spitze an irgendwelchen Akzentsetzungen beteiligt war, genauer: sich beteiligt hat. Es entbehrt nicht der Ironie, daß die einzig bekanntgewordene „Durchbrechung" dieser praktisch toten Kommunikationsbeziehungen durch eine Anweisung erfolgt ist, an der Struktur der Kirchensteuer nichts zu verändern, nachdem Vertreter beider Kirchen im April und Mai 1970 bei Möller erfolgreich um ein Gespräch nachgesucht hatten (qualitative Interviews).

Will man diesen spektakulären empirischen Befund nicht personalistisch in der Person Möllers erklären, so müssen die Handlungen Möllers auf der Hintergrundfolie des Staates interpretiert werden, dessen Ausweis des Problemlösungsversuchs 1969/70 schon genügte, um die legitimationsstifende Konsenswirkung bei der Steuerreform zu erzeugen; jedenfalls zu verhindern, daß sich einklagsfähige Konfliktpotentiale bildeten, die den Staat zu einer Abänderung eines so vorgenommenen Lösungsversuchs zwingen konnte. Der empirische Befund und die nachfolgenden Indizien belegen, wie „erfolgreich" der Staat in der Person Möllers eine Steuerreform vorantrieb ohne sie faktisch tatsächlich voranzutreiben.

Erstens hat Möller zwar die interne Struktur des BMF durch die Bildung der Steuerreformgruppe auf die Steuerreform ausgerichtet und damit erweislich die personellen und organisatorischen Voraussetzungen einer Reformarbeit geschaffen, faktisch aber die Steuerreformgruppe ohne jedes politische Konzept sich selbst überlassen, obwohl die Steuerreformgruppe wiederholt auf Weisungen des Ministers drängte. Die Steuerreformgruppe hat daraufhin entsprechend des „allgemeinen SPD/FD–Reformprofils" die Steuerreform sehr umfangreich selbst vorbereitet. In diese Richtung weist auch das auf taktische Verzögerung ausgerichtete Verhalten Möllers gegenüber der Steuerreformkommission.

Zweitens erscheint empirisch abgesichert, daß die politische Spitze des BMF kaum Versuche unternommen hat, einen Vorklärungsprozeß innerhalb der SPD und FDP voranzutreiben. Im Arbeitskreis der SPD-Fraktion hat Möller im September 1970 sehr allgemein über die Steuerreform berichtet. Daran haben sich aber keine ausführlicheren Diskussionen angeschlossen. Auch der am 16.9.70 dem Finanzkabinett vorgelegte Zwischenbericht zur Steuerreform (Bundesregierung Zwischenbericht zur Steuerreform 1970) ließ keine klaren Konturen erkennen und forderte in der Öffentlichkeit nur Spekulationen heraus (FAZ v. 17.9.70; FR v. 17.9.70; Handelsblatt v. 18.9.70 u. a.). Auch die Vorsondierungen zur FDP waren sehr eingeschränkt.

Drittens belegen die Stellungnahmen Möllers – und aller sonstigen prominenten Politiker der SPD/FDP-Koalition –, daß von einer gezielten Mobilisierung der Steuerzahler oder der Öffentlichkeit für eine Steuerreform in der ganzen Amtszeit Möllers nicht gesprochen werden kann. Keine Rede also davon, die veränderten Strukturen des Steuersystems als Ansatzpunkt einer offensiven Kampagne für die Steuerreform zu machen; keine Rede davon, wie sich die Einkommens- und Vermögensentwicklung auch durch das Steuersystem zugunsten der schon gut Verdienenden verschoben hat; keine Rede davon, in welchem Ausmaß auch untere und mittlere Einkommensgruppen in die Steuerprogression geraten sind und in welchem Ausmaß gerade sie die zusätzlichen Steuereinnahmen fast automatisch und „lautlos" einbringen; keine Rede davon, welche Vergünstigungen im Steuersystem eingebaut sind und welche dieser Vergünstigungen zugunsten der unteren Einkommensbezieher auf den Steuertarif umgelegt werden könnten. Nein, die legitimationssichernde Strategie des BMF kann sich – fast ohne Widerstände und gezielte Einsprüche aus der eigenen Partei, den Gewerkschaften, anderen Verbänden und der Öffentlichkeit – damit begnügen, eine in Arbeit befindliche Steuerreform, die faktisch von den politisch Verantwortlichen kaum vorangetrieben wird, als konkreten Problemlösungsversuch auszuweisen.

Viertens war der Problemlösungsversuch des Staates – eine Steuerreform voranzutreiben ohne sie faktisch tatsächlich voranzutreiben – nur auf dem Hintergrund möglich, daß potentielle Widerstands- und Konfliktpotentiale über den engeren Rahmen der Bundesregierung, der Koalitonsfraktionen und von mittleren Parteiebenen hinaus, systematisch „ausgefallen" sind: entweder darauf vertrauend, daß die sozial-liberale Koalition zu einer großen Steuerreform nach wie vor bereit sei oder nicht Willens bzw. in der Lage, entsprechende Reformoptionen in einer Weise in die gesellschaftlichen Diskussionsprozesse einzubringen.

Bei den Gewerkschaften galt das „absolute Vertrauen" (qualitatives Interview) in die machtmäßigen Möglichkeiten der Koalition, speziell aber der SPD, das man vor allem in der DGB-Zentrale in Düsseldorf nach dem Besuch von Möller beim DGB zum Glaubenssatz erhoben hatte. So ist zu verstehen, daß Versuche des Steuerexperten des DGB, H. G. Wehner, eine offensive Rolle der Gewerkschaften im Diskussionsprozeß zur Steuerreform zu betonen, scheiterten. Der Vorstand des DGB befaßte sich nur „formal" (qualitatives Interview) mit Steuerfragen, im Vorstand selbst wurde die mangelnde eigene Kompetenz betont und nur ungern dazu irgendwelche Stellungnahmen abgegeben. Steuerfragen wurden im Vorstand des DGB „oft ungelesen" (qualitatives Interview) entschieden. Sie tauchten in den Reden der Gewerkschaftsführer nur in Nebensätzen auf (vgl. Kritik bei Henschl 1971, 1973), sieht man einmal von ganz essentiellen Arbeitnehmerinteressen, wie die Kilometer-Pauschale, Steuerfreiheit von Sonntags- und Feiertagsarbeit oder den Arbeitnehmerfreibetrag ab. Die DGB-Position war insofern die „wackere Position eines einzelnen Referenten" (qualitatives Interview).

Auch bei den Medien läßt sich eindeutig der Nachweis führen, daß die potentiellen Träger für eine Steuerreform weit unter ihrem Mobilisierungsspielraum verbleiben. Läßt man einmal die der Wirtschaft nahestehenden Blätter Industriekurier und Handelsblatt beiseite – die übrigens immer hervorragend informiert waren und trotz aller Interessenpolitik sehr sachverständige Artikel publizierten, so hatten die beiden eher konservativen überregionalen Tageszeitungen DIE WELT und FAZ in den beiden Journalisten Stevens und Kannengießer zwei hervorragende Sachkenner in ihren Spalten, die einer Reform zwar grundsätzlich nicht abgeneigt waren, aber ihre Skepsis gegenüber fast allen Umverteilungen sehr deutlich zum Ausdruck brachten. Diese beiden Journalisten hatten neben den Vertretern von Industriekurier und Handelsblatt, Bernhardt und Mundorf, einen so großen Informationsvorsprung vor allen anderen Medien, daß klar von "opinion leaders" gesprochen werden muß. Wer als „Sachkenner" die Diskussion über die Steuerreform verfolgen wollte, war rasch zunächst auf die Information der genannten vier Blätter angewiesen. Das erzeugte – gewollt oder ungewollt – die Optik für nur bescheidene Handlungsspielräume.

Eine solche Unausgewogenheit hätte vielleicht kompensiert werden können, wenn die eher dem „linken“ oder „liberalen“ Spektrum der Medien zuzurechnenden Zeitungen und Magazine (ZEIT, DER SPIEGEL, STERN, SZ, FR, Stuttgarter Zeitung, NRZ) eine „steuerreformeinklagende“ Rolle gespielt hätten. Steuerreform war von der Bildung einer eigenen Position betrachtet, für diese Blätter ein „Un-Thema“, was natürlich nicht ausschloß, daß sich diese Zeitungen mit der Steuerreform beschäftigt haben, ja zuweilen sogar Steuererhöhungen forderten, um die Politik der inneren Reformen einlösen zu können. Vergleichbares förderte die Auswertung der Fernseh- und Rundfunksendungen zutage.

Schließlich bleibt noch auf die politisch ausgesprochen defensive Rolle der Steuerrechtswissenschaft, Finanzwissenschaft, Volkswirtschaft und Sozialwissenschaften hinzuweisen.

Fünftens läßt der empirische Befund aus den Wirtschaftsverbänden (vor allem DIHT, BDI, Verband der Automobilindustrie, Verband der Chemischen Industrie) nicht die relativierenden Schlußfolgerungen zu, die sozial-liberale Koalition habe aufgrund des übermächtigen Drucks aus der Wirtschaft von Anfang an die Zügel der Steuerreform fest angezogen.

Dieser auch zuweilen von Abgeordneten der Koalition in den qualitativen Interviews vorgebrachte Einwand hält einer Nachprüfung insofern nicht stand, als vor allem aus den Protokollen der Arbeitskreise zur Steuerreform (BDI, DIHT) ganz zweifelsfrei eine defensiv argumentierende Position hervorgeht (vgl. BDI-Mitteilungen 4/69, 6/69; BDI-Jahresbericht 1968/69; 125 ff.). Man kann sogar zu Recht davon ausgehen, daß sich die großen Wirtschaftsverbände bis März/April 1970 in einer ausgesprochen desolaten Entscheidungssituation befanden, weil in der Spitze dieser Verbände keine Einigung darüber hergestellt werden konnte, wie „man denn jetzt mit den Sozialdemokraten – außer Schiller – umzugehen habe“ (qualitatives Interview).

Interessant ist nunmehr, daß die Beamten der Steuerreformgruppe (BMF) trotz der beschriebenen Konstellation eine Steuerreformkonzeption 1970/71 entwickeln und eine Diskussion mit der politischen Leitung erreichen.

Die nähere empirische Analyse dieser Konzeption kommt sowohl unter sozialwissenschaftlichen als auch unter allgemein-politischen Gesichtspunkten zu einem fast sensationell zu nennenden Ergebnis; sensationell ist das Ergebnis insofern, als die Annahmen zu einer konservativ eingestellten Ministerialbürokratie erneut und zumindest für den angegebenen Zeitraum widerlegt wird (vgl. Grottian 1974a, 164 f.). Die nachstehende Übersicht weist zunächst aus, daß die Steuerreformgruppe insgesamt eine finanzielle Umverteilungsmasse von ca. 23,9 Mrd. DM für die Variante I und von 43,7 Mrd. DM für die Variante II vorsieht, von denen – bei der Variante I – nicht weniger als *15,4 Mrd. DM(!)* und bei der Variante II – nicht weniger als *36,9 Mrd. DM(!) allein finanziellen Umschichtungsmaßnahmen dienen, die primär zur Entlastung von einkommensschwachen Schichten wirken oder sie in anderer Weise begünstigen.*

Nach der Sitzung mit der politischen Leitung in Karlsruhe (21.2.71) hat sich die ursprüngliche Konzeption völlig verändert.

Versucht man, aus diesen Beschlüssen nunmehr eine Gesamtbilanz zu ziehen, so zeigt sich schon bei der finanziellen Umverteilungsmasse insgesamt, in welchem Ausmaß die Vorstellungen der Steuerreformgruppe revidiert wurden. Hatte die Vorschlagsvariante I (schwächere Umverteilungswirkung) 23,9 Mrd. DM und die Vorschlagsvariante II (stärkere Umverteilungswirkung) 43,7 Mrd. DM umzuschichten versucht, so reduzierte sich diese Umverteilungsmasse jetzt auf 12,8 Mrd. DM. Addiert man die finanziellen Umschichtungsmaßnahmen, die primär zur Entlastung einkommensschwacher Schichten wirken, so entfielen auf solche Maßnahmen bei der Vorschlagsvariante I noch 15,4 Mrd. DM und bei der Vorschlagsvariante II noch 36,9 Mrd. DM, während sich diese jetzt auf 11 Mrd. DM reduziert hatten. Schließlich kommt hinzu, daß diese Umverteilungsmaßnahmen nach der Karlsruher Konzeption noch keineswegs finanziert waren, da der Finanzierungssaldo der Steuer- und Steuermindereinnahmen ein Minus von rd. 3,1 Mrd. DM aufwies.

In den weiteren internen Beratungen der Ressorts, der Wirtschaftsverbände u. a., ergibt sich eine relativ eindeutige Schwerpunktverlagerung. Zwar blieb die finanzielle Umverteilungsmasse relativ konstant (– 595 Mill. DM), jedoch nehmen die finanziellen Umverteilungsmaßnahmen, die primär den einkommensschwachen Schichten Entlastung bringen sollen, ganz entschieden ab. Als Saldo schrumpfte diese finanzielle Umverteilungsmasse von 15,4 bzw. 36,9 Mrd. DM (Vorschlagvariante I und II) über 11 Mrd. DM (Karlsruher Beschluß) um weitere ca. 2,1 Mrd. DM auf insgesamt 8,9 Mrd. DM zusammen. Das erklärt u. a., warum auch unter dem Gesichtspunkt des legitimatorischen Ausgleichs die Frage der Vermögensbildung ins Zentrum der Außendarstellung rückte; die Dethematisierung durch steuerreformbezogenes Themenkarussell wird zur weiteren staatlichen Steuerreform-Strategie.

Im Kabinettsbeschluß vom 11.6.71 reduzierte sich die finanzielle Umverteilungsmasse zugunsten der einkommensschwachen Schichten nochmals um ca. 3,1 Mrd. DM und betrug nur noch 5,8 Mrd. DM. Nimmt man hinzu, daß die Eckwertbeschlüsse nunmehr eine noch größere Finanzierungslücke (– 3,7 Mrd. DM) aufwiesen und berücksichtigt man, daß dieses eine Mehrwertsteuererhöhung von 11 auf 12 v. H. bedeutete (ohne jetzt den ermäßigten Steuersatz zu senken!), so wird deutlich, wie sehr diese Eckwertbeschlüsse entgegen allen Behauptungen in der Presse (Welt am Sonntag v. 13.6.71; FAZ v. 14.6.71; Welt v. 12.6.71) einen typischen Mittelstands-Bias aufwiesen und die Entlastung unterer Einkommensschichten immer mehr in den Hintergrund gedrängt worden ist.

Nicht zufällig konzentrierte sich deshalb die Diskussion im Kabinett zunächst auf die Vermögensbildungsabgabe. Schiller – die Vorschläge seines eigenen Hauses desavouierend – versuchte zunächst für ein aufzustockendes 624-Gesetz zu werben, stieß aber damit auch bei den FDP-Ministern auf wenig Gegenliebe. Eppler, Arendt und Brandt votierten für eine Vermögensbildungsabgabe – in welcher Form auch immer – in einer Höhe von ca. 4 Mrd. DM, während die FDP-Minister ein Entgegenkommen in dieser Frage von Zugeständnissen beim Sonderausgabenabzug, bei den Freibeträgen der Gewerbesteuer und der Anhebung der Einkommensgrenzen bei der Sparförderung abhängig machten. Der mühsam gefundene Kompromiß sah dann so aus, das BMI, BMWF und das BMA zu beauftragen, einen Gesetzentwurf zur Vermögensbildung in einer Aufkommenshöhe von etwa 4 Mrd. DM auszuarbeiten (qualitative Interviews).

Vorschlagsvarianten an den Minister Februar 1971 (nach qualitativen Interviews)

Variante I schwache Umverteilungswirkung	Variante II stärkere Umverteilungswirkung	Steuermindereinnahmen (–) bzw. Steuermehreinnahmen (+) in Millionen DM Variante I	Variante II
1. *Einkommenssteuer, Lohnsteuer:* – Anhebung des Grundfreibetrags auf 2.400 DM – Einführung eines durchgehend progressiven Tarifs für zu versteuernde Einkommen von 2.400/4.800 DM bis 125.000/250.000 DM, Anfangssteuersatz 16 %, Endsteuersatz 55 %, Mehrbelastung ab 40.000/80.000 DM; einheitlicher Spitzensteuersatz von 55 % oberhalb eines zu versteuernden Einkommens von 125.000/250.000 DM.	1. *Einkommenssteuer, Lohnsteuer:* – Anhebung des Grundfreibeitrags auf 3.000 DM – Einführung eines durchgehend progressiven Tarifs für zu versteuernde Einkommen von 3.000/6.000 DM bei Verkürzung der Progessionszone bis zu einem zu versteuernden Einkommen von 40.000/80.000 DM; Anfangssteuersatz 15 %, Mehrbelastung ab 30.000/60.000 DM, Spitzensteuersatz 55 %.	– 4.000	– 7.000
2. *Sonderausgabenabzug:* – Abzug von der Steuerschuld statt Abzug von der Steuerbemessungsgrundlage; 15 %iger Abzugssatz bei Grundbeträgen von 2.400/4.800 DM und Vorwegabzug für Versicherungsbeiträge von 1.200/2.400 DM.	2. *Sonderausgabenabzug:* – Streichung des Sonderausgabenabzugs	+ 2.200	+ 15.000
– Streichung des Abzugs von der Vermögenssteuer	– wie Variante I	+ 530	+ 530
– Einschränkung des Abzugs von Schuldzinsen	– wie Variante I	+ 150	+ 150
– Einschränkung des Spendenabzugs	– wie Variante I	+ 320	+ 320
3. *Familienlasenausgleich:* – Limitierung des Splittingeffekts bei der Ehegattenbesteuerung bei 48.000 DM	3. *Familienlastenausgleich:* – Limitierung des Splittingeffekts bei der Ehegattenbesteuerung bei 32.000 DM	+ 500	+ 1.000
– Einheitlicher Kinderfreibetrag von 1.800 DM mit einer Mindesteuerentlastungsgarantie von 60 DM monatlich.	– Einheitlicher Kinderfreibetrag von 1.800 DM bei einer Mindeststeuerentlastungsgarantie von 68,70 DM monatlich.	– 2.200	– 3.900
4. *Sparförderung:* Zusammenfassung zu einem einheitlichen Prämiengesetz, Einkommensgrenze 24.000/48.000 DM; begünstigtes Sparvolumen 900/1.800 DM.	4. *Sparförderung:* Wie Variante I, außer Einkommensgrenze bei 16.000/32.000 DM	– 1.200	– 2.000
5. *Absetzung für Einfamilienhäuser:* Einführung einer Einkommensgrenze von 24.000/48.000 DM für Zulagengewährung	5. *Absetzung für Einfamilienhäuser:* Streichung	0	+ 800
6. *Degressive Abnutzung bei Gebäuden:* Aufhebung	6. *Degressive Abnutzung bei Gebäuden:* Aufhebung	+ 260	+ 260
7. *Bewirtungskosten/Spesen:* Einschränkung (schwach)	7. *Bewirtungskosten/Spesen:* Einschränkung (stark(	+ 100	+ 200
8. *Steuerfreiheit bestimmter Zuschläge für Sonntags-, Feiertags- und Nachtarbeit:* Aufhebung	8. *Steuerfreiheit bestimmter Zuschläge für Sonntags-, Feiertags- und Nachtarbeit:* Aufhebung	+ 420	+ 420
9. *Außergewöhnliche Belastungen:* – Streichung der Abzugsmöglichkeit der Mehrkosten von Krankendiät	9. *Außergewöhnliche Belastungen:* – Streichung der Abzugsmöglichkeit der Mehrkosten von Krankendiät	+ 400	+ 400
– Streichung des Pauschbetrags für Körperbehinderte	– Streichung des Pauschbetrags für Körperbehinderte	+ 370	+ 370
10. *Kilometerpauschale:* Allgemeiner Entfernungspauschbetrag von 0,10 DM	10. *Kilometerpauschale:* wie Variante I	+ 800	+ 800

Variante I schwache Umverteilungswirkung	Variante II stärkere Umverteilungswirkung	Steuermindereinnahmen (–) bzw. Steuermehreinnahmen (+) in Millionen DM Variante I	 Variante II
11. *Arbeitnehmerfreibetrag:* auf 480 DM	11. *Arbeitnehmerfreibetrag:* auf 480 DM	– 1.000	– 1.000
12. *Körperschaftssteuerreform:* Beseitigung der Doppelbelastung	12. *Körperschaftssteuerreform:* Beseitigung der Doppelbelastung	– 400	– 400
13. *Vermögenssteuer:* – Ansatz mit den Einheitswerten 1964 mit dem Indikator 1,4	13. *Vermögenssteuer:* – Wie Variante I, aber Anhebung der Freibeträge auf 40.000 DM	+ 1.800	+ 1.800
– Anhebung der Freibeträge auf 50.000 DM		– 340	– 230
– Kapitalfreibetrag/Altersfreibetrag erhöht		– 110	0
– Gespaltener Steuersatz (1 %/0,8 %)	– Gespaltener Steuersatz (1 %/0,8 %) oder Staffeltarif	– 410	0
14. *Erbschaftssteuer:* Ansatz mit den Einheitswerten 1964 mit dem Vervielfältiger 1,4	14. *Erbschaftssteuer:* Ansatz mit den Einheitswerten 1964 mit dem Vervielfältiger 1,4	+ 80	+ 80
– Beseitigung der Begünstigung von Familienstiftungen	– Beseitigung der Begünstigung von Familienstiftungen	+ 600	+ 1.200
– Höhere Freibeträge bei maßvoller Erhöhung über 1 Mill. DM	– Höhere Freibeträge bei maßvoller Erhöhung über 1 Mill. DM	+ 650	+ 650
15. *Verkehrssteuern:* Aufhebung der Gesellschaftssteuer (290 Mill. DM), Börsenumsatzsteuer (84 Mill. DM), Wechselsteuer (260 Mill. DM)	15. *Verkehrssteuern:* wie Variante I	– 634	– 634
16. *Verbrauchssteuern:* – Abschaffung der Bagatellsteuern Zuckersteuer, Salzsteuer, Essigsäuresteuer, Zündwarensteuer, Leuchtmittelsteuer, Spielkartensteuer)	16. *Verbrauchssteuern:* – Abschaffung wie Variante I	– 292	– 292
– Anhebung der Mineralölsteuer für Dieselkraftstoff auf 35 Pfg/l und allg. Anhebung um 5 Pfg/l	– wie Variante I	+ 1.870	+ 1.870
– Übrige Erhöhungen Mineralölsteuer	– wie Variante I	+ 690	+ 690
– Erhöhung der Branntweinsteuer (Trinkbranntwein auf 1.500 DM/hl) und begleitende Maßnahmen	– wie Variante I	+ 1.000	+ 1.000
17. *Sonstige evtl. Ausgleichsmaßnahmen:* Einschränkung von Pensionsrückstellungen, Beschränkung des Abzugs von Zuwendungen an Unterstützungskassen, Beseitigung der Steuervergünstigungen für Sparkassen bei Gewerbe-/Vermögenssteuer, Erhöhung der zumutbaren Eigenbelastung.	17. *Sonstige evtl. Ausgleichsmaßnahmen:* Einschränkung von Pensionsrückstellungen, Beschränkung des Abzugs von Zuwendungen an Unterstützungskassen, Beseitigung der Steuervergünstigungen für Sparkassen bei Gewerbe-/Vermögenssteuer, Erhöhung der zumutbaren Eigenbelastung	+ 600	+ 600
Finanzielle Umverteilungsmasse insgesamt:		23.926	33.696
Finanzielle Umverteilungsmaßnahmen, die primär zur Entlastung einkommensschwacher Schichten wirken (Addition der Maßnahmen 1, 2, 3, 4, 5, 6, 9 (Pauschbetrag), 10, 11, 13, 14, ohne die eindeutig die einkommensschwachen Schichten belastenden Verschiebungen der Maßnahme 8):		15.420	36.880
Saldo aus Steuermehr- und Steuermindereinnahmen:		+ 2.754	+ 12.784

Obwohl dieser Beschluß des Kabinetts nicht mehr als eine Absichtserklärung war, ohne auch nur in Ansätzen die Modalitäten einer solchen Vermögensbildungsabgabe festzulegen, avancierte dieser in der steuerreformerischen Selbstdarstellung der SPD nunmehr an die vorderste Stelle (Brandt 1971a; Hermsdorf 1971) und setzte damit ein steuerreformbezogenes Themenkarussell in Gang. Gefragt war demnach also nicht mehr die Steuerreform insgesamt, sondern deren mangelnde Vorzeigbarkeit wurde mit der Vermögensbildungsinitiative zu überspielen versucht und relativ problemlos ersetzt. Gleichzeitig erreichte die FDP weitere Zugeständnisse über 7,2–7,7 Mrd. DM – das bedeutete koalitionspolitisch schon im Sommer 1971 das Scheitern der Steuerreform, weil die Deckungsmasse nicht mehr verfügbar war.

Nur so ist zu erklären, daß die SPD-Politiker – vor allem Porzner – die Diskussion sehr stark auf den Familienlastenausgleich bzw. eine Staffelungsregelung des Kindesgeldes lenkten. Der Hintergrund eines solchen Interesses bestehend darin, daß Porzner und Lenders nach dem Scheitern der Vermögensbildung intern überlegten, in welcher Richtung diese Steuerreform überhaupt noch vor den klassischen SPD-Wählern und der Öffentlichkeit legitimierbar sei. Damit wurde eine neue Phase des „Problemlösungsversuchs durch steuerreformbezogenes Themenkarussell" eingeleitet, um eine mögliche legitimationsentziehende Thematisierung zu verhindern. Die SPD-Abgeordneten meinten, mit dem Familienlastenausgleich als „Kern der gesamten Steuerreform" den „sozialdemokratischen Touch der Reform" (qualitatives Interview) unter Umständen noch zu retten.

In gleicher Weise wurden zeitlich versetzt die Subventionsstreichungen als Hilfsaggregat einer bereits gescheiterten Steuerreform mobilisiert.

Zu diesem Zeitpunkt ließ Schiller die Arbeiten an der Steuerreform nur noch dilatorisch fortführen und bezeugte dadurch sein ausgesprochenes Desinteresse, daß er der Zukunft der Steuerreform kaum noch Chancen einräumte. Die Steuerreform war – so läßt sich insgesamt aus den qualitativen Interviews zusammenfassen – bereits in der Regierungskoalition – aus jeweils unterschiedlichen strategischen Überlegungen – von der Tagesordnung abgesetzt, bevor der SPD-Steuerparteitag überhaupt begonnen hatte. Der SPD-Parteitag war – und deshalb brauchen wir in diesem Zusammenhang darauf nicht näher einzugehen – nur ein „Schaumbad der Linken" (qualitatives Interview), nur die „Beruhigung des schlechten sozial-demokratischen Gewissens" (qualitatives Interview), aber selbst kein mobilisierender und noch verändernder Machtfaktor innerhalb des Steuerreformprozesses. Nichts macht die tatsächlich vorhandene Konstallation so deutlich, wie der Gegensatz der Reden auf dem Parteitag (Eppler, Schuman, Voigt, Wertz, Brandt u. a.) im Verhältnis zur Gegenwehr zu einer nach dem Parteitag einsetzenden Diffamierungskampagne zu den SPD-Beschlüssen (vgl. Presseberichte v. 19.11.–10.12.71). Vergeblich sucht man – von Erhard Eppler abgesehen –, nach Äußerungen von denjenigen, die auf dem Parteitag sich am nachhaltigsten für weitgehende Steuerreformbeschlüsse eingesetzt hatten. Vergeblich sucht man nach richtigstellenden, beharrenden, den publizistischen oder verbandlichen Angriff korrigierenden Stellungnahmen aus den Ebenen der SPD. Vergeblich sucht man Stellungnahmen einer einklagenden links-liberalen Öffentlichkeit und der Gewerkschaften. Vergeblich sucht man nach den Vertretern der Koalitionsparteien, die sich überhaupt noch auf politische Auseinandersetzungen mit Vertretern der CDU/CSU-Opposition einlassen.

Die dritte staatliche Variante für eine Problemlösungsstrategie schließlich war die Dethematisierung durch externes Themenkarussell. Im Zusammenhang mit der heraufziehenden Weltwährungskrise läßt sich schließlich belegen, wie eine Steuerreformdiskussion mittels entlastender externer Themenbereiche ohne größere Widerstände von der Tagesordnung abgesetzt werden kann.

3. Hypothesen und empirischer Befund zum Thematisierungszyklus 1973/74

Damit wären wir bei der für die Themenstellung entscheidenden vierten Hypothese: daß dieser reformpolitische Zusammenhang nur durch konjunktur-/arbeitsmarktpolitische Verursachungs- und Begründungszusammenhänge durchbrochen werden kann, wenn empirisch nachweisbar die *größten* – wenn auch marginalen – *steuerlichen Umverteilungseffekte ohne jede Umverteilungslegitimation* (1973) und weniger ergiebige in einer Kombinatorik von konjunktur-/arbeitsmarktpolitischen und steuerumverteilenden Legitimationsstrategien (1974) erzielt worden sind;
daß daraus auf ein *legitimatorisches Steuerumteilungs-Paradoxon* geschlossen werden kann, das besagt, daß die größte – wenn auch marginale – Steuerumverteilung dadurch politisierungsfähig werden kann, indem *die Steuerumverteilung selbst gerade nicht zum Gegenstand des Politisierungsprozesses gemacht wird.* Das läßt sich einerseits an den sog. stabilitätspolitischen Programmen vom 17.2. und 9.5.73 belegen. Hier lassen sich ca. 21,9 Mrd. DM nachweisen, die zumindest zu einer „stillen" Umverteilung gewirkt haben, da sie zunächst den Produktionsprozeß und die hohen Einkommensbezieher belastet haben. Mit einem Schlag wurden hier Maßnahmen realisiert, von denen der SPD-Steuerparteitag nur träumen konnte.
Der nach der Jahreswende 1972/73 zunächst noch zögernd verfolgte stabilitätspolitische Kurs der Deutschen Bundesbank und der Bundesregierung (SVR 1973/74, Tz. 104; Finanzbericht 1974, 9 ff.) löst bald eine Diskussion in der Regierung, der Bundesbank und der Öffentlichkeit nach zusätzlichen kontraktiven Maßnahmen auf die private Nachfrage aus, auch nicht zuletzt, um die in allen pessimistischen Voraussagen übertroffene Teuerungsrate (6,5 % im ersten Halbjahr 1973) in geeigneter Form einzudämmen, bzw. drohende Haushaltsdefizite aufzufangen.
Anfang Jannuar entstand deshalb etwa gleichzeitig in der Umgebung Bundesfinanzministers Schmidt und der Grundsatzabteilung des BMWI die Vorstellung, ein stabilitätspolitisches Programm finanzpolitischer Sofortmaßnahmen zu entwickeln. Dabei war die Erhöhung der Mineralölsteuer ab 1.7.73 in den Vorbereitungsgesprächen relativ unstrittig und auch die Kürzung der Investitionszulagen von 10 v. H. auf 7,5 v. H. erschien als konjunkturpolitisch wirksames Mittel. Erhebliche Auseinandersetzungen hat es aber über den Vorschlag Schmidts und des BMWI-Steuerreferates gegeben, eine Stabilitätsabgabe von 10 v. H. der Körperschaftssteuerschuld sowie der Einkommenssteuerschuld für den Zeitraum eines Jahres einzuführen. Während die BMWI-Beamten vor allem unter konjunkturpolitischen Optionen eine Stabilitätsabgabe weit unter einer Einkommensgrenze von 100.000/200.000 DM (Einkommensteuerschuld) befürworten, um die Abschöpfungswirkung zu verstärken, sah Friderichs zunächst keine Möglich-

keit, angesichts der zuvor gemachten Wahlversprechen seiner Partei und der politischen Konstellation in seiner Fraktion, einer solchen Maßnahme zuzustimmen. Die BMWI-Beamten rechneten dabei vor, daß sich eine erhebliche Abschöpfungswirkung erst bei einer Grenze von 40.000/80.000 DM einstellen könnte:

Einkommensgrenze	Anzahl der belasteten Steuerzahler:	Aufkommen
16.000/ 32.000 DM	2,5 Mill.	5,2 Mrd. DM
40.000/ 80.000 DM	0,45 Mill.	3,4 Mrd. DM
75.000/150.000 DM	0,17 Mill.	2,7 Mrd. DM
100.000/200.000 DM	0,15 Mill.	2,4 Mrd. DM

Die Beamten des BMF hielten – nach Rücksprache mit einzelnen Abgeordneten aus der SPD-Fraktion – eine solche „Absenkung der Stabilitätsabgabe" (qualitatives Interview) für weder konjunkturpolitisch notwendig noch sozialpolitisch vertretbar. Aus dem BMF wurde dazu auch das Argument vor allem von der Steuerreformgruppe vorgetragen, daß eine solche Stabilitätsabgabe die Grundfesten der Steuerreform erschüttere, da durch sie schon einzelne Maßnahmen konjunkturpolitisch vorweggenommen würden und damit die Spitzensatz-Steuerdiskussion zu den Akten gelegt werden könnte. Ungleich wichtiger aber sei noch das Argument der „Diskreditierung der Steuerreform", die ausdrücklich aufkommensneutral konzipiert worden war. Schmidt soll in einer dieser Besprechungen das Argument der „vorgezogenen Steuerreform" selbst verwendet haben, obwohl er sonst nur stabilitätspolitische Begründungen für das geplante Maßnahmepaket gebrauchte. Schmidt selbst votierte deshalb zunächst für eine Stabilitätsabgabe von 10 v. H. bei einer Einkommensgrenze von 100.000/200.000 DM Jahreseinkommen, wobei er das schon als „ausdrückliche Schonung des FDP-Wählerstamms deklarierte" (qualitatives Interview). Die BMWI-Beamten gingen sogar noch über ihre ursprünglichen Vorschläge hinaus und unterbreiteten noch die Variante, die Erhöhung des Abgabesatzes von 15 v. H. für die Jahreseinkommen von 75.000/150.000 DM und darüber vorzusehen und/oder die Absenkung der Einkommensgrenze im Bereich der Masseneinkommen zurückzahlbar zu gestalten (24.000/48.000 DM und darunter). Die Vorbereitungsrunde des BMF und BMWI verwarf aber solche Vorstellungen als „politisch kaum tolerabel" (qualitative Interviews).

Auch wenn wir jetzt einmal dahingestellt sein lassen wollen, wie der beschriebene Entscheidungsprozeß kurz vor der Bekanntgabe der Sofortmaßnahmen ausgesehen hat, so ist für den inhaltlichen Zusammenhang der hier entwickelten Fragestellung der Umstand entscheidend, daß unter konjunkturpolitischen Gesichtspunkten, auch wenn sie angreifbar, wenig beweisbar und erst recht nicht in ihren Auswirkungen abschätzbar sind, fast absolute steuerreformerische Tabubereiche relativ problemlos zur Disposition gestellt werden konnten. Das wird noch einsichtiger, wenn man jetzt die beiden stabilitätspolitischen Programme vom 17.2. und 9.5.73 in ihren abschöpfenden und steuerumverteilenden Wirkungen erfaßt:

Stabilitätspolitische Maßnahmen der Bundesregierung v. 17.2.73 u. 9.5.73[1]

Geplante Maßnahmen	Dauer der Maßnahme	Aufkommen in Mrd. DM bis 31.12.74
1. Stabilitätsabgabe von 10 v. H. der Körperschaftsteuerschuld bei Steuerpflichtigen mit einem Jahreseinkommen von mehr als 100.000/200.000 DM (ledig/verheiratet) (17.2.73)	1.7.73–30. 6.74	2,4
2. Absenkung der Stabilitätsabgabe auf 24.000/48.000 DM (9.5.73)	1.7.73–30. 6.74	4,3
3. Erhöhung der Mineralsteuer um 5 Pf. je Liter (17.2.73)	unbegrenzt	2,7
4. Kürzung der Investitionszulagen von 10 v. H. auf 7,5 v. H.	unbegrenzt	0,8
5. Aufhebung der degressiven Abschreibung bei Gebäuden (9.5.1973)	unbegrenzt	0,4
6. Einführung einer Investitionssteuer von 11 v. H. (9.5.73)	höchstens 2 Jahre	12,0
7. Aussetzung der degressiven Abschreibung für neue Ausrüstungsinvestitionen (9.5.73)	1.7.73–30. 4.74	0,8
8. Aussetzung der erhöhten Abschreibung gemäß § 7b EStG für neu beantragte Wohnbauten (9.5.73)	1.7.73–30. 4.74	1,2
Summe der geplanten Maßnahmen	1.7.73–31.12.74	24,6

1 Nach Zahlen des Finanzberichts 1974/1975, dem JWG 1974 und Unterlagen des BMF zusammengestellt und berechnet.

Stellt man bei dieser Übersicht nur auf die *eindeutige* Belastung des Produktionsprozesses und die hohen Einkommensbezieher belastenden Steuern ab (Maßnahmen 1, 4, 5, 6, 7, 8), so ergibt sich eine neue steuerliche Belastungssumme von 17,6 Mrd. DM (1,7,73–31.12.74), die aus konjunkturpolitischen Sachzwängen i. S. einer „stillen“

Umverteilung zumindest zugunsten staatlicher Haushaltseinnahmen gewirkt haben, dessen Ausmaß bisher weitgehend verkannt worden ist. Addiert man die Absenkung der Stabilitätsabgabe i. S. der wirklich niedrigen Einkommensbezieher hinzu, so erhöht sich der Betrag auf 21,9 Mrd. DM.

Diese Argumentation bedarf natürlich insofern der Relativierung, als ein Teil der beschlossenen Maßnahmen durch die durch die Ölkrise radikal veränderte wirtschaftliche Situation wieder aufgehoben wurden (Finanzbericht 1975, 9 ff.). Die Investitionssteuer wurde beseitigt und die degressive Abschreibung für bewegliche Wirtschaftsgüter des Anlagevermögens wieder zugelassen. So gesehen, sind die nicht eingetretenen Abschöpfungen in der oben entwickelten Zusammenstellung abzuziehen (Investitionsteuer ca. 8 Mrd. DM; degressive Abschreibung ca. 0,2 Mrd. DM), die damit eine Summe von 9,4 Mrd. DM bzw. 12,7 Mrd. DM (incl. Absenkung der Stabilitätsabgabe) erreichen. Gleichwohl bleibt das Ergebnis festzuhalten, daß der konjunkturpolitische steuerliche Umverteilungseffekt ungleich größer war, als die später relativ umverteilungsmäßig breit streuende Steuerreform von 1975, die zwar 14 Mrd. DM ausweist, aber bei der kaum Entzugseffekte für die Wirtschaft und den hohen Einkommensbeziehern auszumachen sind.

Festzuhalten bleibt auch, daß die stabilitätspolitische Argumentation der Bundesregierung gerade weil sie die damit eingeschlososenen Umverteilungswirkungen von sich aus nicht thematisierte, die Opposition und die Öffentlichkeit zunächst zu einer stabilitätspolitischen Debatte zwang. Zwar formulierten die größeren Wirtschaftverbände fast alle ihre Zweifel an den stabilitätspolitischen Wirkungen der geplanten Maßnahmen (FAZ v. 20.2.73; Handelsblatt v. 19.2.73), unterstützt durch die CDU-Fraktion und die von der CDU regierten Länder (SZ v. 21.2.73; BILD v. 19.5.73), kritisierten die vermutlich preistreibende Wirkung der Mineralölsteuer (Stoltenberg), bezweifelten die „Investitionshemmung", durch die vorgesehene Investitionsteuer, aber stellten interessanterweise – von einigen unwichtigen Randbemerkungen in einer Bundesratsdebatte abgesehen – keine Analogien zu Beschlüssen des SPD-Parteitages oder zu SPD-Vorstellungen von Spitzensteuersätzen her. Auch in der Öffentlichkeit und in der Berichterstattung der Medien wurde ganz überwiegend eine stabilitätsorientierte Debatte geführt – sieht man von einzelnen Artikeln in der FAZ (20.2.73) und dem Handelsblatt (12.5.73) ab, die glaubten eher eine Umverteilungsstrategie als eine zielgerechte Konjunkturpolitik ausmachen zu können. Entscheidend aber bleibt: Der empirische Nachweis ist offenkundig, daß eine konjunktur- oder arbeitsmarktpolitisch legitimierbare Steuerpolitik selbst dann nicht dethematisiert werden kann, wenn ihre stabilitätspolitischen Wirkungen äußerst umstritten, aber der steuerumverteilende Effekt bei weitem jene Größenordnung übersteigt, die angesicht einer primären Umverteilungsdiskussion als systemsprengend anläßlich des SPD-Steuerparteitags bezeichnet worden ist. Keine Frage, die stabilitätspolitisch motivierten Maßnahmen der Bundesregierung vom 17.2. und 9.5.73 sind „radikal", verglichen mit jenen Forderungen des SPD-Steuerparteitags, die Einkommen- und Körperschaftsteuer auf 60 % anzuheben! Sie entsprechen überschlägigen Berechnungen des BMF zufolge, einem Steuersatz von 63,5 % (qualitative Interviews).

Schließlich läßt sich abschließend der hier entwickelte Zusammenhang an der Realisierung der Steuerreform zum 1.1.75 empirisch belegen.
Den qualitativen Interviews zufolge deutet alles darauf hin, daß auch Bundesfinanzminister Schmidt bis zur Mitte des Jahres 1973 keine Versuche unternommen hat, die Steuerreform in geeigneter Form voranzutreiben. Schmidt setzte offenkundig seit Februar 1973 auf das weiter oben beschriebene stabilitätspolitische Programm, das in seinen Augen eine Steuerreform nicht mehr vordringlich erscheinen ließ.
Wenn die steuerreformpolitische Diskussion relativ überraschend wieder in Fluß kam, so zunächst nicht aus konjunkturpolitischen Gründen, sondern aufgrund der inflationsbedingten „heimlichen" Steuererhöhungen, die von der CDU/CSU zum Anlaß genommen wurden, Steuerentlastungen von 8,1 Mrd. DM zu fordern. Die sozial-liberale Koalition reagierte mit der Ankündigung einer eventuell vorzuziehenden Steuerreform.
Wir werden abschließend eine unserer zentralen Thesen zu belegen haben: daß *eine Steuerreform in der Fassung Dez./Januar 1973/74 überhaupt nicht realisiert worden wäre (Juni 1974), wenn nicht schließlich arbeitsmarkt-/konjunkturpolitische Bedingungen im Gefolge der Ölkrise eine solche Reform hätten als dringend notwendig erscheinen lassen.*
Der empirische Befund weist zunächst auf weitere blockierende Verzögerungen zur Steuerreform hin.
Der Hintergrund dieses neuerlichen Zögerns bestand in den Auswirkungen der Ölkrise, die vor allem in der Umgebung von Schmidt – und wohl vor allem bei ihm selbst – zu der Schlußfolgerung geführt hatte, die Steuerreform vorerst unter den zu erwartenden Wachstumseinbrüchen auf Eis zu legen, ihre mögliche konjunktur- oder arbeitsmarktfördernde Wirkung jedenfalls nicht „vorzeitig zu verspielen" (qualitatives Interview). So wurde von Schmidt die Devise „Beraten aber Abwarten" (qualitatives Interview) ausgegeben, einer Linie, der von den wichtigen Koalitionsabgeordneten (Lenders, Offergeld, Funcke, Lambsdorff, Böhme) in einer eilig am 22.1.74 zusammengerufenen Sitzung fast uneingeschränkt zugestimmt worden ist (qualitatives Interview).
Erst der Auftritt von Bundesfinanzminister Schmidt und einige Besprechungen am Rande und im Gefolge dieser Finanzausschuß-Sitzung (31.1.74) haben ganz eindeutig den konjunktur-/arbeitsmarktpolitischen Begründungscharakter der Steuerreform unter den Akteuren von Regierung und Opposition verankert. Schmidt tat vor dem Ausschuß kund, daß er selbst noch nicht genau wisse, wie er die 10 Mrd. DM für die Steuerreform angesichts der zu erwartenden Steuerausfälle infolge der Ölkrise bereitstellen sollte. Trotzdem seit er der festen Überzeugung, daß diese Steuerreform *jetzt* aus *konjunktur-/arbeitsmarktpolitischen Erwägungen* – was immer man auch sonst von ihr halten mag – als Stützungsprogramm zum 1.1.75 fest eingeplant werden müßte. Er bat die Kollegen der Opposition, sich diesem Gedanken nicht zu verschließen und die eigenen Vorschläge für die Steuerreform nicht „überzudimensionieren", um die Finanzierung der Reform in jedem Fall sicherzustellen. Auch die am Rande der Ausschußsitzung geführten Gespräche mit einzelnen Abgeordneten aller Parteien ließ „diese Entscheidung wie eine arbeitsmarkt- und konjunkturpolitische Notwendigkeit erscheinen" (qualitatives Interview). 14 Mrd. DM Umverteilung – aus konjunktur-/arbeitsmarktpolitischen Verursachungen, gespeist durch inflationsbedinggte Steuermehreinnahmen der unteren und mittleren Einkommensschichten!

So gesehen, ist diese Fall-Studie zu einer Großen Steuerreform ein politikwissenschaftliches und politisch-ökonomisches Lehrstück für alle, die fälschlicherweise die ökonomisch-politische Krise für unausweichlich ansehen und für diejenigen, die fälschlicherweise der Reformfähigkeit dieses Gesellschaftssystems nach dem Stand der gegenwärtigen Gesellschaftsformation noch erhebliche Handlungsspielräume zutrauen. Gleichwohl soll die naheliegende Konsequenz aus dieser Fall-Studie (Grottian 1978) für mich darin bestehen, wissenschaftlich und politisch ein politisierungsfähiges Steuermodell zu entwickeln, das *ausschließlich auf konjunktur-/arbeitsmarktpolitische Begründungsstrategien* abhebt, um über diese Umweg-Thematisierung das Einkommens- und Verteilungsproblem wieder auf die Tagesordnung zu setzen und über eine maßvolle Umverteilung entsprechende Nachfrage- und Beschäftigungsimpulse auszulösen, in deren Folge das Einkommens- und Verteilungsproblem schrittweise zu einer Strukturveränderung dieser Gesellschaft führen könnte.

Literatur

Albach, H., (Hrsg.), 1975: Investitionstheorie, Köln.

Altvater, E., 1972: Zu einigen Problemen des Staatsinterventionismus, in: Probleme des Klassenkampes 3, 1972, 1 ff.

Altvater, E., 1973: Zu einigen Problemen des Krisenmanagement in der kapitalistischen Gesellschaft, in: Jänicke, M. (Hrsg.), Herrschaft und Krise, Opladen, 1970 ff.

Bellstedt, C., 1966: Steuer als Instrument der Politik, Eine vergleichende Untersuchung der Steuerpolitik in den USA und in Deutschland, Berlin.

Brandt, W., 1969: Interview, in: Kölner-Stadtanzeiger v. 27.12.69.

Brandt, W., 1970a: Interview, in: ARD v. 14.5.70.

Brandt, W., 1970b: Interview, in: ARD v. 8.6.70.

Brandt, W., 1970c: Interview, in: Stuttgarter Zeitung v. 2.5.70.

Brandt, W., 1971a: Ansprache des Bundeskanzlers auf dem Frauenkongreß des DGB in Kassel, in: Bulletin des Presse- und Informationsamtes der Bundesregierung Nr. 89 v. 15.6.71, 947 ff.

Brede, H., 1971: Bestimmungsfaktoren industrieller Standorte, Berlin.

Bundesministerium der Finanzen (BMF), 1972: Internationaler Vergleich der steuerlichen Abschreibungen und Investitionsvergünstigungen, Informationsdienst zur Finanzpolitik des Auslandes 4/1972, Bonn.

Dittberner, J./Ebbighausen, R. (Hrsg.), 1973: Parteiensystem in der Legitimationskrise, Opladen.

Ebbighausen, R., 1976: Legitimationsproblematik, jüngere staatstheoretische Diskussion und den Stand historisch-empirischer Forschung, in: ders. (Hrsg.), Bürgerlicher Staat und politische Legitimation, Frankfurt, 9 ff.

Ehmke, H. (Hrsg.), 1969: Sozialdemokratische Politik im Übergang zu den siebziger Jahren, Reinbek.

Fenner, C., 1977: Demokratischer Sozialismus und Sozialdemokratie, Frankfurt.

Grauhan, R.-R./Hickel, R., 1978: Der Steuerstaat – Widersprüche und Perspektiven (Einleitung), Wiesbaden

Grottian, P., 1974: Strukturprobleme staatlicher Planung, Hamburg.

Grottian, P./Murswieck, A. (Hrsg.), 1974: Handlungsspielräume der Staatsadministration (Einleitung), Hamburg.

Grottian, P., 1978: Große Steuerreform, Ms. 309 (erscheint in überarbeiteter und erweiterter Fassung) „Die Steuerreformpolitik der 70er Jahre" beim Westdeutschen Verlag (1981).

Grube, F./Richter, G., 1977: Der SPD-Staat, München.

Hennis, W., 1977: Politik und praktische Philosophie, Stuttgart.

Hennis, W./Kielmansegg, G. P./Matz, U. (Hrsg.), 1977: Regierbarkeit, Stuttgart.

Hedtkamp, G., 1977: Lehrbuch der Finanzwissenschaft, 2. Aufl., Neuwied.

Hermsdorf, H., 1971: Interview, in ZDF v. 12.6.71.

Henschl, R., 1971: Einkommensverteilung – Hoffnung oder Utopie, in: Gewerkschaftl. Monatshefte 1971, 713 ff.
Henschl, R., 1973: Kritik an gewerkschaftlichen Verteilungsvorstellungen, in: Gewerkschaftl. Monatshefte 1973, 535 ff.
Honko, J., 1967: Investitionsentscheidungen und ihre Verbindung mit dem Planungs- und Kontrollprozeß, in: ZfB 1967, 423 ff.
Jänicke, M (Hrsg.), 1973: Herrschaft und Krise, Opladen.
Mayntz, R./Scharpf, F. W., 1973: Planungsorganisation, München.
Mennel, A., 1973: Steuerrecht und -systeme im internationalen Vergleich, in: StWi 1973, 3 ff.
Möller, A., 1969a: Interview, in: ZDF v. 23.10.69.
Möller, A., 1969b: Interview, in: SZ v. 31.10.69.
Möller, A., 1969c: Interview, in: Report v. 11.11.69.
Möller, A., 1969d: Interviw, in: Industriekurier v. 25.11.69.
Möller, A., 1969e: Interview, in: Industriekurier v. 27.11.69.
Möller, A., 1970a: Der Streit um die Investitionssteuer, in: SPD-Pressemitteilungen und Informationen v. 16.2.70.
Musgrave, R. A., 1969: Fiscal Systems, Studies in Comparative Economics 10/1969.
Narr, W.-D./Scheer, H./Spöri, D., 1976: SPD – Staatspartei oder Reformpartei? München.
Naschold, F., 1972: Gesellschaftsreform und politische Planung, in: Österreichische Zeitschrift für Politikwissenschaft 1/1972, 5 ff.
Offe, C., 1972: Strukturprobleme des kapitalistischen Staates, Frankfurt.
Offe, C., 1975: Berufsbildungsreform – Eine Fallstudie über Reformpolitik, Frankfurt.
Pöhl, K. O., 1971: Kein Geld für Reformen? in: Neue Gesellschaft 1971, 693 ff.
Ronge, V./Schmieg, G (Hrsg.), 1971: Politische Planung in Theorie und Praxis, München.
Ronge, V./Schmieg, G., 1973: Restriktionen politischer Planung, Frankfurt.
Schatz, H., 1973: Auf der Suche nach neuen Problemlösungsstrategien: Die Entwicklung der politischen Planung auf Bundesebene, in: Mayntz, R./Scharpf, F. W. (Hrsg.), Planungsorganisation, München.
Schlecht, O., 1971: Erfahrungen und Lehren aus dem letzten Konjunkturzyklus, Tübingen.
Schmidt, M. G., 1978: „Die Politik der Inneren Reformen in der Bundesrepublik Deutschland 1969–1976", in: PVS XIX, H. 2, 201 ff.
Sörgel, A., 1976: Stabilisierung der Gewinne. Zur Antikrisenpolitik der Bundesregierung, in: Huffschmid, J./Schui, H. (Hrsg.), Gesellschaft im Konkurs? Köln, 376 ff.
Stoltenberg, G., 1970: Rede zu den Konjunkturbeschlüssen der Bundesregierung, in: BT-Drs. VI/3453 ff.
Vetter, H. O., 1969a: Vortrag vor dem Presseclub Rhein-Main der Journalisten Union am 30.6.69, Ms. (Aufnahme).
Wittmann, W., 1970–1975: Einführung in die Finanzwissenschaft, 4 Bände, Stuttgart.

Zur Theorie des Staatsversagens

Martin Jänicke

1. Einleitung

Daß die Strukturschwächen des Marktes zunehmend den Staat auf den Plan rufen, die Probleme dort aber nur gleichsam vom Regen in die Traufe geraten, hat nach der Theorie des Marktversagens zur Forderung nach „einer geschlossenen Theorie des Staatsversagens"[1] geführt. Das Thema ist älter als der von Recktenwald ins Spiel gebrachte Begriff. Es hat vor allem mehr Aspekte, als dieser neoklassische Ansatz zur Sprache bringt. Politologisch wären hier krisentheoretische Ansätze ebenso heranzuziehen wie die Thesen zur „Unregierbarkeit", die Restriktionstheorien oder auch Generalisierungen der Implementationsforschung. Dies soll hier nicht geschehen – es wäre ein gewaltiges Pensum! Stattdessen soll die Kritik am Ansatz Recktenwalds Ausgangspunkt zunächst für empirische Hinweise auf das Ausmaß staatlicher Ineffizienz und in der Folge für eine Begründung dieser Ineffizienz sein. Diese Begründung kann nicht erschöpfend sein (und wurde anderswo ausführlicher versucht)[2]. Es wäre schon viel gewonnen, wenn die zentralen Punkte zur Sprache kämen.

Recktenwalds Diagnose des „Staatsversagens" ist auf den Tatbestand der „Unwirtschaftlichkeit im Staatssektor" beschränkt (so der Titel seiner Arbeit). Es geht ihm um den verschwenderischen öffentlichen Umgang mit Steuergeldern, um den zu hohen Preis staatlicher Leistungserbringung usw. Die Ursachen dieser Unwirtschaftlichkeit werden im Rahmen einer marktwirtschaftlich orientierten Bürokratiekritik bestimmt. Verwiesen wird auf die problematische Trennung von Nutzer und Zahler bei öffentlichen Leistungen, auf das Fehlen von Erfolgskontrollen und materiellen Effektivitätsanreizen im Verwaltungsapparat, auf die Kosteneffekte der gewerkschaftlichen Selbstorganisation der Staatsdiener, auf die strukturellen Hemmnisse von Produktivitätssteigerungen, die Unüberschaubarkeit des Budgetmechanismus usw. Einer der wichtigsten Reformvorschläge lautet: „Entstaatlichung".

Das Interessante an dem Thema ist zunächst einmal, daß es um Problembearbeitungen geht, die die Gesellschaft dem Staat nicht zufällig überantwortet hat und von denen die Theorie des Marktversagens nicht zufällig behauptete, daß sie von privaten Anbietern nicht zu leisten seien. War die Theorie denn falsch? Und käme eine Entstaatlichung der Probleme nicht einer Rückverweisung von der Traufe in den Regen gleich? Vor allem aber: Haben wir nicht bereits eine partielle „Entstaatlichung" von Problembearbeitungen in der Form staatlich-industrieller "joint ventures" im Zeichen der wachstumspolitischen Ökonomisierung von Staatstätigkeiten? Und schließlich: Ist es nicht

gerade diese Ökonomisierung von Staatstätigkeiten (vom Umweltschutz bis zum Gesundheitswesen), die den Staat „so teuer" macht?
Wir erhalten ein klareres Bild der Sache, wenn wir zwischen der – bürokratischen – Unwirtschaftlichkeit *im* Staatssektor und der Unwirtschaftlichkeit *des* Staatssektors unterscheiden. Das eigentlich Bemerkenswerte an *dieser* Unwirtschaftlichkeit sind ihre *ökonomischen* Gründe! Dies ist die zentrale *erste Paradoxie*, mit der sich eine Theorie des Staatsversagens zu beschäftigen hätte. Die bürokratischen Parkinsoniaden sind nur die eine – harmlosere – Seite des „teuren" Staates. Die andere ist das Wachstum von „Sozial-Industrien", das weitgehend über die Etats der neuen Sozial-Bürokratien finanziert wird. Dies führt zu einem *zweiten* Paradoxon: Der Staat versagt zwar vor einem beträchtlichen Teil der ihm gesellschaftlich zugeschobenen Aufgaben, er versagt offensichtlich sogar zunehmend in der Rolle des „ideellen Gesamtkapitalisten". Und dennoch verhält er sich „ökonomisch", indem er zumindest kurzfristig Wirtschaftswachstum ermöglicht. Das *dritte* Paradoxon lautet: je mehr Geld der Staat für die Bearbeitung gesellschaftlicher Probleme ausgibt, desto breiter institutionalisiert er ein gesellschaftliches Interesse am Bestand dieser Probleme[3]. Das *vierte* Paradoxon: Das „quantitative" Wachstum des Staates ist kein Indiz politischen Machtgewinns, sondern umgekehrt der Preis wachsender Entscheidungsschwäche[4] und Unregierbarkeit, nicht dem Bürger sondern den industriellen und bürokratischen Großtechnokratien gegenüber.
Dies soll nun näher begründet werden – notwendigerweise nur skizzenhaft. Der erste Schritt ist eine Verdeutlichung des Phänomens staatlicher Kosten-Ineffizienz an ausgewählten Beispielen.

2. *Anschauungsmaterial*

Kriminalitätsbekämpfung

Der Schutz von Leben, Gesundheit oder Eigentum vor ungesetzlichen Angriffen ist eine der zentralen und zugleich eine der ältesten Staatsfunktionen. Dennoch hat die Kriminalität im Zuge der Industrialisierung und Urbanisierung ständig zugenommen. Das Ausmaß dieser Entwicklung bringt in Ländern wie den USA oder der Bundesrepublik die Regierungen zunehmend unter Legitimationsdruck. Die Ausgaben für Innere Sicherheit steigen dementsprechend überproportional. Der Polizeiapparat wächst und seine technische Ausrüstung wird ständig verbessert. Dennoch sinken die Aufklärungsraten, und die Kriminalität steigt weiter.
Dieses Staatsversagen führt zu parallelen Gegenmaßnahmen auf der privaten Ebene. Wach-, Werk- und Begleitschutz beschäftigen heute in der Bundesrepublik etwa halb so viele Menschen wie die Innere Sicherheit des Staates. Faktisch tritt der Staat hier sogar einen Teil seines Gewaltmonopols an Privatpolizeien ab. Gleichzeitig wächst der Markt industrieller Sicherheitstechnologien und schafft über die rund 450.000 (1978)[6] Beschäftigten des internen Sicherheitssektors hinaus zusätzliche Einkommen. Da auch diese Maßnahmen wenig an der Kriminalitätsentwicklung ändern, entsteht ein dritter Typ von (überwiegend privaten) Kosten: die Schadenskosten, die vor allem dem Ver-

Tabelle 1: Straftaten und Aufklärungsquoten in der Bundesrepublik Deutschland[5]

Jahr	Ausgaben f. öffentl. Sicherheit und Ordnung (Mrd.)	Straftaten je 100.000 Einwohner	davon aufgeklärte Fälle (v.H.)
1965	3.005	3.031	53,2
1966	3.264	3.213	53,0
1967	3.394	3.465	52,2
1968	3.585	3.588	51,8
1969	4.422	3.645	51,2
1970	5.068	3.921	48,3
1971	6.061	3.983	46,8
1972	6.818	4.171	46,5
1973	7.809	4.131	46,9
1974	9.337	4.419	45,6
1975	10.205	4.721	44,8
1976	10.672	4.980	45,9
1977	11.529	5.355	44,8
1978	–	5.514	44,6

sicherungswesen einen wachsenden Markt verschaffen, aber auch Ausweichkosten (avoidance costs; z. B. Umzüge aus gefährlichen Gegenden) einschließen.

Nimmt man noch die Alarmpublizistik hinzu, so gibt es einen ziemlich großen Teil von Einkommensbeziehern marktwirtschaftlicher Industriegesellschaften, die vom Problem Straffälligkeit leben, für die das kriminalpolitische Staatsversagen bisher *nicht* unwirtschaftlich ist. Vorsichtig geschätzt wurden 1977 knapp 2 Prozent des BSP für dies Problem ausgegeben.

Über die Ursachen dieses Staatsversagens ist damit noch wenig gesagt. Offenkundig ist immerhin dies: Staat und Gesellschaft konzentrieren ihre Mittel auf *vorhandene* Kriminalität. Die Maßnahmen greifen zu spät in die problematische Kausalkette ein. Die Bedingungen von Straffälligkeit und entsprechende sozialpolitische Vorsorgestrategien werden weitgehend dethematisiert. Da der Abbau kriminalitätsträchtiger Sozialstrukturen seiner ganzen Nautr nach eine öffentliche Aufgabe ist, fällt auch dessen Vernachlässigung unter den Begriff des Staatsversagens.

Gesundheitswesen

Die Diskrepanz zwischen Aufwendungen und erzielten Wirkungen ist im Gesundheitswesen nicht ganz so spektakulär wie im Falle der Kriminalitätsbekämpfung. Dafür ist das Ausgabeniveau und seine bisherige Anstiegstendenz beträchtlich.

Die hier angeführten Gesundheitsleistungen aus dem Sozialbudget (einschließlich Lohnfortzahlung im Krankheitsfalle) haben 1977 – nach einer Vervierfachung gegenüber 1965 – 123 Mrd. DM oder 10,3 Prozent des BSP der Bundesrepublik erreicht. Seit 1975 haben die Ausgaben nur noch absolut zugenommen. Aber das erreichte Kostenniveau ist beträchtlich, zumal wenn man bedenkt, daß das Sozialbudget die

Tabelle 2: Gesundheitsleistungen aus dem Sozialbudget sowie Arbeitsunfähigkeits- und Krankenhausfälle der gesetzlichen Krankenversicherung[7]

Jahr	Gesundheitsleistungen aus dem Sozialbudget		Arbeitsunfähigkeitsfälle (je 100 Mitgl.)*		Krankenhausfälle (je 100 Mitgl.)	
	Mrd. DM	% d. BSP	m	w	m	w
1965	31	6,8	70,7	65,5		
1966			70,2	64,5		
1967			59,9	56,9		
1968	39	7,3	69,9	69,5		
1969			74,3	74,5		
1970	52	7,6	89,0	86,5	9,4	12,2
1971			94,9	90,1	9,8	12,6
1972			95,4	91,6	10,2	12,9
1973	82	8,9	98,6	95,0	10,3	13,0
1974			90,7	89,5	10,7	13,7
1975	106,6	10,3	85,5	85,8	11,1	14,0
1976			91,2	90,6	12,2	15,1
1977	120	10,1	91,0	89,4	12,7	15,8
1978	132,7	10,3	99,0	95,7	13,3	16,5

* ohne Rentner

privaten Gesundheitsaufwendungen (Haushalte und Privatversicherungen) und auch einen Teil der staatlichen Gesundheitsaufwendungen nicht erfaßt. Nimmt man diese hinzu, so kommt man für das Jahr 1977 auf 13 Prozent des BSP!

Bedenkt man, einen wie hohen Anteil an den Gesundheitskosten des Sozialbudgets die Betriebe aufbringen müssen (Arbeitgeberanteil, Lohnfortzahlung, Unfallversicherung, dazu noch: indirekte Kosten durch Produktionsausfall etc.), so ist erstaunlich, wie wenig Gesundheit mit diesem gewaltigen ökonomischen Potential „erkauft" wurde. Die Arbeitsunfähigkeitsfälle haben – von den rezessionsbedingten „Krankheitsverdrängungen" abgesehen – insgesamt deutlich zugenommen. Bei den Krankenhausfällen zeigt sich hier sogar eine kontinuierliche Zunahme. Das gleiche Bild bietet die Entwicklung der Berufskrankheiten, dies im übrigen auch in anderen Ländern. Zwar gibt es mittlerweile eine breite Diskussion über die Unzulänglichkeiten einer bloß kurativen Medizin, die die gesellschaftliche („zivilisatorische") Bedingtheit der Krankheitsstruktur der Industrieländer ignoriert, aber nach wie vor wird der weitaus größte Teil der enormen Gesundheitsaufwendungen in die *Behandlung* anfallender Krankheiten investiert.

Umweltschutz

Einer der Bereiche, in denen gesellschaftspolitische Gesundheitsvorsorge betrieben werden kann, ist der Umweltschutz. Im Vergleich zum Gesundheitswesen spielt er jedoch eine geringe Rolle. Gegenüber den sechziger Jahren hat es in den OECD-Ländern aber einen erheblichen Ausgabenanstieg gegeben. Staat und Industrie der westlichen Länder geben für Luft- und Wasserreinhaltung, Lärmschutz und Abfallbeseitigung zwischen ein und zwei Prozent des BSP aus (im Falle Japans waren es zeitweilig – 1975 – sogar drei Prozent). Die Kosten der gleichwohl nicht verhinderten Umweltschäden machen nach Angaben der OECD in ihrem Länder-Bereich immerhin zusätzlich 3–5 Prozent des BSP aus[8].

Im Vergleich zu den eben angeführten beiden Problembereichen hat der Umweltschutz vermutlich die sichtbarsten Erfolge erzielt: Gegenüber den sechziger Jahren ist der Himmel über den meisten Industriestädten wieder etwas blauer geworden. Neuerdings sind auch Erfolge bei der Wasserreinhaltung erzielt worden. In den meisten westlichen Ländern hatten diese zumindest optischen Erfolge (s. u.) in den letzten Jahren einen dämpfenden Effekt auf den Anstieg der unmittelbaren Umweltschutzaufwendungen (Schweden, Japan, Bundesrepublik).

Nun hat es gerade der Umweltschutz an sich, daß Messungen dort vorgenommen werden, wo man Maßnahmen ergreift. Die Folge ist regelmäßig eine spezialistisch verengte und zu optimistische Sicht. Beschränkt man den Gegenstand des Umweltschutzes nicht auf die engen Problemdefinitionen des technokratischen Apparates, definiert man also als Umweltprobleme alle *Schädigungen, Beeinträchtigungen und Gefährdun-*

Tabelle 3: Emissionsentwicklung in ausgewählten Industrieländern (Millionen Tonnen/Jahr)

Land	Schadstoff	1965	1970	1975	1978	Prognose 1980
Bundesrep. Deutschl.	Staub	2,16	1,06	0,56		0,47
	Schwefeldioxid	4,05	4,27	3,63		4,11
	Kohlenmonoxid	12,7	13,2	12,8	12,5	
	Stickoxide	1,34	1,62	1,84		2,3
	Organ. Verbindungen	1,46	1,84	1,81		1,8
Großbritannien und Nordirland	Smoke	1,8 (a)	0,62(b)	0,38(c)	0,35	
	Schwefeldioxid	6,04(a)	5,95(b)	5,08(c)	5,1	
	Kohlenmonoxid		7,55	7,86	8,68	
	Stickoxide (KFZ)		0,3	0,31(d)		
	Kohlenwasserstoffe (KFZ)		0,37	0,41(d)		
Niederlande	Staub	0,19	0,1	0,04	0,04(c)	
	Schwefeldioxid	0,91	0,69	0,37	0,38(c)	0,6 (e)
	Kohlenmonoxid	1,45	1,5	1,44	1,41(c)	
	Stickoxide	0,31	0,37	0,39	0,41(c)	
	Kohlenwasserstoffe (KFZ)	0,26	0,23	0,20	0,19(c)	
USA	Staub (TSP)		22,2	13,7	12,4 (f)	
	Schwefeldioxid		29,7	26,1	27,4 (f)	
	Kohlenmonoxid		102,2	96,9	102,7 (f)	
	Stickoxide		19,6	21,0	23,1 (f)	
	Kohlenwasserstoffe		29,5	26,8	28,3 (f)	

a:1966; b:1971; c:1976; d:1974; e:1986; f:1977

Projekt „Politik und Ökologie" 1980, nach offiziellen, aktualisierten Angaben der jeweiligen Länder.

gen von Mensch und Natur durch industrielle Produktionen und Produkte, so ergibt sich auch für diesen dritten Bereich eine überwiegend negative Erfolgsbilanz (mit Zusatzkosten in Bereichen wie dem des Katastrophenschutzes). Dies kann hier nicht näher begründet werden. Vielleicht genügt die Feststellung, daß auch im Bereich der engeren Problemdefinitionen des staatlich-industriellen Umweltsektors schon bald mit weniger günstigen Entwicklungen zu rechnen ist – weil Umweltschutz *als Symptombearbeitung* den Wachstumsfaktor der umweltproblematischen Produktionen und Produkte weitgehend tabuisiert und dieser die erzielten Niveauverbesserungen der Umweltqualität tendenziell neutralisiert. Nimmt man nicht die örtlich gemessenen Schadstoffkonzentrationen, sondern die insgesamt in die Luft abgegebenen Emissionen, so werden diese bei den wichtigsten fünf Schadstoffen allem Umweltschutz zum Trotz – und ungeachtet beträchtlicher Reduzierungen der Staubbelastung – in der Bundesrepublik 1980 in etwa das Gesamtvolumen von 1970 erreichen. Diese Diagnose betrifft wohlgemerkt den Kernbereich des Umweltschutzes, nicht etwa den Bereich der ungezählten toxischen Schadstoffe, die bisher weder Gegenstand von Messungen noch Maßnahmen sind, oft aber bereits in kleinen Mengen eine hohe Gefährdung darstellen. Insgesamt weitet sich das Problemfeld des Umweltschutzes (insbesondere im Katastrophenschutz) aus, ohne daß in seinem Kernbereich dauerhafte Lösungen erzielt werden.

3. *Anmerkung zur Evaluation von Staatstätigkeiten*

Nicht nur am Umweltschutz läßt sich zeigen, daß politische Leistungsbilanzen – das Attestieren von Erfolg oder Versagen – entscheidend von den angewandten Bewertungskriterien abhängen. Staat und Industrie neigen dazu, ihre Tätigkeit *als solche* bereits als Leistung zu deklarieren. Die Tatsache, daß man tätig wurde und vor allem: daß man Geld ausgegeben hat, ist die Kernaussage technokratischer Selbstbewertungen. Oft ersetzt diese subjektive die objektive Leistungsevaluation. Dem entspricht dann auch die Logik, daß die Ausgaben steigen müssen, *weil* die Probleme zunehmen. Wir haben uns an diese Logik gewöhnt und finden sie plausibel. *Politisch* logisch wäre hingegen die kritische Feststellung eines Problemanstiegs, *obwohl* die Ausgaben steigen.

Das Vorhandensein problembezogener Erfolgsmaßstäbe ist folglich das *erste* notwendige Evaluationskriterium. *Die Angemessenheit der Erfolgsdefinition* ist das *zweite.* Technokratien konzentrieren ihre Problemwahrnehmung meist auf Bereiche, in denen sich „etwas machen läßt". Ihre Erfolgsmessungen wiederum konzentrieren sie – wenn sie sie vornehmen – auf solche Tätigkeitsfelder. Diese sind daher enger als die tatsächlichen Problemfelder. Der Bereich der Luftreinhaltung, in dem es ein Heer von Schwefeldioxid-Spezialisten und eine ganze Wissenschaft der Messung dieses einen Schadstoffs, aber eine große Unkenntnis über die toxische Gesamtbelastung gibt, ist nur ein besonders deutliches Beispiel.

Ein *drittes* notwendiges Bewertungskriterium, das der technokratische Subjektivismus tendenziell ausblendet, ist die Frage einer *Problemverschiebung.* Der Umweltschutz ist hier wiederum reich an Beispielen, angefangen bei der regionalen Umverteilung von Schadstoffen über Umweltbeeinträchtigungen durch Kläranlagen bis hin zu der enormen und stark zunehmenden Abfallbelastung als Folge „erfolgreicher" Reinigungsmaßnahmen. (Die amerikanischen Umweltschutz-Abfälle der Industrie werden sich nach einer Schätzung 1983 gegenüber 1974 verdoppeln: auf fast 20 Prozent oder 35,7 Mio Tonnen!)[9]. Besonders aktuell ist derzeit die Problemverschiebung im Energiesektor, wo im Namen der Energieeinsparung die Energieverschwendung (z. B. durch Verstromung im Heizungsbereich) neue Formen gewinnt.

Wird das Problem wie in den angeführten Beispielen innerhalb des zuständigen Sozialsektors verschoben oder von ihm in neuer Form hervorgebracht, so kann (in Ausweitung des medizinischen Begriffs) von einer „*technokratischen Iatrogenese*" gesprochen werden.[10] Ihre starke Verbreitung im Bereich öffentlicher Problembearbeitung – von der Infektion in Großkliniken bis zur Professionalisierung von Kriminalität in Haftanstalten – ist ein wesentlicher Aspekt einer Theorie des Staatsversagens.

Eine Effizienzbewertung staatlicher Maßnahmen darf – *viertens* – den Erfolgsfall erst attestieren, wenn *Gratiseffekte* auszuschließen sind. So war die Substitution von Kohle durch Öl oder Gas in den sechziger Jahren kein Resultat von Umweltpolitik, sondern Folge der Preisentwicklung. Einige Verbesserungen im Gesundheitsbereich sind Folge der Aufklärungsarbeit der Medien oder der Abwanderung aus den Ballungsgebieten, ein Teil der Arbeitslosigkeit wird durch Rückzug vom Arbeitsmarkt (vor allem bei Frauen) verringert, usw.

Fünftens ist schließlich stets nach der *Dauerhaftigkeit* eines positiven Effekts zu fragen. Beschränken sich staatliche Maßnahmen auf Symptombehandlung und steckt im Kausalbereich ein Wachstumsfaktor, so ist mit einem Wiederanstieg oder dem *Dilemma der N-Kurve* (Anstieg-Rückgang-Wiederanstieg) zu rechnen (s. u.).

Nur wenn solch kritische Erfolgsmaßstäbe angelegt werden, wird begreiflich, warum der staatliche und industrielle Sozial- bzw. Entsorgungssektor (s. u.) so gewaltig angewachsen ist. Er „lebt" nicht nur von der primären Problembearbeitung; sein ökonomisches Gewicht bestimmt sich vielmehr zusätzlich durch die *sekundäre Behandlung der unzulänglichen Problembehandlung:* die Kompensation nicht verhinderter Schäden, die Behandlung der Folgen von Problemverschiebungen oder „technokratischer Iatrogenese", die zusätzliche Maßnahme gegen Probleme, die sich wachstumsbedingt erneut zuspitzen, usf.

4. *Versorgung und Entsorgung: Das Wachstum des staatlich-industriellen Sozialsektors*

Es besteht ein enger Zusammenhang zwischen dem Staatsversagen in zentralen Regelungsbereichen und dem Wachstum des staatlichen und industriellen Sozialsektors. Man kann diesen Sektor auch als *Entsorgungssektor* bezeichnen. Dieser bietet Güter und Dienstleistungen an, die auf einen Bedarf reagieren, welcher durch Problemfolgen des Versorgungssektors mehr oder weniger erzwungen wird. Vermutlich ist diese begriffliche Dichotomie von Versorgung und Entsorgung nur schwer operationalisierbar.

Dies gälte auch, wenn man die „entsorgenden" Industrien und Dienstleistungsbereiche als „quartären Sektor" bezeichnen würde.
Worauf es ankommt, ist ein sprachliches Hilfsmittel, das hinreichend anschaulich diejenigen bürokratischen und industriellen Bereiche heraushebt, die die industriegesellschaftliche Problementwicklung voraussetzen. Sie sind nur funktional zu bestimmen. Umweltschutz, Katastrophenschutz (wenn man von Naturkatastrophen absieht), die Behandlung von Zivilisationskrankheiten oder Kriminalität sind solche Funktionsbereiche. Aber auch die technische Sicherheit, ein großer Teil des Versicherungswesens oder Bildungs- und Forschungsanstrengungen, die nur um den Preis der Krise vermieden werden können, gehören hierzu.
Der Stellenwert beider Begriffe steht und fällt mit der Relevanz und Plausibilität der folgenden Hypothese: *Die Struktur der Versorgung moderner Industriegesellschaften bestimmt das Gewicht des Entsorgungssektors.* Dies ließe sich am Beispiel der modernen Wachstumsbranchen „Energie", „Straßenverkehr" und „Chemie" ausführlich begründen, muß jedoch hier unterbleiben. Der Leser mag selbst ermessen, in welchem Umfang Industriezweige wie die genannten zur Produktion von Umwelt-, Gesundheits-, Sicherheits- und Forschungsproblemen beitragen, den Stellenwert des Entsorgungssektors mithin erhöhen.
Für eine Theorie des Staatsversagens ist in diesem Zusammenhang entscheidend, *daß der Staat* im entwickelten Industriekapitalismus (nur von ihm ist hier die Rede) *gerade im Zeichen sinkender Wachstumsraten dazu tendiert, die Intervention in sozialproblematische Wachstumssektoren zu tabuisieren und stattdessen das zusätzliche Wachstum von Sozial- bzw. Entsorgungsindustrien zu begünstigen.* Diese ökonomistische „Strategie" – meist handelt es sich eher um das Resultat vieler unkoordinierter Verlegenheitslösungen – führt zu teuren, aber kurzfristig wachstumsträchtigen Maßnahmen. Für den Teil der Wirtschaft, der direkt oder indirekt die Kosten trägt, ist dies „unwirtschaftlich", für den Teil, der diese Kosten als Einnahmen verbucht, ist es das nicht. Unökonomisch aus gesamtwirtschaftlicher Sicht ist die Expansion des *staatlichen* Sozial- und Entsorgungssektors, über dessen Etats sich die Sozial-Industrien überwiegend alimentieren (die bürokratischen Nebenkosten also). Gänzlich „unwirtschaftlich" an dieser teuren Politik ist aber vor allem die Tatsache, daß sie der Wirtschaft nicht die Kostenentlastung einbringt, deretwegen man ja doch den Staat auf den Plan rief. Der letzte Punkt bedarf der Erläuterung: Die Problembereiche „Umwelt", „Gesundheit" und „Innere Sicherheit" wurden hier nicht nur angeführt als Beispiele starker Kosten-Effektivitäts-Diskrepanzen. Es sind zugleich Aufgabenbereiche, bei denen der Staat – angesichts von Marktversagen – nicht zufällig ins Spiel kam, deren ineffektive Bearbeitung also alles andere als ein Kavaliersdelikt ist. Die Wirtschaft braucht sauberes Wasser (z. B. die Chemie-Industrie) und saubere Luft (Stichwort: Korrosionskosten). Sie hat ein brennendes Interesse an einem niedrigen Krankenstand. Die indirekten Einbußen durch Krankheit betrugen 1972 immerhin fast 5 Prozent des BSP.[11] Hierzu kommen aber noch die Kosten der Lohnfortzahlung, die Unfallversicherung (die für die steigenden Berufskrankheiten aufkommt, und zwar auf Kosten der Unternehmen) und die Unternehmeranteile der steigenden Sozialversicherungs-Beiträge. Und natürlich sind die Unternehmen auch an einer Senkung der Unkosten interessiert, die ihnen

durch Kriminalität entstehen. Sie zahlen einen hohen Preis an den ideellen Gesamtkapitalisten Staat, damit er sie von derartigen sozialen Unkosten entlaste. Der ideelle Gesamtkapitalist aber funktioniert nicht! Dies ist keine Unwirtschaftlichkeit „im" Staatssektor, sondern eine eklatante Unwirtschaftlichkeit „des" Staatssektors.

„Staatsversagen" hat also zumindest drei Aspekte:

1. Es wird auf politische Entscheidungen verzichtet. Hier handelt es sich um *politisches* Staatsversagen!
2. Es wird ein *zu teures* Instrumentarium in Gang gesetzt. Dies ist einmal Folge von bürokratischer Unwirtschaftlichkeit im Staatssektor, zum anderen Folge der Ökonomisierung von Staatstätigkeiten in Form einer kostenträchtigen Beteiligung von Sozial-Industrien am staatlichen Aufgabenpensum.
3. Es wird ein Instrumentarium in Gang gesetzt, das *zu ineffektiv* ist. Hier handelt es sich um ein *funktionelles* Staatsversagen, insbesondere als fehlende Kostenentlastung der Unternehmen. Im Gegensatz zur teuren Teilökonomisierung von Staatstätigkeiten ist sie wirklich unökonomisch (im Hinblick auf den internationalen Wettbewerb).

Im Rahmen einer systematischen Theorie wäre damit das *Vorfeld von Krisen* umschrieben.[12]. Eine Radikalisierung von Staatsversagen vor allem auf der dritten Ebene dürfte Krisen der Ökonomie und/oder Krisen der politischen Legitimation zur Folge haben. Umgekehrt wäre es aber töricht zu übersehen, in welchem Maße Staatsversagen gerade in der Bundesrepublik ohne manifeste Krisenfolgen bleibt.

5. *Die staatliche Förderung von Sozial-Industrien*

Hier interessieren jedoch primär die ökonomischen Gründe staatlicher Unwirtschaftlichkeit. Es wurde gesagt, daß die ungelösten Probleme der industriellen Gesellschaftsentwicklung zu Wachstumszonen nicht nur von entsorgenden Sozial-Bürokratien, sondern auch von entsprechenden Sozial-Industrien geworden sind. Im Anschluß an O'Connors Begriff des „sozial-industriellen Komplexes"[13] verstehe ich unter *Sozial-Industrien* industrielle *Produktionsbereiche, die in gesellschaftspolitischen Problemfeldern tätig werden und überwiegend von staatlicher oder staatlich geregelter Nachfrage leben.* Es handelt sich also um Unternehmungen, denen lediglich gemeinsam ist, daß sie sich im Einzugsbereich staatlicher Einzeletats ansiedeln und soziale Probleme vorwiegend über öffentliche Haushalte vermarkten. Die volle Bedeutung dieses Sektors erschließt sich erst, wenn man seine Einnahmen nicht allein von den staatlichen Investitionen oder Sachausstattungen her bestimmt, sondern auch die sozialen Transferzahlungen (z. B. Wohngeld), das staatlich regulierte Finanzaufkommen (z. B. gesetzliche Versicherungen) und schließlich auch die durch staatliche Maßnahmen erzwungene Nachfrage (z. B. Umweltschutzinvestitionen) hinzurechnet. Hierzu ist ferner noch die *staatsfreie Problemvermarktung* zu rechnen, die häufig erst durch die Ineffizienz staatlicher Maßnahmen möglich wird (z. B. private Sicherheitsmaßnahmen).

Unterscheidet man generell zwischen Industrien, die vorwiegend von Staatskundschaft und Industrien, die von Privatkundschaft leben, so läßt sich ein interessanter Verhaltensunterschied gegenüber dem Staatsapparat feststellen. Während von Privatkundschaft lebende Industrien typischerweise negativ auf den Staat bezogen sind, als Veto-Gruppen interessenschädliche Staatsinterventionen abwehren, werben die Sozial-Industrien positiv um staatliche Zuwendung. Beide Industrien unterscheiden sich auch darin, daß die einen für bestimmte Produkte werben, während die Sozial-Industrien Staatszwecke propagieren. Die einen müssen ihre Werbemittel selbst aufbringen, die anderen können die öffentliche Meinung mobilisieren. Die einen findet man im Anzeigenteil, die anderen dringen in den Nachrichtenteil vor. Dies etwa dann, wenn im Anschluß an Alarmmeldungen (Kriminalität, Krebs, Katastrophen) routinemäßig eine bessere „personelle *und technische* Ausstattung" des diesbezüglichen öffentlichen Sektors gefordert wird. Hier müssen die Zwecke, für die produziert wird, nicht propagiert werden. Es handelt sich um anerkannte Staatszwecke. Propagandistische Anstrengungen zielen hauptsächlich auf zwei Punkte:

— auf die kontinuierliche Erweiterung derjenigen Etats, auf die man sich spezialisiert hat — hier ist die Interessenidentität mit entsprechenden Teilen des staatlichen Sozialsektors offenkundig —, und
— auf Strategien, die dort ansetzen, wo die Nachfrage am stabilsten ist und eine Massenproduktion zuläßt, auf *Strategien* vor allem, *die nicht politisch vorsorgen, sondern technologisch nachträglich einsetzen.*

Dabei werden dann etwa:
*Umwelt*probleme zu Problemen des Baus von Klär-, Filter- oder Abfallbeseitigungsanlagen;
*Krankheits*probleme zu einer Angelegenheit teurer Diagnosegeräte oder des Krankenhausbaus;
*Kriminalitäts*probleme zu einer Frage der technischen Ausstattung der Kriminalpolizei;
*Bildungs*probleme zu einer Frage der Baupolitik und der materiellen Ausstattung von Bildungseinrichtungen;
*Verkehrs*probleme zu Fragen des Straßenbaus.
Die Reihe ließe sich verlängern, bis hin zur *Forschung* in der Rolle eines Substituts für politische Entscheidungen.
Thesenartig verallgemeinert gilt:

1. Sozial-Industrien wie Sozial-Bürokratien expandieren am stärksten dort, wo *wachstumsbedingte Staatsfunktionen* im Spiel sind, wo also Wachstumsbedingungen und Wachstumsfolgen prekär sind.
2. In diesen Bereichen ist auch ihre *Symbiose* besonders eng.
3. Problemverstaatlichung und Problemvermarktung gehen Hand in Hand. Besser sollte hier von einer *Bürokratisierung und einer Industrialisierung von Problembehandlungen* gesprochen werden.
4. Der Staat hat an der Entwicklung von Sozial-Industrien im Zeichen reduzierten Wachstums ein ökonomisches Interesse, ihre Förderung ist zunehmender Bestandteil keynesianischer Nachfrageförderung.
5. Die Industrie entwickelt ihrerseits ein wachsendes Interesse an *Staatskundschaft*: Sie ist besser kalkulierbar als die Privatkundschaft; sie ermöglicht beträchtliche

Preisaufschläge; sie stellt oft eine Art Zwangsmarkt dar; sie ergibt sich häufig auf dem Wege einer Gratiswerbung durch die Medien.

6. Der engen Symbiose öffentlicher und privater Problemlösungs-Technokratien entsprechen strukturelle Analogien, deren Folge eine Angleichung von *Strategiepräferenzen* ist:
   - beide sind *zentralistisch* und *arbeitsteilig* organisiert,
   - beide haben eine Präferenz für generelle *Routinelösungen* („Massenproduktion"),
   - beide neigen zur *Symptombehandlung*, d. h. zu Maßnahmen am Ende problematischer Kausalketten, wo Probleme manifest, massenweise und kalkulierbar anfallen,
   - beide – staatliche wie industrielle Technokratien – haben *ökonomische Interessen*, die eng miteinander koinzidieren: hier das Interesse an der Etaterweiterung, dort das Interesse an Markterweiterungen.
7. Folge dieser strukturellen Analogien sind technokratische Problemdefinitionen die
   - die *Komplexität* von Problemen ignorieren (Folge der Spezialisierung),
   - die *Ursachen* von Problemen vernachlässigen (Symptombehandlung),
   - die die einmaligen („außeralltäglichen") billigen Maßnahmen zugunsten *kostenträchtiger* Maßnahmen außer acht lassen (Ökonomisierung),
   - die die strukturpolitisch *vorsorgende* Komponente zugunsten nachträglicher Maßnahmen ausblenden.
8. Dieser gemeinsamen Definitionstendenz bürokratischer und industrieller Sozial-Technokratien entspricht ihre vereinigte Definitionsmacht, der gegenüber politische Entscheidungsinstanzen zunehmend ins Hintertreffen geraten.
9. Das Wachstum der Sozial-Industrien wie auch der Sozial-Bürokratien ist also auch ein Indiz wachsender Unregierbarkeit des Industriesystems bzw. einer *Krise der politischen Instanz.*

Deren vielfältige Gründe können hier nicht analysiert werden. Generell geht es sowohl um die Entscheidungsfähigkeit *im* Staatssektor als auch um die Entscheidungsfähigkeit *des* Staatssektors im Verhältnis zu den hochorganisierten Erwerbsinteressen. Erstere ist reduziert durch Faktoren wie die immer ungünstigere Relation von zwecksetzend-kontrollierender und exekutiv-bürokratischer Instanz oder das unüberschaubare Ausmaß der Spezialisierung. Die Entscheidungsfähigkeit *des* Staates hat ungleich größere Bedeutung. Sie reduziert sich ebenso durch die immer drängenderen Rücksichten des verschuldeten Steuerstaates gegenüber seinen Finanzquellen wie durch Faktoren der industriellen Machtbildung. Industrielle Macht im Verhältnis zum (National-)Staat erhöht sich im Ausmaß der Akkumulation, Konzentration und Internationalisierung des Kapitals. Immer kleinere Oligarchien entscheiden über immer gewaltigere Investitionsmassen in einem immer weiteren, multinationalen Aktionsfeld. Die weltweite Konkurrenz von Staaten, Regionen und Kommunen um Industrieansiedlungen ist das anschaulichste Beispiel für die Motive staatlicher Interventionsverzichte. Man kann sie ohne aufwendige methodologische Veranstaltungen mit bloßem Auge studieren.

6. *Die Tabuisierung sozialer Problemursachen und ihre Konsequenzen*

Die starke Tabuisierung politischer Interventionen in den Versorgungssektor ist, wie gesagt, Wachstumsbedingung des Entsorgungssektors. Interventionsverzicht und Ökonomisierung von Staatstätigkeiten – sinkende Entscheidungsqualität und wachsende Staatsquantität – hängen also eng miteinander zusammen. An die Stelle eines einmaligen, vorsorglichen, kostengünstigeren „Nein" zur Problemursache tritt in der Tendenz ein doppeltes „Ja": einmal zur Problemproduktion, zum anderen zur kostenträchtigen technokratischen Entsorgung in Form von bürokratisch-industriellen Gegenproduktionen. So erhöht die Verpackungsindustrie die Bedeutung der Abfallbeseitigung, fördert das laute Auto die Anstrengungen auf dem Gebiet des passiven Lärmschutzes, gibt die ungestüme Entwicklung der Chemie dem Gesundheitssektor zusätzliches Gewicht, erhöhen gefährliche (und gefährdete) Großtechnologien die Nachfrage nach Schutzeinrichtungen, von der technischen und polizeilichen Sicherheit bis zum Versicherungs- und Katastrophenschutz. Dem liegt kein zynischer Plan zugrunde. Beunruhigend ist gerade die Naturwüchsigkeit dieses Prozesses.

Das wohl wichtigste Dilemma einer staatlichen Problembearbeitung unter maßgeblicher Beteiligung von Sozial-Industrien ist, soweit sie sich auf Symptombehandlung beschränkt und die Problemursachen einen Wachstumsfaktor enthalten, die *Wiederanstiegstendenz der Symptomvariablen.* Probleme, die das anhaltende Wachstum der Industrie verursacht, weisen typischerweise einen solchen N-förmigen Kurvenverlauf – oder steigende Kosten für Gegenmaßnahmen – auf: Durch Umweltschutz verringerte Emissionsraten bewirken einen nur zeitweiligen Emissionsrückgang, wenn die Zahl der Anlagen bzw. das Volumen emissionsintensiver Produktionen weiter ansteigt. Ähnliches gilt, wenn die Krebsmortalität durch medizinische Maßnahmen reduziert wird, die Krebsmorbidität aber unverändert steigt. Verbesserte Aufklärungsraten bei der Kriminalitätsbekämpfung werden (wenn es sie gibt) durch die allgemeine Kriminalitätsentwicklung langfristig neutralisiert. Ebenso werden Maßnahmen der Verkehrssicherheit durch die Zunahme der Kraftfahrzeuge neutralisiert (dasselbe gilt für geringere Abgas- und Lärmwerte pro Kfz). Ähnlich verschieben technische Energiesparmaßnahmen nur das Verbrauchsniveau, ohne die Anstiegstendenz selbst zu ändern. Rein logisch ergeben Strategien der nicht-ursächlichen Symptombekämpfung (ceteris paribus) folgende Gesetzmäßigkeiten:

1. Die Reduktion von Symptomvariablen wird im Zeitverlauf durch Wiederanstieg neutralisiert, wenn der Anstieg der Ursachenvariablen unberührt bleibt.
2. Der Zeitpunkt des Wiedererreichens des Ausgangsniveaus (N_2) bestimmt sich durch die Reduktionsrate im Symptombereich und das Anstiegstempo im Ursachenbereich. Da beide Werte in aller Regel bekannt sind, können hier relativ verläßliche Prognosen gemacht werden.
3. Die Kosten des wiedererreichten Ausgangsniveaus (N_2) liegen um den Preis der Reduktionsrate höher als die des ursprünglichen Ausgangsniveaus (N_1).
4. Ein gleichbleibendes Symptomniveau wird dauerhaft nur zu einem steigenden Preis erkauft.

5. Die Kosten eines im Wachstumsprozeß *gleichbleibenden* Problemniveaus steigen in der Regel exponentiell an, da die Schwierigkeiten einer immer weiteren Beseitigung von Restproblemen unverhältnismäßige Kostensteigerungen mit sich bringen; die Reduktionsrate aber muß ständig im Maße der Wachstumszunahme erhöht werden, soll ein Wiederanstieg verhindert werden.

Prinzipiell gibt es hier drei Möglichkeiten: die der technologischen Symptombehandlungsstrategie immanente Alternative (a) Wiederanstieg bei gleichbleibenden Kosten oder (b) Niveaustabilisierung zu steigenden Kosten; oder die Strategiealternative zur technologischen Symptombehandlung: (c) *Strukturwandel* in Richtung auf grundsätzlich weniger problemträchtige Sozialformen. Die N-Kurven-Problematik entsteht im Maße der Konservierung solcher Sozialstrukturen.

7. *Fazit*

Das Wachstum der Industriegesellschaften hat Voraussetzungen und Folgen, die immer prekärer werden. Die hier entstehenden Probleme sind in der Regel marktwirtschaftlich nicht zu bearbeiten und werden an den Staat delegiert. Sie können also auch nicht unbesehen wieder „privatisiert" werden. Eine neue Form der Privatisierung hat aber längst Platz gegriffen: die Beteiligung spezialisierter Sozial-Industrien an diesen hoch legitimierten Aufgabenfeldern. Im Gegensatz zur privaten Vermarktung besorgt der Staat hier direkt oder indirekt den Großteil der Finanzierung.

Wir haben bisher immer nur von Sozialkosten gesprochen, ohne den gewaltigen Wirtschaftssektor zu untersuchen, der von ihnen lebt. Wir haben über den Begriff der Sozialkosten aber auch übersehen, wie hoch mittlerweile die Privatkosten für den gleichen Zweck sind: Mehr als ein Viertel des BSP wurde in der Bundesrepublik 1977 für die stark gewachsenen Sektoren Gesundheit, Umweltschutz, Innere Sicherheit sowie Bildung/Forschung ausgegeben (einschließlich der Kosten von Umwelt- und Kriminalitätsschäden). Etwa ein Drittel dieser Ausgaben wurde von Privaten getätigt — der weitaus größte Teil von Betrieben!

Dies scheint mir auch das handfesteste Dilemma dieser Entwicklung (wenn man von dem politisch leider weniger konfliktträchtigen Schicksal der von Krankheit, Umweltbelastungen oder Unsicherheit Betroffenen einmal absieht): Die Problembearbeitungsgebühren, die die Betriebe an den Staat und gesetzliche Versicherungen zu zahlen haben, steigen, aber die erwartete Kostenentlastung bleibt weitgehend aus. Durch eigene quasi-staatliche Zusatzmaßnahmen und nicht verhinderten Schaden (vom krankheitsbedingten Arbeitsausfall bis zur Wasseraufbereitung) entstehen eher zusätzliche ökonomische Belastungen. Ein immer größerer Teil des Brutto-Sozialprodukts setzt also die Probleme des anderen Teils voraus. Die Negativeffekte des Versorgungssektors fördern das Wachstum des staatlich-industriellen Entsorgungssektors. Sie werden damit partiell zur kurzfristigen *Wachstumsbedingung*. Die Frage ist nur, ob dieser Strukturwandel gesamtwirtschaftlich und längerfristig nicht bereits zur *Bedingung reduzierten Wachstums* geworden ist. Die bürokratische Unwirtschaftlichkeit *im* Staatssektor jedenfalls ist der harmlosere Aspekt einer Theorie des Staatsversagens. Die dort zu konstatierende Verschwendung steht noch am ehesten zur Disposition, wenn die oft überschätzte „Finanzkrise" des Staates[14] einmal radikalere Lösungen erfordert (und die von konservativer Seite propagierte Kürzung der für die Sozial-Industrien *nicht* profitablen Sozialleistungen an ihre Grenze stößt). Ein strukturpolitisches „Austrocknen" des Sozial- bzw. Entsorgungs-Sektors hingegen ist derzeit nicht absehbar – obwohl der Staat mit auflagenpolitisch erzwungenen oder steuerpolitisch suggerierten Innovationen im Sinne der "low impact technologies" vermutlich einen gewaltigen Investitionsboom anstoßen könnte.

Anmerkungen

1 Recktenwald, H. C., 1978: Unwirtschaftlichkeit im Staatssektor. Elemente einer Theorie des ökonomischen Staatsversagens, Hamburger Jahrbuch für Wirtschafts- und Gesellschaftspolitik, Tübingen, 155–1966.

2 Jänicke, Martin, 1979: Wie das Industriesystem von seinen Mißständen profitiert. Kosten und Nutzen technokratischer Symptombekämpfung: Umweltschutz, Gesundheitswesen, Innere Sicherheit. Vgl. Jänicke, M. 1978: Umweltpolitik im kapitalistischen Industriesystem, in: ders. (Hrsg.): Umweltpolitik, Opladen.

3 Vgl. insb. Achinger, H., 1958: Sozialpolitik als Gesellschaftspolitik, Reinbek.

4 Diese Gedanken hat – wenngleich mit fragwürdigen Prämissen und Konsequenzen – schon Carl Schmitt 1931 formuliert, als er dem Staat von Weimar das Etikett „total aus Schwäche" verlieh (Schmitt, C. 1931: Der Hüter der Verfassung, Tübingen). Vgl. Fritsch, Bruno 1978: Die Überforderung des Staates. IIVG Papers, Wissenschaftszentrum Berlin, November.

5 Quelle: Statistisches Jahrbuch für die Bundesrepublik Deutschland, laufende Jahrgänge.

6 1978 gab es im Bereich Öffentliche Sicherheit und Ordnung 288 768 Vollbeschäftigte im öffentlichen Dienst der Bundesrepublik (plus 11 567 Teilzeitbeschäftigte). Statistisches Jahrbuch für die Bundesrepublik Deutschland 1979, Stuttgart und Mainz 1979, 421. Privat Beschäftigte im Wach-, Werk- und Begleitschutz gab es 1978 nach einer Schätzung 150 000–160 000 (Süddeutsche Zeitung v. 24.10.1979). Für 1990 rechnet man mit 250 000 Angehörigen von privaten Schutzorganisationen (laut ZDF, Bonner Perspektiven v. 23.9.1979).

7 Quellen: Statistisches Jahrbuch f.d. Bundesrepublik Deutschland, laufende Jahrgänge. Wirtschaftlicher und sozialer Wandel in der Bundesrepublik Deutschland. Gutachten der Kommission für wirtschaftlichen und sozialen Wandel, Göttingen 1977, 467. Materialband zum Sozialbudget 1980, hg. v. BM f. Arbeit und Sozialordnung, Bonn 1980.

8 The State of the Environment. The OECD-Observer, Nr. 98, Mai 1979, 33.

9 Environmental Quality 1978; the Ninth Annual Report of the Council on Environmental Quality. Washington (dez. 1978), 160.

10 Jänicke, Martin: Wie das Industriesystem von seinen Mißständen profitiert, a.a.O., 9.

11 Daten des Gesundheitswesens, hrsg. v. Bundesministerium für Jugend, Familie und Gesundheit, Bonn 1977, 310.

12 Vgl. Jänicke, Martin (Hrsg.) 1973: Herrschaft und Krise, Opladen; Zimmermann, E. 1978: Performanz und Persistenz: Zur Entwicklung eines neuen krisentheoretischen Ansatzes, PVS, 19. Jg., H. 4.

13 O'Connor, J. 1974: Die Finanzkrise des Staates. Frankfurt/M., 74 ff.

14 Vgl. Grauhan, R. R./Hickel, R. 1978: Krise des Steuerstaates? Leviathan, Sonderheft 1.

Strategien der Energieeinsparung

Otto Ulrich

1. *Einleitung*

Politikwissenschaft kann sich nicht mit der Beschreibung gesellschaftlicher Entwicklungen auf der Erscheinungsebene begnügen. Dies gilt ganz besonders in der Energiepolitik und spezieller noch beim Thema: Energieeinsparung. Politikwissenschaftliche Analyse – zumal in entwickelten Industriegesellschaften wie z. B. der Bundesrepublik Deutschland – sieht sich von daher mindestens vor einer doppelten Aufgabe. Sie hat als *Fachwissenschaft* das Thema, wie hier z. B. Energieeinsparung, in seinen Begründungen, Zielsätzen und seinen vor allem staatlich formulierten Ansätzen sozusagen als ,,Basismaterial" zu begreifen, um es dann als *Integrationswissenschaft* im übergreifenden Kontext von ökonomischen Wachstumszwängen, marktökonomischen Bedingungen und der vorhandenen großtechnisch-industriellen Produktionsweise zu diskutieren. Erst diese Projektion der Fachpolitik in die vorgegebene Dynamik entwickelter Industriegesellschaften macht es möglich, Anhaltspunkte dafür zu formulieren, wieweit industriell-konkurrenzwirtschaftlich strukturierte Systeme mit ihren notwendigerweise wachstumskonformen Lösungen die u. a. sichtbarer werdenden ökologischen Herausforderungen bearbeiten können.

Die Ziele der nachfolgenden Ausführungen werden von diesem Selbstverständnis geprägt. Dies besonders deshalb, weil die Legitimität der spezifischen politikwissenschaftlichen Betrachtungsweise – zumal wenn sie sich aktuellen Problemen der industriegesellschaftlichen Entwicklung zuwendet – mehr und mehr auch in der staatlichen Bürokratie anerkannt wird.

Im folgenden geht es darum, den offiziellen Begründungszusammenhang zur Etablierung des neuen Politikfeldes: Energieeinsparung aufzuzeigen und die z. Zt. anzutreffenden – vor allem – staatlichen Lösungsstrategien darzustellen. Wichtig – und das gehört noch zur Erscheinungsebene dazu – ist der Nachweis, ob die Forderungen der außerparlamentarischen Anti-Wachstums-Bewegung (die Ökologisten, die Alternativler) mit ihrem Konzept nach ,,weichen" Energietechnologien nicht längst zum Inhalt entsprechender staatlicher Energieprogramme geworden sind. Dieser Einstieg ins Thema führt zu der politikwissenschaftlich bedeutsamen Fragestellung: Welche Kompetenz kann die darzustellende politische Lösungsstrategie der ,Technologisierung' von Problemen, z. B. der Energieeinsparung, für sich beanspruchen? Diese Frage setzt voraus eine Abschätzung der *Chancen* sogenannter *,,weicher" Technik im Kontext der historisch entwickelten großtechnisch-industriellen Produktionsweise.* Die Antwort auf diesen Zusammenhang erlaubt eine notwendige Einschätzung der *Systemfunktion* *der Alternativ-Bewegung*, führt aber sehr viel allgemeiner zu der Frage nach der *Problemlösungskapazität konventioneller industriell erzeugter Technik* überhaupt.

2. *Begründungen*

Energieeinsparung kann als neue politische Aufgabe für den Staat in entwickelten Industriegesellschaften angesehen werden. Die Wahrnehmung einer neuen Staatsfunktion ist konkret dann zu erwarten, wenn die sogenannte „Außendeterminiertheit" des politischen Systems bestimmt wird von möglichen Krisenentwicklungen bzw. von Ereignissen, deren Zuspitzung als „Krise" interpretiert wird. D. h. die „Ölkrise" vom November 1973 kann als solche externe Anstoßgröße für energiepolitisches Handeln der Staatsadministration gelten.
Die Begründungen für das neue Politikfeld: Energieeinsparung liegen als Zielformulierungen vor.

Aus der Sicht der Bundesregierung läßt sich der für ein „bestimmtes gesamtwirtschaftliches Wachstum erforderliche Zuwachs des Energieverbrauchs durch eine aktive Politik des Energiesparens und der rationellen Energieverwendung ... deutlich verringern". (*Lambsdorff* 1979:49) Dieser wachstumspolitisch motivierte Ansatz für staatliche Aktivitäten zur Energieeinsparung läuft in seiner Konsequenz auf eine „Schonung nicht regenerierbarer Energieressourcen" hinaus und liefert von daher einen „sehr wichtigen Beitrag zu einer kontinuierlichen Entwicklung der Weltwirtschaft". (*Meyer-Abich* 1979:35 ff).

Als weitere positive Ziele erfolgreicher Einsparungsmaßnahmen seien erwähnt:
- der Abbau von Energieverschwendung
- die Verminderung der Importabhängigkeiten
- die Erhaltung der sozialen Verträglichkeit des Energieversorgungssystems
- die Vermeidung von Umweltschäden und -risiken.

„Einsparungen an Energie liegt im Interesse des Zieles einer möglichst kostengünstigen Energieversorgung der Volkswirtschaft". (*Meyer-Abich* 1979:36) Angesichts der enorm gestiegenen Bedeutung des Kostenfaktors Energie ist dies offensichtlich und hat gerade in der energiepolitisch orientierten Wirtschaftsforschung längst eine fruchtbare Diskussion über die Entkopplung von Wirtschaftswachstum und Energieumsatz ausgelöst. (*Hauff* 1978/153 ff.).
„Eine Verminderung der Abhängigkeit der bundesrepublikanischen Volkswirtschaft von Energieträgerimporten und dabei insbesondere von den für die Bundesrepublik kritischen Mineralölimporten, wie sie durch Energieeinsparung erreicht werden kann, würde die Sicherheit der Versorgung erhöhen". (*Meyer-Abich* 1979:35) Eine solche Politik „weg vom Öl" hat zum Ziel, den „Ölanteil an unserer Versorgung von gegenwärtig rund 52 Prozent über 46 Prozent im Jahre 1985 auf rund 27 Prozent im Jahre 2000 zu verringern". (*Lambsdorff* 1979:451) Es geht darum, „Alternativen zum Mineralöl" zu entwickeln, d. h. also „Energieeinsparung als Energiequelle" zu nutzen.
Daß in der Begründung für Energiesparpolitik auch die „Erhaltung der sozialen Verträglichkeit" aufgeführt wird, zielt im Kern auf die Entwicklung einer „weichen" Energiestrategie, die im Prinzip durch sogenannte „alternative" Energietechnologien begründet ist und im Gegensatz zur angelegten großtechnologisch-zentralisierten „harten" Energielinie steht. (Später wird exakt dieser „alternative" Ansatz – wie er vor allem von der Ökologie- bzw. Alternativ-Bewegung vertreten wird – zu analysieren sein.)

Die „Vermeidung von Umweltschäden und -risiken" liefert u. a. auch die Begründung dafür, daß Energieeinsparung als möglicher Ausweg aus einer zunehmenden Wärmeverschmutzung der Erdatmosphäre (Klima-Risiko) aufgeführt wird.
„Eine Fortschreibung der Wachstumsraten der globalen Energieumsätze auf fossiler Basis bis ins nächste Jahrhundert hinein würde jedoch nach derzeitigem Wissen wegen der CO_2-Problematik ein erhebliches Risiko beinhalten.
Wenn Energieeinsparungen hier noch nicht als Abhilfe für bereits akute Problemlagen geboten erscheinen, so sind sie doch notwendig, um riskante Entwicklungen zu vermeiden, zumal es bei großklimatischen Folgewirkungen kaum die Möglichkeit der technischen Kompensation gibt.
Wenn man den Zeitbedarf für die Entwicklung, Vervollkommnung und Einführung energiesparender Technologien berücksichtigt, so spricht alles dafür, daß auch unter diesen Gesichtspunkten bereits innerhalb des nächsten Jahrhunderts eine Entwicklung in Richtung auf eine sparsame Energietechnologie eingeleitet werden muß, um kritische Größenordnungen der globalen Energieumsätze von vornherein zu vermeiden" (*Meyer-Abich* 1979:40)

Die Begründungsstruktur für die politische Aufgabe: Energieeinsparung ist skizziert, die Bedeutung dieses modernen Politikfeldes ist aufgezeigt. Im folgenden sollen die verschiedenen Ansätze der z. Zt. breit diskutierten Energiespar„kataloge" systematisiert und auf ihre prinzipiellen Strategien hin reduziert werden.

3. *Sparstrategien*

Grundsätzlich gilt, daß dem Staat zur Realisierung obiger Ziele der Energieeinsparung administrative (Gesetzgebung, Verwaltung) und monetäre Ressourcen (öffentliche Finanzen) zur Verfügung stehen, die in wirksame Instrumente umgewandelt werden müssen.
Diese grundsätzlichen administrativen und fiskalischen Instrumente kommen gerade im Energiebereich und hier besonders im Energiesparsektor gleichermaßen zur Durchsetzung. (*Gerau* 1977:239 ff.) Daß die Ausformung dieser Instrumente auf ‚Technologisierung der Energieeinsparung' hinausläuft, wird später zu zeigen sein.

Die Sparstrategien sind als Kontroll- und als Innovationsvariante zu begreifen

Um das Charakteristische der Kontrollvariante zu kennzeichnen, soll zunächst eine knappe Definition von „Kontrollierter Technik" geliefert werden.
Kontrolle der ungenutzten Energie emittierenden Industrietechnik meint Eindämmung, Reduzierung der als negativ für Natur und Mensch eingeschätzten Folgen von Technik z. B. durch spezifisch definierte Auflagen bzw. durch eine zusätzliche Technik selber. Im Prinzip wird die vorgegebene „harte" Technik damit nicht berührt, denn es wird nicht versucht, die z. B. Schadstoffe und Wärme emittierende Technik so einzurichten, daß unerwünschte Folgen erst gar nicht produziert werden.
Mit einem stetig dichter und vernetzter werdenden Geflecht von spezifischen Auflagen, Begrenzungen, Richtwerten, Verboten, Bestrafungen sollen die registrierbar, meßbar, sichtbar gewordenen schädlichen, gefährlichen, belastenden Symptome des großtech-

nisch-industriellen Prozesses mit Zusatztechnologien kontrolliert, eingeengt, abgebaut werden, ohne den nicht genutzte Energie emittierenden technologisch-industriellen Prozeß selbst infrage zu stellen.
Der technologiepolitische Ansatz zur Kontrolle energieverschwendender Technologien zielt im Prinzip darauf, durch zusätzliche, industriell erzeugte Technikprodukte die niedrigen Energienutzungsgrade vorhandener Industrietechnik zu verbessern. Die Parallele zwischen einer sich entfaltenden „Energiesparindustrie" und der entwickelten „Umweltschutzindustrie" ist offensichtlich. Hier wie dort soll mittels einer Kontrolle der installierten Technik der Verschwendung von Energie bzw. der Emission von Schadstoffen entgegengewirkt werden.

In bestehenden Gebäuden sollen – so die Absicht – in Zentralheizungen Steuerungsanlagen bzw. Thermostatventile eingebaut werden; bei Ersatzbedarf sollen Fenster mit einer Wärmedämmung durch Doppelglas ausgestattet werden; regelmäßige Wartung von Heizungsanlagen; Begrenzung/Überwachung von Abgasverlusten; Regulierung der Wärmeabgabe; Normierung der Wärmedämmung an Rohren; Energieverbrauchskennzeichnung an Haushaltsgeräten; Erweiterung bestehender Fernwärmesysteme; Förderung der Markteinführung energiesparender Technologien, Verfahren und Produkte; Veränderung der DIN-Norm für den Benzinverbrauch für Pkw's; verbrauchsanzeigende Geräte in Kraftfahrzeugen; Senkung des Kraftstoffverbrauchs durch konstruktive Verbesserungen an Motoren, Hilfsaggregaten etc. (*BT-Drucksache* 8/1358)
Neben dieser auflagenorientierten Kontrolle vorhandener energieverbrauchender Technologien sollen Investitionszuschüsse den Einbau heizenergiesparender Maßnahmen in bestehenden Gebäuden fördern, ebenso den Einbau von Sonnenkollektoren und Wärmepumpen sowie den dezentralen Einsatz von Dieselanlagen zur Strom- und Wärmeerzeugung[1].

Zusammengefaßt heißt dies, in dem Maße, wie mit dem Energiesparprogramm politisch-administrativ intendiert wird, den „Stand der Technik" bei der technologischen Kontrolle von wärmeemittierenden Umwandlungs- und Verbrauchsprozessen zu verbessern, geht dieses staatliche Engagement – definiert als Anerkennung von „Energieeinsparung" als staatliches Ziel – einher mit einem Zuwachs an staatlichen Aufgaben. Der Staat muß legitimationssichernd seine Lösungskompetenz beweisen, nämlich das Energieverschwendungsproblem tatsächlich auch auf der formulierten Linie „Kontrolle der vorhandenen energieverbrauchenden Technik durch zusätzliche Technik" lösen zu können.
Diese technologiepolitisch ausgelegte Kontrollstrategie wird besonders deutlich im „Rahmenprogramm Energieforschung 1974–1977" der Bundesregierung mit dem Förderschwerpunkt „Rationelle Energieverschwendung". Ziel dieses Teilprogramms ist es, die bei Energieumwandlungsprozessen freiwerdende und bislang ungenutzte Abwärme im Niedrigtemperaturbereich zu verwenden, um so sonst notwendige zusätzliche Primärenergie einzusparen.
Der Jahresbericht 1976 des Rahmenprogramms Energieforschung weist aus, daß für den Programmschwerpunkt „Rationelle Energieverwendung" ein Finanzvolumen von ca. 248 Millionen DM allein von Seiten der Bundesregierung aufgewendet wurde. Dieser Betrag wurde zur direkten Förderung von 81 Projekten verwendet, die sich schwerpunktmäßig auf die Fernwärmeversorgung, auf eine rationellere Wärme- und Abwärmenutzung konzentrierten.

Die großen Projekte dieses Programmes befassen sich mit Fernwärmesystemen, der Brennstoffeinsparung bei Warmwasseranlagen, der Nutzung nuklearer Fernwärme im allgemeinen und als „Agrotherm" in der Landwirtschaft im besonderen.
Die Begründung dafür, daß sich die großtechnologische Forschungsförderung des Bundes vor allem auf große und sehr große Unternehmen konzentriert, liefern Hauff/Scharpf: ,,Die staatlichen Stellen wären mit erheblichen Problemen konfrontiert, wenn sie die direkte Förderung auf eine große Zahl weniger bekannter, in ihrer Leistungsfähigkeit schwankenden Unternehmen erstrecken sollte, die auch ihrerseits weniger erfahren im Umgang mit den Möglichkeiten staatlicher Forschungsförderung wären". Diese Art der direkten Technologieförderung benachteiligt kleine und mittlere Unternehmen und muß „deshalb in ihrer strukturellen Wirkung als konzentrationsverstärkend eingeschätzt werden". (*Hauff/Scharpf* 1975:15) So gehören die Ruhrkohle AG, Saarbergwerke, RWE, Thyssen und die Ruhrgas AG als Auftragnehmer zu den „100 größten" Unternehmen in der Bundesrepublik. Die Monopolkommission betrachtet die Zusammenschlußaktivitäten dieser „100 Größten" als „beachtlich". (*Monopolkommission* 1976:184)
Soweit die Diskussion der Kontrollstrategie. Vielfach wird die Sparvariante der „innovativen Technik" auch als ,,alternative" Technik begriffen.
,,Alternative" Technik, z. B. im Energiebereich, wären dann Alternativen zur Nutzung von Erdöl, Kohle, Kernenergie, also Solarenergie, Biogas, Wasser- und Windenergie. Hier trifft sich die Diskussion der außerparlamentarischen Alternativler mit dem Selbstverständnis staatlich-industrieller Lösungsansätze. D. h. der allgemeine ,,Alternativ"-Ansatz erhebt die Forderung nach *Entwicklung weicher und humaner Technikstrukturen*, zielt also inhaltlich auf eine Veränderung der ‚harten' Logik moderner industriell produzierter Technik. Der analoge staatlich-industrielle Ansatz zielt auf Entwicklung neuer Technologien – z. B. Energiespartechnologien –, ohne prinzipiell nach Auswirkungen großtechnischer Prozesse auf Mensch und Natur direkt zu fragen.
Beiden Ansätzen gemeinsam ist aber zweifelsohne der Wille, Basisinnovationen, also grundlegende technische Neuerungen – zumal im Energiesparbereich – zu entwickeln. Die hier gewählte Charakterisierung dieser Vorgehensweise als ‚innovative Technik' rechtfertigt sich deshalb, weil beide Ansätze real nach Alternativen suchen, dabei aber inhaltlich von unterschiedlichen Ausgangspunkten ausgehen – obwohl beide Ergebnisse technisch zu realisierende Innovationen freisetzen.
‚Weich' konkretisiert sich also im Energiebereich – im Gegensatz zu ‚harten' synthetischen Energieträgern wie Uran, Kohle, Gas, Öl – als technisch realisierte Anwendung von *regenerierbaren* natürlichen Energieträgern wie Sonne, Wind, Wellen, Wasser, Biogas.
Im Sinne der Argumente von *Lovins* – einem ,,Papst" der internationalen Alternativ-Energie-Diskussion – läßt sich das technische Konzept ‚weicher' Energietechnologien wie folgt skizzieren.

„Typisch ‚harte' Energietechnologien sind Kernkraftwerke, große Kraftwerke für fossilen Brennstoff, Sonnenenergietürme, Sonnensatelliten, ozeanische thermo-elektrische Systeme, die Kernfusion. ‚Weiche' Technologien umfassen einfache Sonnenkollektoren für die Heizung, die Umwand-

lung von land- und forstwirtschaftlichen Abfällen im Brennstoff auf Alkoholbasis, Windenergie (z. B. zur Elektrizitätserzeugung für Wasser- und Wärmepumpen), photosynthetische Zellen, mit Sonnenwärme gespeiste Motoren und Mikrohydroelektrizität.
Die großen Wasserkraftwerke, die in vielen Ländern bereits bestehen, könnten auf dem Wege der ‚weichen' Technologie benutzt werden, zum Beispiel Hochofenanlagen versorgen. Zur ‚weichen' Technologie gehört das Prinzip, für jede Aufgabe das richtige Werkzeug zu benutzen: es wäre ebenso widersinnig, kleine Windmaschinen für die Hochöfen zu benutzen wie schnelle Brüter für die Heizung von Häusern einzusetzen". (*bbu-aktuell* 14/1978)

Die Förderung von ‚weichen' Energietechnologien stellt im Gegensatz zur Verstetigung der angelegten ‚harten' Energiestruktur – im Selbstverständnis von Lovins und der internationalen Ökologiebewegung – einen Kreuzungspunkt dar.
D. h. eine auf ‚weichen' Energieträgern beruhende energiepolitische Strategie setzt auf eine alternative Zukunft, konträr zum bislang vorgezeichneten risikobelasteten großtechnischen ‚harten' Energieweg. Der schon heute weltweit zu registrierende Widerstand gegen eine weitere nukleare Expansion würde durch die Nutzung von Sonnen-, Wind-, Wellenenergie, der mikrobiellen Photosynthese u. a. sich verlaufen mit der Konsequenz eines reduzierten politischen Legitimationsdrucks. (*Lovins* 1976:77 ff.) Eine ernsthafte Erforschung „alternativer" Energiewege sollte eine Fülle von Basisinnovationen auslösen und könnte auch einen entscheidenden Beitrag zur Lösung des Arbeitsmarktsproblems liefern.
Die zentrale Untersuchungsfrage läßt sich nun wie folgt formulieren: Hat die industriell-technisch längst angelaufene Umsetzung von ‚weichen' Energietechnologien nicht doch wiederum nur eine herkömmliche ‚harte', d. h. kosten- und wartungsintensive Verschleißtechnologie zum Ergebnis?
Die Antwort dazu sei hier am „Rahmenprogramm Energieforschung der Bundesregierung 1974–1977" entwickelt.
Ausdrücklich stehen ‚weiche' Energieträger im Mittelpunkt dieser staatlich-industriellen Forschungsaktivitäten. Ziel des Regierungsprogramms „Neue Energietechnologien" ist neben der „rationellen Energiegewinnung die Erschließung neuer Energiequellen, die Entwicklung neuer Energietechnologien, die umweltfreundlich sind, und ein möglichst hohes Potential für die wirtschaftliche Nutzung versprechen und der Sicherung der Energieversorgung dienen". (*BT-Drucksache* 7/5582)

Der Jahresbericht 1976 weist aus, daß die Bundesregierung zur technologischen Nutzung von Sonnenenergie, Windenergie, zur Energiegewinnung aus Abfällen 55 Projekte mit einem Gesamtfinanzierungsanteil des Bundes von 57 Millionen DM gefördert hat. (Technologien zur Nutzung der Sonnenenergie mit ca. 34 Mio DM, Windenergie ca. 9 Mio DM und Biogas-Anlagen mit ca. 14 Mio DM).
Der Jahresbericht 1976 zeigt, daß im Bereich „Sonnenenergie" 41 Projekte, bei der „Windenergie" 12 Projekte, zur „Energiegewinnung aus Abfällen" 3 Projekte – mit wechselnden Anteilen des Bundes – gefördert wurden.
Allein 51 % des Finanzvolumens für „Neue Energiequellen" wurden an 7 Großunternehmen vergeben: Saarberg Fernwärme AG, Philips GmbH, Dornier System GmbH, Energietechnik AG, Messerschmidt-Bölkow-Blohm (MBB), M.A.N., AEG-Telefunken. Wird noch die Stadt Frankfurt – als Praxisbezug zur Erprobung von Biogasanlagen – hinzugezogen, werden 65 % der Förderungsmittel an umsatzmäßig große Auftragnehmer weitergeleitet.

Das BMFT kommt demnach der populären Forderung der Ökologie-Bewegung nach technologischer Erschließung der natürlichen Energiequellen Sonne, Wind und Biogas nach und hat die finanziell gewichtigsten Projekte an Großunternehmen vergeben.
Am Beispiel der Förderungsschwerpunkte Windenergie (neben Solarkollektoren/-zellen, Sonnen-Kraftwerken, Vergasung von Müll) soll der Transformationsvorgang vom „weichen" Ansatz (Wind) hin zum vermarktungsfähigen, großtechnisch hergestellten neuen Produkt knapp verfolgt werden.

Die *Windenergieanlage*, in der BMFT-Förderung die „Riesenwindmühle" GROWIAN, wird sich im wesentlichen auszeichnen durch: Rotordurchmesser etwa 100 m; Turmhöhe etwa 90 m; maximale Geschwindigkeit an den Spitzen der Rotorflügel 300 bis 600 km/h; Leistung 1 bis 3 MW.
Ein Rotor in diesen Dimensionen kann ca. 300 vollelektrische Wohnungen mit Strom versorgen – solange der Wind mit der notwendigen Geschwindigkeit (12 m/s; Windstärke 6) weht. In Zeiten der Flauten müssen die Stromabnehmer auf Energiespeicher zurückgreifen, die aber erst noch entwickelt werden müssen bzw. es bedarf der Kopplung mehrerer Großanlagen, die Stromausfall durch teilweise lokale Windflaute kompensieren können.
„Wollte man in der Bundesrepublik Deutschland gar die gesamte technisch nutzbare Windenergie in elektrischen Strom umsetzen – mit $220 \cdot 10^{12}$ Wh entspricht dies knapp dreiviertel der 1973 erzeugten Elektrizität –, so wären mindestens 30 000 Anlagen vom Typ GROWIAN erforderlich". (*Umschau* 21/1977:704 f.)
GROWIAN ist zentralisierte Großtechnik, die auf einen hochentwickelten Forschungs- und Entwicklungsorganisator angewiesen ist, wie hier z. B. die M.A.N.

4. *„Technologisierung" als politische Strategie*

Die Analyse der staatlichen Energiesparstrategien hat mindestens folgende generelle Ergebnisse produziert:

1. Das Problemfeld: Energieeinsparung führt – über den Umweg technologiepolitisch formulierter Programme – zu einer öffentlich geförderten „Privatisierung" der die einzelbetrieblichen Kalküle übergreifenden Einsparaufgabe. Dies schlägt sich in der Entwicklung und der Produktion neuer energietechnischer Geräte nieder, die wachstumskonform die Güterpalette der einschlägigen Industriezweige erweitern, um erst über die notwendige Vermarktung erwünschte Einspareffekte zu erzeugen.
2. Das Konzept der Ökologisten und Alternativbewegung nach „weichen" Energietechnologien löst sich in der staatlichen Überantwortung dieser Forderungen an den etablierten großtechnisch-industriellen Produktionsprozeß auf. Das Ergebnis ist eine „harte" kosten- wie wartungsintensive und komplizierte, also konventionelle Verschleißtechnologie.

Beide Ergebnislinien sollen im folgenden spezifisch vertieft werden:

Punkt 1: Gefragt werden muß nach der Leistungsfähigkeit der politisch eingeleiteten ‚Technologisierung' von industriell forcierten Problementwicklungen, wenn dies über die systemkonforme Ökonomisierung zu einer Etablierung spezifischer Problemlösungsindustrien führt, die den konkurrenzwirtschaftlichen Bedingungen nach Wachstum und Gewinn unterliegen. Dieser Prozeß der Delegation staatlicher Problemlösungsansätze (z. B. innerhalb der Forschungs- und Technologiepolitik) an die indu-

strielle Technik soll hier analysiert werden. Das Erkenntnisinteresse liegt vorrangig in der Frage, wie in diesem Ökonomisierungsvorgang staatlicher Aufgaben, die *inhaltliche* Intention, also die politische Absicht, z. B. Energie zu sparen, die Umwelt zu schützen, verloren geht, behandelt oder modifiziert wird.
Diese beabsichtigte Vorgehensweise könnte eine Diskussionsperspektive eröffnen, die hier in Frageform angedeutet sei: Greift nicht die Frage nach der Effizienz staatlicher Lösungsansätze von industriell erzeugten Problemen zu kurz, wenn sie bei der privaten „„Ökonomisierung" dieser Aufgaben stehen bleibt? Wird nicht der eigentliche Gegenstand staatlicher Lösungsstrategien, d. h. der industriell produzierte Techniktyp, ausgeblendet, wenn die Diskussion im konventionellen Rahmen der politischen Ökonomie verharrt, sich also auf die Logik privaten Kapitals, den Kapitalinteressen usw., reduziert?

Punkt 2: Indem Staat und Industrie sich den „weichen" Technologieansatz der Ökologisten in spezifischer Weise zu eigen machen, rückt das Selbstverständnis der Alternativ-Bewegung und deren Systemfunktion in den Mittelpunkt des Analyseinteresses. In dem Maße, wie immer mehr – vor allem junge Menschen – aus der offiziellen Wachstums- und Fortschrittgläubigkeit „aussteigen" bzw. gar nicht erst „einsteigen", um stattdessen in und an überschaubaren „Alternativen" zu arbeiten, zu leben, gleichzeitig aber Industrie und Staat alternatives Gedankengut aufgreift und über den technisch-industriellen Produktionsprozeß wachstumskonform wendet, müßte dies eigentlich mit einer *Desillusionierung der ökologischen Bewegung* einhergehen. Exakt dieses ist vorläufig nicht der Fall. Mögliche Gründe dafür sollen skizziert werden.

4.1 Staatliche Technologiepolitik als Industriepolitik

In der Selbstdarstellung staatlicher Forschungs- und Technologiepolitik reflektiert sich ein allgemeines und ein besonderes Interesse.
„Die Forschungs- und Technologiepolitik der Bundesregierung soll dazu beitragen, die Leistungs- und Wettbewerbsfähigkeit unserer Volkswirtschaft zu erhalten und zu steigern, um die Arbeits- und Lebensbedingungen der Bürger und damit die Lebensqualität verbessern zu können". (*BMFT-Programm Energieforschung* 1977:11)
In dieser Begründung klingt sowohl die ökonomische Orientierung und Funktionalität staatlicher Technologiepolitik als auch die soziale Legitimationsnotwendigkeit dieses Politikfeldes selber an.
Daß Technologiepolitik neben der ökonomischen Funktionalität aus legitimatorischen Gründen auch Reformpolitik sein muß bzw. sein will, wird deutlicher bei Matthöfer. (*Matthöfer*, in: *Hauff/Scharpf* 1975:7 f.)

„Angesichts weltweiter Verknappung, ja absehbarer Erschöpfung von Rohstoffen und Energiequellen und zunehmend gefährlicher Umweltverschmutzung ist es heute wichtiger als je zuvor, in der von rascher Expansion geprägten Nachkriegszeit die zentrale Rolle technologischer Entwicklungen und Innovationen für das wirtschaftliche Wachstum herauszustellen (...). Die Notwendigkeit einer intensiven Forschungs- und Technologiepolitik als Voraussetzung der Modernisierung unserer Wirtschaft, zur Sicherung neuer Absatzchancen und damit der Arbeitsplätze in einer sich verändernden Weltwirtschaft aufzuzeigen".

Staatliche Technologiepolitik erhält nach dieser Interpretation eine reformstrategische Bedeutung („Modernisierung der Volkswirtschaft" angesichts der „Erschöpfung von Rohstoffen und Energiequellen" etc.) und „muß sich als eine richtungsweisende, antizipative Strukturpolitik begreifen, die gleichzeitig Anreize für neue Investitionswellen schafft". (*Matthöfer*, in: *Hauff/Scharpf* 1975:7 f.)
Zwar hat sich die frühere Reformorientierung der Forschungspolitik (vgl. SPD-Orientierungsrahmen '85) als Illusion erwiesen: ein wachsender Staatsanteil zur Finanzierung von neuen Reformen ist nicht durchsetzbar, da die vorhandenen finanziellen Mittel weitgehend zweckgebunden sind, geblieben ist aber das Selbstverständnis „Technologiepolitik als Strukturpolitik"[2], speziell als „Industriestrukturpolitik" zu begreifen. (*Hauff/Scharpf* 1975:41 ff.)
Hauff/Scharpf plädieren für eine „Strategie des aktiven Strukturwandels" in der Bundesrepublik, die sie u. a. wie folgt begründen:

„Die Erschließung neuer Energiequellen und energiesparender Verfahrensweisen, die Erschließung neuer Rohstoffquellen und die Wiederaufbereitung von Abfallstoffen, Umweltschutz, öffentliche Verkehrs- und Kommunikationssysteme, der Einsatz neuer Technologien zur besseren Befriedigung von „nichtmarktfähigem" Bedarf in der Medizin, bei den kommunalen Technologien oder bei neuartigen und leistungsfähigen Einrichtungen können für die Wirtschaftsstruktur der Zukunft ... Bedeutung erlangen". (*Hauff/Scharpf* 1975:30)

Dieser Anspruch auf die staatliche Forschungs- und Technologiepolitik übertragen heißt, „sich vor allem auf den Bereich der Entwicklung neuer Produkte und Technologien zu konzentrieren". Um diese „Führungsfunktion" der Technologiepolitik wahrnehmen zu können, ist eine neu definierte, systematisch angelegte und auf Strukturveränderung ausgerichtete sektorale Strukturpolitik und eine auf „strukturpolitische Zielsetzungen ausgerichtete Forschungs- und Technologiepolitik notwendig".
Charakteristisches Defizit bleibt aber, den „marktrelevanten Bedarf zu konkretisieren", was zur „eigentlichen Aufgabe einer staatlichen Forschungs- und Technologiepolitik als Instrument des aktiven Strukturwandels" stilisiert wird.
Diese „Bedarfsungewißheit" wird abgebaut dadurch, daß der Staat als „wichtigster Abnehmer ... den künftigen Bedarf unmittelbar oder mittelbar durch seine Politik bestimmt". Dieser „öffentliche Bedarf" liefert der staatlichen Forschungs- und Technologiepolitik die Möglichkeit, „in unmittelbarer Abstimmung mit politischen Entwicklungs- und Leistungszielen der Gesundheitspolitik, der Verkehrs- und Kommunikationspolitik oder der Energie- und Umweltschutzpolitik ihre eigenen Forschungs- und Entwicklungsschwerpunkte zu bestimmen".
Im Rahmen dieses Konzeptes soll also staatliche Technologiepolitik als „Fenster" wirken, durch das – auf der Grundlage staatlich definierter Zielsetzungen und damit verbundener spezifischer Forschungsprogramme – auf die Produktionspalette der privaten Industrie – über den Umweg von Innovationen und deren diffusen Effekten[3] – materiell-politisch definierter Einfluß ausgeübt werden soll. Diese „Fenster-Philosophie" – konkreter gefaßt als „aktive Strukturpolitik" – reflektiert aber bei gegebener privatökonomischer Struktur der Gesellschaft nicht, daß sich Technologiepolitik und deren materiellen Richtungsbestimmung in den meisten Fällen nur durch pri-

vate Güter und damit über die vorhandene industrielle Produktionsweise, also die entwickelte Industrietechnik, vermitteln muß. Hinzu kommt, daß die *inhaltliche* Ausrichtung staatlicher Forschungs- und Technologieausgaben insofern selektiv vorgeprägt ist, als sie „ökonomischen Erfordernissen" der Privatökonomie entsprechen muß. Alle anderen Vorgaben, die über dieses strukturelle Datum hinausgehen, sind entweder Absichtserklärungen aus legitimatorischen Gründen und/oder können nicht von der großtechnischen Produktionsweise des entwickelten Industriesystems realisiert werden.

Anders formuliert: Staatliche Technologiepolitik ist strukturell darin *gehindert*, die Planung neuer Technologien nach ökologischen Kriterien, also nach nichtmonetären Kenngrößen, zu organisieren – wegen des privaten Produktionsprozesses –, sie ist gezwungen, eine private Ökonomisierung ihrer Aufgaben vorzunehmen, um so zu primär wachstumskonformen Ergebnissen zu gelangen.

4.2 Systemfunktion der Alternativ-Bewegung

Die in der obigen Technologieanalyse ermittelte großtechnische und industriewachstumskonforme Realisierung von ‚alternativer' Technik fällt direkt auf das Selbstverständnis der Alternativ-Bewegung zurück.

Möglicherweise ist das alternative Technikkonzept nur dann in sich geschlossen, realisierbar und von „natürlicher Vielfalt, z. B. dezentral, menschlich, selbstbestimmt, gesund, verständlich, sparsam, ökologisch", *(Westberliner Stattbuch* 1978:26 ff.) wenn die praktische Realisierung dieser konzeptionellen Technikvorstellungen im originären Verständnis der Alternativ-Bewegung reduziert bleibt auf die Wieder- bzw. Neuverwertung von an sich ausrangierten industriell-technisch erzeugten Wirtschaftsgütern, wie z. B. alten Autos, Radios, Kühlschränken etc. Diese Konsequenz heißt aber, daß die Alternativ-Bewegung dann mit ihrem Konzept einer „Neben"-Technologie einen Beitrag zu einer ökologisch orientierten Reform der Technik liefert, wenn sie sich tatsächlich außerhalb der von Staat und Ökonomie betriebenen Wachstumspolitik bewegt.

Bei der heutigen Dominanz funktionierender Großtechnik kann wohl eine solche Struktur der Technik nur in einer sich bewußt vom „bestehenden System" isolierenden Alternativ-Bewegung seine prinzipiell industrie-wachstumsfeindliche Entfaltung finden.

Aber: Die offizielle Nicht-zur-Kenntnisnahme der Existenz eines längst weitgestreckten und doch eng verflochtenen „alternativen" Netzwerkes[4] kann doch nicht verhindern, daß von dieser an sich „fortschrittsfeindlichen" Bewegung eine zunehmende Attraktivität ausgeht.

Ein Beitrag zur Klärung dieses „Phänomens" könnte folgender sein:

Der individuelle selbständige Versuch, verlorgengegangene Erfahrungsverhältnisse (Hartmut von Hentig) durch aktiven Einsatz, z. B. beim Bau von selbst gefertigten Gebrauchstechnologien, zurückzugewinnen, muß als aktuelles Gegenstück zur Flucht aus der großtechnischen Rationalität mit seiner Isolierung, Monotonie, Undurchschaubarkeit, Streß und Frustration interpretiert werden.

Die Flucht aus vorgefertigten Deutungsmustern, der Einsatz schöpferischer Arbeit durch „Knopfdruck"-Aktivitäten, beschleunigt die Suche nach Beteiligungsmöglichkeiten und den Wunsch nach Selbsterfahrungen. Die industriell-vorgefertigten Wirklichkeitsdeutungen, gepaart mit den unabsehbaren ökologischen Folgeproblemen der industriellen Produktion, führen dann auch dazu, Erfahrungszusammenhänge bewußt zu suchen, in denen die wahrnehmbare Wirklichkeit angemessen repräsentiert ist. Das als subjektiv vordringlich erkannte Ziel – nämlich die Entwicklung von ökologisch angepaßten Lebens- und Produktionsweisen – soll die eigene Selbstentfaltung fördern und die Ich-Identität stabilisieren. D. h. die hohe Attraktivität der Alternativ-Bewegung bedingt sich aus ihrem inhaltlichen Ansatz, nämlich auf breiter Ebene die Diskussion um alternative Lebens- und Produktionsformen als Gegenstück zu der durch technologische Rationalität verödeten „normalen" Lebensweisen zu aktivieren, zu pflegen und zu differenzieren. Mittels dieser längst bewußt formulierten Strategie wird die Alternativ-Bewegung gleichsam zu einer Art „neuen Religion", die den Menschen und den sparsamen und sensiblen Umgang mit der Natur in den Mittepunkt ihre Bemühens um eine Gleichgewichtstechnologie stellt.

Der sich in dem mittlerweile über die ganze Bundesrepublik erstreckenden alternativen Netzwerk ausdrückende stille Protest gegen weiteres Wirtschaftswachstum in Verbindung mit dem Ziel, „das bestehende System zu vergessen und eine Alternativgesellschaft aufzubauen", (*Stattbuch* 1978:26) immunisiert sich vorerst noch selbsttätig gegenüber parteipolitischen oder staatlichen Bemühungen, diese „noch nicht verlorene Generation" in die Wohlstands- und Wachstumsideologie zu reintegrieren.

Symptomatisch für diese Schwierigkeiten, die zunehmende Abwendung von einem Leben in den großtechnisch vorgeformten Industriekulturen abzubauen, ist die Verständnislosigkeit darüber, warum jener Legitimationsmechanismus immer weniger funktioniert, der bislang ausreichte, das Wählerpublikum allein mit der Höhe bereitgestellter öffentlicher Finanzen, z. B. für Umweltschutz, zu interessieren, wobei jetzt aber, bei wachsendem Umweltbewußtsein, plötzlich auch nach den erreichten Inhalten gefragt wird.

Die Begründung dafür, daß bei allen anzuerkennenden Leistungen (in der Umweltschutzpolitik) der Wähler letztlich doch zunehmend schwerer von der Wirksamkeit staatlicher technologiepolitischer Maßnahmen zu überzeugen ist, muß in dem staatlich geförderten und industriell entwickelten *Techniktypus* gesehen werden. Der großtechnische Ansatz, mittels Kontrolltechnologien die Umweltverschmutzung einzudämmen, führt eben unter großtechnischen Bedingungen, die den aktiv handelnden Menschen eliminiert, zur Isolation, zur Entfremdung usw. Reflex dieser von moderner Industrietechnik systematisch erzeugten Entwicklung ist es, daß die Alternativ-Bewegung als Auffangbassin für die von modernen Technikstrukturen bzw. deren Auswirkungsdefiziten geschädigten „Techno-Dissidenten" eine bislang *industriell nicht erzeugbare Integrationsfunktion* wahrzunehmen hat, die es ihr als „Neben"-Bewegung erlaubt, das Technikthema außerhalb des politischen Kräftespiels nach eigenen Regeln zu bearbeiten.

Das Alternativkonzept ist in seiner Gesamtheit charakterisiert durch den permanenten Zwang, nicht von den auf stetiges Wachstum angelegten Prinzipien von Staat und Ökonomie im Sinne weiteren Industriewachstums instrumentalisiert zu werden. Die hier angedeutete, stetig prekäre Balancesituation und der daraus resultierende Abgrenzungsdruck („das bestehende System zu vergessen") verhindert aber doch nicht, daß bei aller „praktischen Kritik am spätkapitalistischen Wirtschafts- und technokratischen Staatssystem" die eigene Handlungslegitimation u. a. damit begründet wird, daß „jetzt ... Unternehmer und Konzerne" mit Sonnenkollektoren, Windmühlen etc. „einen neuen Markt entdecken, werben, manipulieren und Gewinne scheffeln". (*Stattbuch* 1978:43)

Tatsächlich kann dieses Abgleiten aus der „Neben"-Existenz der Alternativkultur in den Prozeß der wachstumsorientierten Systemrationalität nicht als Einzelfall bzw. einmaliger „Ausrutscher" aufgefaßt werden.

Das obige Technologiebeispiel (Windenergie) lieferte den Beleg dafür, mit welchem Ergebnis alternatives Innovationspotential, transformiert über das politisch-administrative System, zur industriellen Aufarbeitung in das „System Technik" gelangt, um dort zu neuwertigen Gütern verarbeitet zu werden.

Diese Konsequenz deutet sich an für Alternativtechniken in der Ernährung, der Medizin, der Kommunikation, der Arbeit, des Verkehrs, des Wohnens. In all diesen und anderen Feldern läuft längst die Produktion von alternativem Gedankengut bzw. Kommunikationsformen. Aber die Alternativ-Bewegung als „Neben"-Bewegung kann explizit keine unmittelbare politische Macht, z. B. innerhalb des parlamentarischen Systems, ausüben, will sie nicht ihre selbst auferlegte Rolle, eine „Alternative" zum bestehenden System zu sein, aufgeben. Die Tatsache, daß sie objektiv aber doch als Ideenspender im Sinne konventionellen Industriewachstums instrumentalisiert wird, findet vielfältige Belege in dem Bemühen der großen Parteien, die wählerwirksamen Inhalte der „grünen" und „bunten" Parteien, soweit sie konzeptionelle Elemente enthalten, selbst zu besetzen bzw. stärker als längst angelegtes eigenes Themenprofil herauszustellen.

Ergebnis:

Das Teilprogramm „Neue Energiequellen" entspricht wegen der staatlichen Förderung der technologischen Erschließung von Sonne, Wind, Biogas ganz zentral den Forderungen der „Alternativ-Bewegung". D. h. die „grünen" Parteien müssen der *großtechnischen* Aufarbeitung „ihres" Ideenguts zusehen, denn es geschieht exakt das, was ihre „grünen" Programme anstreben. Der hier sichtbar werdende Mangel an politischem Realismus der grünen Parteien ist prinzipiell auf ein historisch inadäquates Technikselbstverständnis zurückzuführen.

D. h.: Offensichtlich sitzen Alternativ-Bewegung bzw. ihr politischer Arm, die „grünen" Parteien, einerseits, aber auch staatliche Technologiepolitik andererseits einem historisch vermittelten Prozeß der Ausformung technischer Entwicklungslinien auf und sind von daher gezwungen — obwohl sie diese Dynamik auf ökologische Anforderungen umlenken wollen — *bei der Nichtexistenz einer ökologischen Technologieplanung* letztlich doch ausschließlich im Sinne konventionellen Industriewachstums zu funktionieren.

Anmerkungen

1 Im Prinzip liegen auch die Energiesparansätze von Eppler bzw. der Ökologisten und Alternativler exakt innerhalb der hier generell als Kontrollvariante charakterisierten Sparstrategie. Wichtig ist die Erkenntnis, daß der Staat längst die entsprechenden Sparforderungen der außerparlamentarischen Veto-Gruppen in sein Energiesparprogramm aufgenommen hat und es u. a. durch spezifische Programme unterstützt (vgl. unten „Rationelle Energieverwendung").

2 So der Untertitel der Arbeit von Hauff/Scharpf.

3 Am Beispiel des Verhältnisses Bildungs-/Beschäftigungssystem läßt sich gut nachweisen, daß die vom „technischen Fortschritt" ausgehenden qualifikationsmäßigen Beeinflussungen der Arbeitsplatzstrukturen tatsächlich „diffus", also nicht gezielt, auf das Qualifikationsangebot des Arbeitsmarktes ausgerichtet sind. D. h. das Ergebnis von technischen Innovationen ist präventiv nicht konkret zu ermitteln.

4 Vgl. u. a. die Bibliographie zur internationalen Alternativ-Bewegung, in: Technologie und Politik Nr. 11 und 12.

Literatur

Bundesminister für Forschung und Technologie (Hrsg.), 1977: Programm Energieforschung und Energietechnologien 1977–1980. Bonn.

Energie- und wirtschaftspolitische Zielsetzungen für das Vierjahresprogramm „Energieforschung und -technologien für 1977–1980". Antwort der Bundesregierung auf kleine Anfrage der CDU/CSU vom 13.7.1976. BT-Drucksache 7/5582.

Gerau, Jürgen, 1977: Politische Ökologie der Industrialisierung des Umweltschutzes, in: Leviathan 2, 239–270.

Hauff, Volker (Hrsg.), 1978: Argumente in der Energiediskussion. Energie, Wachstum, Arbeitsplätze. Band 4/5. Villingen.

Hauff, Volker und Scharpf, Fritz, 1975: Modernisierung der Volkswirtschaft. Technologiepolitik als Strukturpolitik. Köln.

Lambsdorff, Otto, 1979: Aktuelle und langfristige Perspektiven der Energiepolitik, in: Bulletin der Bundesregierung Nr. 51, 448–452.

Lovins, Amory, B,. Oktober 1976: Energy Strategy. The Road not Taken? In: Foreign Affairs 1, 65–98.

Matthöfer, Hans, 1975: Vorwort in: Hauff, Volker und Scharpf, Fritz: Modernisierung der Volkswirtschaft. Technologiepolitik als Strukturpolitik. Köln.

Meyer-Abich, Klaus M., (Hrsg.) 1979: Energieeinsparung als neue Energiequelle. Wirtschaftspolitische Möglichkeiten und alternative Technologien. München. Wien.

Monopolkommission, 1976: Mehr Wettbewerb ist möglich. Hauptgutachten 1973/75. Baden-Baden.

Umschau aus Wissenschaft und Technik, 21/1977, 704.

Westberliner Stattbuch, 1978: Ein Alternativer Wegweiser. Berlin.

Zweite Fortschreibung des Energieprogramms der Bundesregierung. Bundestags-Drucksache 8/1358.

Energiealternativen und Öffentlichkeit

Burkhard Strümpel

Es wäre falsch, die Hartnäckigkeit, mit der sich die Energiepolitik unter den aktuellen gesellschaftlichen Problemen behauptet, allein auf die Nachwirkungen der Ölkrise zurückzuführen. Vielmehr bündeln sich in Sachen Energie wie unter einem Brennglas die Desorientierung, das Unbehagen, die Malaise im Verhältnis zwischen Öffentlichkeit und gesellschaftlichen Institutionen, die die 70er Jahre plagen. Da ist zunächst die immer stärkere Verknüpfung der Energie-Diskussion mit der etwas älteren, aber in ihrer Intensität ungebrochenen Umweltdebatte: Die Verbrennung fossiler Energieträger ist die wohl wichtigste Quelle der Umweltverschmutzung wie auch die Abwärmeprobleme. Man denke auch an die Veränderung des Landschaftsbildes durch Kraftwerke und Überlandleitungen und schließlich an die Kontroverse um die Sicherheit der Kernenergie. Da ist weiterhin der Autoritätsschwund der Technik. Die entscheidende Rolle bei energiepolitischen Entscheidungen ist traditionell technisch orientierten Fachleuten vorbehalten gewesen. Jetzt muß sich die extrem komplexe Kernkrafttechnik mit massiver Kritik an ihrer Daseinsberechtigung auseinandersetzen; Kritik, die immer wieder nachdrücklich von Nicht-Fachleuten vorgebracht wird. Da ist drittens der Zweifel daran, ob das materialintensive Wachstum der Nachkriegszeit eine Zukunft hat. Die kostspieligsten und symbolträchtigsten Konsumgüter erfordern für ihre Herstellung und Unterhaltung überproportional hohe Anteile an Energie. Extraktion von Rohstoffen, Be- und Verarbeitung, Konsum materialintensiver Güter, die verbindenden Transportleistungen beruhen sämtlich auf dem Medium des Energiesatzes, das somit zu einer Art Generalnenner des gleichen Wachstums wird, dessen Begleiterscheinungen ins Gerede gekommen sind.

Diese Einbettung der Energiediskussion in die Umwelt-, Technologie- und Wachstumsdebatte hat zu einer Polarisierung geführt, die einer gewissen Stereotypierung Vorschub leistet und einer Versachlichung im Wege steht. Wer Vorschläge zur Energieeinsparung entwickelt, die die Existenzberechtigung eines geplanten Kraftwerkes in Frage stellen, läuft Gefahr, unmittelbar die Opposition derjenigen herauszufordern, die zentralen Großtechnologien allgemein positiv gegenüberstehen, die Arbeitsbeschaffungsprobleme nur über Expansion gelöst sehen können, kurz, die ein Wachstum alten Stils befürworten. In der Energiediskussion schlägt sich eine solche Polarisierung in der recht groben Klassifizierung „harter" und „weicher" Lösungen nieder, die schon deshalb hier referiert werden sollen, weil sie die herrschenden Frontstellungen durchaus treffend beschreiben.

Die Verfechter einer harten Antwort auf die durch das Ölembargo offenbar gewordene Bedrohung der Energieversorgung gehen davon aus, daß das rapide Wachstum der Produktion materieller Massengüter der Nachkriegszeit keine Ausnahmeerscheinung

war. Diese Art des Wachstums ist denn auch in der Zukunft auf leichten Zugang zu immer reichlich fließenden Energiequellen angewiesen, wie auch die historisch bisher einmaligen Wachstumsraten der 50er und 60er Jahre durch langfristig fallende relative Preise für Energie begünstigt wurden. Diese Lösung beruht weiterhin auf der raschen Entwicklung und dem Ausbau komplexer zentralversorgender Technologien, besonders zur Stromerzeugung. Langfristig läuft dies auf die Kombination von Kohle und Schnellen Brütern hinaus, wobei Kohle und andere energiehaltige Mineralien die Grundlage für synthetische Brennstoffe bilden, während Strom durch den Brüter erzeugt wird. Während somit die harte Antwort typischerweise in Plänen zu einer groß angelegten Erschließung nicht importabhängiger Energiequellen besteht (Ölschiefer, Kohlehydrierung, Kernenergie), d. h. in einer sehr kostspieligen Aufrechterhaltung und Sicherung der ursprünglich extrapolierten und geplanten Angebotsmenge, ist die weiche Lösung eher auf die Beeinflussung der Nachfragerseite aus. Gefragt wird in erster Linie nicht: Wie können wir eine sich selbst überlassene Nachfrage mit dem entsprechenden Angebot versehen? sondern: Was können wir tun, um die Nachfrage an die prekär gewordene Angebotssituation anzupassen? Dieses Konzept harmoniert mit der Vision einer wirtschaftlichen Zukunft, die stärker auf die zusätzliche Nutzung menschlicher anstatt physischer Resourcen gegründet ist. Entsprechend wird die Notwendigkeit betont, rasch und entschlossen die Effizienz des Energieeinsatzes zu erhöhen, die Nutzung regenerierbarer Energiequellen (besonders Sonnenenergie, aber auch Energie aus Wind, organischen Abfällen, dezentraler Kraft-Wärme-Koppelung) voranzutreiben, mit zentraler und komplexer Großtechnologie kurzzutreten und Umweltschutzbelange – selbst um den Preis einer Verteuerung des Energieeinsatzes – zu verfolgen.
Die weiche Lösung ist gegenüber der harten mit einem vielleicht entscheidenen Handicap belastet: Sie harmoniert nicht gut mit den herrschenden Zielen, Organisationsformen und Erfolgskriterien der Institutionen der Energiewirtschaft. So sind z. B. die internationalen Ölgesellschaften ebenso wie die Kraftwerkswirtschaft weit besser darauf gerüstet, auch schwierige Versorgungsprobleme durch Einsatz von Großtechnik und -organisation zu meistern als technisch einfache, dafür aber organisatorisch innovative dezentrale Lösungen zu betreiben. Auch hat die „Energiequelle Energieeinsparung" (Meyer-Abich) oder auch die Sonnenenergie noch nicht zur Herausbildung eines der unter den Fittichen des Umweltschutzes prosperierenden „Ökoindustrie" vergleichbaren Wirtschaftszweiges geführt.
Wenn dennoch die Chancen der weichen Alternative nicht von vornherein als ungünstig zu beurteilen sind, so liegt dies an dem beherrschenden Einfluß der Öffentlichen Hand, die sich den anfangs skizzierten kulturellen Trends und ihren politischen Konsequenzen weniger entziehen kann als die privaten Unternehmen. Große Teile der Energiewirtschaft sind entweder Eigentum des Staates oder auf Subventionen angewiesen, werden durch hohe Sondersteuern belastet oder unterliegen als Monopolunternehmen der Versorgungswirtschaft einer intensiven öffentlichen Aufsicht. Die großen Investitionen (Kraftwerksbau, besonders Kernkraftwerke) müssen in komplizierten Verwaltungsverfahren teilweise unter Einschaltung der Gerichte, genehmigt werden. Nicht nur unterliegen die Preise bzw. Tarife der Genehmigung durch die Verwaltung, auch ist Investitionslenkung hier bereits Wirklichkeit geworden.

Die Regierungen der westlichen Industrieländer haben bisher vor der Aufgabe versagt, die harten und weichen Strategien miteinander zum Ausgleich zu bringen. So werden gegenwärtig nach einer groben Schätzung des Secretariat for Future Studies (1977) der schwedischen Regierung auf der Welt für die harte Lösung zwanzigmal soviel Forschungs- und Entwicklungsmittel wie für die weiche Lösung bereitgestellt. Man kann dennoch von einer gewissen Lähmung der Energiepolitik sprechen, wie sie sich in dem Kontrast zwischen lauthals angekündigten Programmen und ihrer Vereitelung durch eine Art „Antiplanung" der Aufsichtsbehörden und Gerichte, aber auch in Planänderungen niederschlägt. So wurden in der Bundesrepublik die Pläne für den Kraftwerksbau nicht nur durch Gerichtsurteile verzögert oder gar verhindert, sondern auch durch schnell aufeinander folgende Planrevisionen durch die Bundesregierung und die Energiewirtschaft selbst.

Die Rolle der breiten Öffentlichkeit in diesem Konflikt ist von zwei Seiten her zu analysieren. Erstens geht es um das Marktverhalten des Konsumenten: Sollte er sich bereitwillig an schwierige Versorgungssituationen anpassen, z. B. indem er seine Nachfrage verringert, so würde dies die Erfolgschancen „weicher" Strategien erhöhen. Zweitens geht es um die Mitwirkung des Staatsbürgers an der energiepolitischen Willensbildung, die, wie wir gesehen haben, das institutionelle Verhalten der Energiewirtschaft entscheidend prägt und damit indirekt auch den Rahmen absteckt, innerhalb dessen sich der Energiekonsum des Konsumenten abspielt.

1. Konsumentscheidungen

Die vorhandene Evidenz über die Bereitschaft von Verbrauchern zur Energieeinsparung ist kasuistisch, auf die Periode kurz nach der Ölkrise beschränkt und muß auch in diesem besonderen Zusammenhang gedeutet werden. Wir greifen hierbei vor allem auf die Ergebnisse repräsentativer Bevölkerungsumfragen in den USA und der Bundesrepublik Deutschland zurück, wie sie von Strümpel (1977a) ausführlich dargestellt worden sind. Dort werden drei Voraussetzungen für eine grundlegende Änderung des Konsumverhaltens in der Krise herausgehoben. Verhaltensänderung setzt einmal Betroffenheit voraus. Die Lage muß ernst sein, die Schwierigkeiten müssen eine Fühlbarkeitsschwelle übersteigen. Weiterhin muß das gewünschte Verhalten zieladäquat sein, nicht „wehtun", Aufwand und Ertrag müssen in einem vernünftigen Verhältnis stehen. Das ist der Fall, wenn eine Einschränkung als echter Beitrag zur Problemlösung gesehen wird, aber auch dann, wenn die Preiserhöhung einschneidend genug ist, um die Verhaltensänderung durch eine fühlbare Kostenersparnis zu belohnen. Und schließlich setzt die Verhaltensänderung ein Klima der Legitimation voraus. Solidarisches Verhalten wird erleichtert, wenn alles „mit rechten Dingen zugeht", und wenn die politische Führung für eine gleichmäßige Verteilung der Lasten Sorge trägt. In diesen Kategorien läßt sich nun die Reaktion auf die Ölkrise beschreiben. Das Embargo führte zumindest vorübergehend zu einer akuten Bedrohung der Versorgung, die auch sofort von der öffentlichen Meinung beider Länder erkannt wurde. So äußerten kurz nach dem Embargo mehr als die Hälfte der Amerikaner, es handle sich hier um ein sehr ernstes Problem; darunter sah jeder Zweite hierin sogar das wichtigste Problem, das zur Zeit die Nation bedrohe. Und im November 1973 glaubten etwa drei Viertel der Deutschen, das Benzin könne in den nächsten zwei bis drei Monaten so knapp werden, daß es zu ernsten Versorgungsschwierigkeiten kommen müßte. Die verfügten dramatischen Maßnahmen, wie Sonntagsfahrverbot (nur in Deutschland) und Geschwindigkeitsbegrenzung (in den USA auf 90 Stundenkilometer) demonstrieren, daß andere den gleichen Einschränkungen unterliegen und auch den Gürtel enger schnallen müssen. In beiden Ländern erschien eine Konsumeinschränkung sinnvoll aus drei Gründen: Erstens machten einschneidende Preiserhöhungen Einsparungen erforderlich und lohnend, zweitens stellte sich nach einiger Zeit heraus, daß marginale Konsumeinschränkung kaum weh tut, ja sogar bisweilen verschüttete Erlebnispotentiale freilegen kann, wie z. B. die Entdeckung des Fahrradausfluges am freien Sonntag, und schließlich schien individuelles Verhalten sich zu einem wirksamen Beitrag zur Lösung der gesellschaftlichen Krise aufzuaddieren.

So verwundert es denn auch nicht, daß die Maßnahmen zur Konsumeinschränkung widerspruchslos ertragen wurden und daß sich beträchtliche Einschränkungen auf beiden Seiten des Atlantiks nachweisen lassen, wie sowohl aus den Statistiken als auch aus den Umfragen hervorgeht.

Alles in allem deuten diese Ergebnisse darauf hin, daß die Mehrzahl der Betroffenen in der Krise nicht unbedingt versuchten, das meiste für sich selbst herauszuholen, sondern hauptsächlich darauf bedacht waren, nicht weniger als der liebe Nächste zu erhalten. Den Regierungen stand im Ernstfall in der Rationierung ein Instrument zur Verfügung, das für einen Großteil der Bevölkerung unter bestimmten Voraussetzungen akzeptabel wäre. Rationierung und Geschwindigkeitsbegrenzung wurden mangels genügender freiwilliger Konsumeinschränkung im Interesse einer gerechten Verteilung knapper Güter akzeptiert. Dann, wenn der Marktmechanismus reibungslos und wirksam, d. h. ohne steilen Preisanstieg funktioniert, wäre dies der bevorzugte Anpassungsmechanismus. Wenn dies nicht der Fall ist, würde die Marktlösung nicht ohne weiteres als gerechtfertigt akzeptiert werden. Die meisten Menschen möchten nicht, daß die, die es sich leisten können, ohne Konsumeinschränkung davonkommen. Wenn andere mehr kaufen können und das auch tun, bleibt weniger für mich, und ich muß mehr dafür bezahlen. Dann aber, wenn auch anderen Opfer auferlegt werden, scheinen die meisten Menschen bereit zu sein, sich auch selbst einzuschränken.

Nun wird von der ökonomischen Theorie der Preis als Regulations- und Allokationsmechanismus als hinreichend betrachtet. Es würde jedoch persönliche Härten, finanzielle Instabilität und sozialen Konflikt provozieren, wollte man die Aufgabe der Allokation plötzlich knapp gewordener Güter ausschließlich dem Preis überlassen. Angesichts der Stabilität und Fixierung der herrschenden Verbrauchsgewohnheiten auf bestimmte Güter müßten Preise in Einzelfällen auf eine Höhe steigen, die eine große Zahl von Menschen von dem gewohnten und selbstverständlich beanspruchten Konsumniveau ausschließen müßte. Preiserhöhungen bestimmter Güter, besonders Güter des Massenkonsums, provozieren häufig Widerstand, Verärgerung und das Gefühl, übervorteilt zu werden. Aus solchen Erwägungen heraus hat z. B. die deutsche Bundesregierung nach der jüngsten Ölkrise den Heizölverbrauch durch Ermahnungen zu drosseln versucht, sie hat aber auch die Bezieher unterer Einkommensschichten durch Subventionen vor den Verteilungskonsequenzen eines sich selbst überlassenen

Preismechanismus bewahrt. Eine realistische Politik der Konsumsteuerung wäre gut beraten, würde sie den traditionellen Marktmechanismus nicht verabsolutieren. Dies zu tun würde bedeuten, die Chancen einer solidarischen Reaktion zu vermindern, wie sie in beiden Nationen während der Ölkrise lebendig war.
Nun ist Vorsicht geboten gegenüber der Versuchung, dieses in der Krisensituation verifizierte Modell auf den Energiealltag anzuwenden. Dies gilt für die Bundesrepublik zumal deshalb, weil die Deutschen, zumindest vor den Ereignissen des Jahres 1979, die Ölkrise im wesentlichen als aufgehoben, die Amerikaner diese nur als aufgeschoben betrachteten (Strümpel 1977a, S. 121). Zwar sind die Anforderungen, die ein alternatives Energiekonzept in normalen Zeiten an das Verhalten stellt, sehr viel geringer als in der Krise, geht es doch nicht um Konsumverzicht, sondern lediglich um die Änderung von Gewohnheiten, die zudem noch finanziell belohnt werden kann, doch fehlt es an wichtigen sozialpsychologischen Begleitumständen, die der Krisensituation eigen sind. Schwerer wiegt jedoch, daß beiden angeführten verhaltensändernden Mechanismen, der Preiselastizität wie auch dem „Energiebewußtsein", ein sehr enger Rahmen gezogen ist durch Sachzwänge, die außerhalb der Entscheidungen der Konsumenten liegen. Dies soll am Beispiel des Energieversorgungssystems der überschaubaren Region von Berlin (West) gezeigt werden, wobei die vorgestellten Probleme, sogar ihre Größenordnungen, durchaus beispielhaft zumindest für Ballungsgebiete in der Bundesrepublik Deutschland und einigen anderen westlichen Industrieländern sind. Am Beispiel Berlins läßt sich zeigen, daß der der Eigendynamik der harten Strategie entsprechende Trend zur Vollelektrifizierung des Haushalts und zur Expansion der Kraftwerkskapazitäten, überproportional zum Wirtschaftswachstum, ungebrochen von der Energiekrise fortschreitet, unter Hintanstellung der Belange der Wirtschaftlichkeit, des Umweltschutzes und der Schonung der Energiequellen. Vielleicht am bemerkenswertesten dabei ist, daß der entsprechend fixierte Kapitalstock den Entscheidungsspielraum der Konsumenten auf Jahrzehnte hinaus festschreibt (Strümpel 1979).
Die neuralgischen Punkte der Berliner Energiesituation können wie folgt charakterisiert werden.

Auf der Ebene der Nutzung des vorhandenen Kapitalstocks fällt die unrationelle Funktionsabgrenzung zwischen den Energieträgern Strom und Gas auf. Strom wird unter hohen Umwandlungsverlusten erzeugt. 55 bis 60 % der eingesetzten Primärenergie gehen als Abwärme verloren und belasten die Umwelt. In der Endanwendung aber wird Strom zum großen Teil wieder nur für die Wärmegewinnung im Niedrigtemperaturbereich eingesetzt, wofür Gas, das für die gleiche Wärmeleistung sehr viel weniger Primärenergie beansprucht und daher auch im Durchschnitt um mehr als die Hälfte billiger ist, weit besser geeignet wäre. Der vorhandene Kapitalstock wird unzureichend genutzt. Seit 1971 hat sich die durchschnittliche Auslastung der Stromerzeugungskapazität vermindert, von 44 % auf 39 % im Jahre 1977 (3 381 Stunden pro Jahr bezogen auf die „Engpaßleistung" in der Fachterminologie). Sie liegt damit zur Zeit über ein Fünftel unter der in der Bundesrepublik (50 %), wo sie auch hinter dem in der Elektrizitätswirtschaft für günstig und möglich gehaltenen Satz von etwa 60 % zurückbleibt. Auch die durchschnittliche Kapazitätsauslastung des Gasversorgungsunternehmens Gasag hat sich im Laufe der letzten 20 Jahre von etwa 70 %

der Kapazität auf etwa die Hälfte, 35 % vermindert. Die Gasag, die für sie betriebswirtschaftlich hochwillkommene, über das Jahr gut verteilte Bedarfe zum Kochen und zur Warmwasserbereitung im Haushalt an den Strom verloren hat, sah sich gezwungen, ihre Expansion in dem Heizbedarf zu sehen. Hierdurch werden kostspielige Vorhaltekapazitäten notwendig, die auf eine Serie von sehr kalten Wintertagen abgestimmt sein müssen. Die Gasag ist auf hohe und steigende Subventionen durch den Berliner Haushalt angewiesen, die zur Zeit etwa 100 Mio. DM pro Jahr (DM 50,– pro Einwohner) betragen. Bei Fortsetzung der bisherigen Entwicklung muß damit gerechnet werden, daß sich die Kapazitätsauslastung noch weiter verschlechtern wird. Ein umfassendes Gasleitungsnetz, an das über 50 % der Berliner Haushalte angeschlossen sind, bleibt unausgelastet.

Für diese Trends, die unvermindert anhalten, sind verschiedene Gründe maßgebend. Zum einen ein gewisser modischer Trend hin zu der als besonders sauber und sicher angenommenen Elektrizität, zum anderen eine Tarifpolitik, die die Kostenvorteile des Gases durch Niedrigtarife für höhere Stromabnahmemengen zu kompensieren versucht, zum dritten die Tatsache, daß die meisten Neubauten nicht mit Gasanschlüssen versehen werden, was wiederum teilweise auf rechtliche Regelungen des Verhältnisses Vermieter und Mieter und auf die Bestimmungen des sozialen Wohnungsbaus zurückzuführen ist. Hinzu kommt eine Fehleinschätzung der Steigerungsraten der Stromnachfrage durch ein überwiegend im Besitz der Öffentlichen Hand befindliches Monopolunternehmen, das die Konsequenzen von Fehlinvestitionen weigehend auf die Abnehmer abwälzen kann.

2. *Staatsbürgerliche Mitwirkung*

Als Hauptergebnis des vorigen Abschnitts läßt sich festhalten, daß die in der gegenwärtigen energiepolitischen Diskussion festzustellende Tendenz, die Anpassung an verschärfte Versorgungssituationen hauptsächlich von den Entscheidungen individueller Konsumenten zu erwarten, naiv ist. Da sind zunächst die Mängel an Information in einem hochspezialisierten und -technisierten Bereich, die aus eigenem Antrieb fast nicht zu überwinden sind, aber auch nicht durch Beauftragung von privatwirtschaftlichen Unternehmen (z. B. Heizungsfirmen) kompensiert werden können, weil die Angehörigen dieser Unternehmen und ihre Lieferanten ihrer Ausbildung und professionellen Sozialisierung nach einem rationellen, sparsamen Umgang mit Energie nur zweitrangige Bedeutung zuzumessen gewohnt sind. Zum anderen ist der Konsument, unabhängig davon, ob er zu Einschränkungen motiviert oder hinreichend informiert ist, eingebunden in ein Versorgungssystem, das einen wesentlichen Verhaltensspielraum gar nicht bietet: Relative Preise, die, aufs Ganze gesehen, sowohl Energieverschwendung wie Unwirtschaftlichkeit provozieren, unzureichende Wärmedämmung bei Gebäuden, die sich z. T. aus den Richtsätzen des sozialen Wohnungsbaus ergeben, Elektrogeräte, die den Stand des technisch und wirtschaftlich Möglichen bei weitem nicht ausschöpfen, Elektrizitätswerke, die es ablehnen, dezentral erzeugten Strom zu realistischen Preisen anzukaufen.

Energiealternativen stellen sich daher nur selten unmittelbar dem individuellen Kalkül des Konsumenten, allenfalls mittelbar dem Staatsbürger qua Einwirkung auf institutionelle Entscheidungen – Tarife, Versorgungsplanung, DIN-Normen, Abnahmeregelungen für dezentral produzierte Elektrizität oder Wärme. Dies sind einmal die Entscheidungen der Energiewirtschaft (Ölkonzerne, Versorgungsunternehmen), zum anderen die des Staates, der ja, wie wir gesehen haben, beträchtliche formelle Einflußmöglichkeiten hat. Zu prüfen ist nun zum einen auf der „politics"-Ebene, ob und möglicherweise inwieweit die Öffentlichkeit tatsächlich wirkungsvoll im Streit der Energiealternativen Partei ergreift und, auf der „policy"-Ebene, welche Maßnahmen notwendig und erfolgversprechend wären, um Chancengleichheit für die „weichen" Strategien herzustellen, die ja, wie wir gesehen haben, aus verschiedenen Gründen gegenüber den harten benachteiligt sind.

Energiepolitische Fragen sind mehr noch als die meisten öffentlichen Konflikte in ihrer technologischen und ökonomischen Komplexität fast undurchdringlich. Die Chancen eines auf diese Frage bezogenen besonderen Beitrages des breiten Publikums sind daher zunächst gering. Tatsächlich wurden auch weitreichende Entscheidungen und Weichenstellungen, so die Entwicklung der Kernenergie, die Festsetzung der Strom- und Gastarife, die Versorgungsplanungen, praktisch ohne Beteiligung des Publikums und sogar der Betroffenen zwischen den Energieversorgungsunternehmen und den Aufsichtsbehörden ausgehandelt und kaum je zum Objekt öffentlicher Auseinandersetzung gemacht. Als bemerkenswerte Ausnahme figurieren lediglich die Proteste gegen die Kernenergie, die sich spätestens seit Beginn der 70er Jahre in allen westlichen Industriegesellschaften auf zwei Ebenen abspielen: Erstens auf der Ebene der Mobilisierung von Betroffenen gegen individuelle Bauprojekte, so z.B. rechtliche Schritte gegen die Planungsverfahren, gezielte Öffentlichkeitsarbeit mit dem Ziel, zuständige politische Gremien zur Änderung konkreter Planungen zu bewegen; zweitens auf der Ebene der gesamtpolitischen Willensbildung: so ist die Kernenergie bekanntlich in den Rang eines Wahlkampfthemas aufgestiegen.

Dennoch ist es unerläßlich, sich wiederum die Grenzen der Wirksamkeit dieser Strategien zugunsten einer „weichen" Energiepolitik bewußt zu machen. Wir haben es nämlich nicht so sehr mit einer Bewegung gegen Energieverschwendung oder gegen die Unwirtschaftlichkeit der herrschenden Energieplanung, als vielmehr gegen tatsächliche und befürchtete Auswirkungen auf Sicherheit und Umwelt zu tun. Die Bewegung geht in ihrer Stoßrichtung gegen einzelne „harte" Strategien, nicht aber gegen andere, und entwickelt selten Schlagkraft zugunsten weicher Alternativen. So gibt es kaum eine politische Interessenvertretung für dezentrale Technologien.

Der mangelnde Zugriff der Basis auf die Durchsetzung weicher Strategien ergibt sich auch aus einer anderen Überlegung. Die Realisierung eines politischen Programms oder Teilprogramms kann nicht allein auf populärer Resonanz beruhen, sondern bedarf auch der Expertise und eines gewissen Rückhaltes in den Institutionen, zumindest in der staatlichen Bürokratie. Es gibt gute Gründe dafür, daß Experten im Energiebereich ebenso wie staatliche und nichtstaatliche Institutionen, die von diesen Experten besetzt sind, der weichen Lösung gegenüber nicht positiv eingestellt sein werden. Naturwissenschaftlich-technisch Ausgebildete sind besonders häufig unter den Inhabern verantwortlicher Positionen im Energiebereich vertreten: Ingenieure, Kernphysiker, Systemanalytiker und auch Ökonomen, die in Kosten-Nutzen-Analyse geschult sind. Diese haben in ihrer Ausbildung und Berufspraxis häufig eine anthropozentrische Einstellung gegenüber der natürlichen Umwelt erworben und sind mit einer Denkweise behaftet, nach der Probleme im Energiebereich zu ihrer Lösung in erster Linie der Mobilisierung von Kapital und materiellen Ressourcen bedürfen. Gesellschaftlicher Konflikt wird in diesem Weltbild als Ergebnis von Irrtum und Unwissenheit gesehen, der möglichst durch Expertenentscheidungen unter Umgehung des politischen Prozesses gelöst werden sollte (vgl. hierzu die Studie von Straussmann, 1976). Die technisch-pragmatisch-methodologische Ausrichtung dieser Professionen trägt ein übriges dazu bei, Probleme in Teilaspekte zu zerlegen, anstatt Energie, Umwelt und Wirtschaft als Teile eines Gesamtsystems zu strukturieren (Commoner 1976, Lindberg 1977).

Aus organisationssoziologischer Sicht muß davon ausgegangen werden, daß die etablierten Institutionen der Energiewirtschaft der weichen Lösung gegenüber nicht positiv eingestellt sein werden. Die Aufrechterhaltung der weichen Option schafft Unsicherheit, und es ist eine elementare Verhaltensregel einer Organisation, Unsicherheit nach Möglichkeit zu reduzieren und die Umwelt so stabil und berechenbar wie möglich zu halten. Eine Politik, mit der der Staat seine Handlungsfreiheit zu erhalten versucht, wird von den Institutionen der Energiewirtschaft als verunsichernd empfunden werden müssen (Secretariat for Future Studies 1977, S. 55).

Nun kann ein entsprechender politischer Wille durch Teile der Bevölkerung gestützt werden, so daß der Widerstand auf der Ebene der Durchsetzung unter bestimmten Voraussetzungen überwindbar ist. Skeptischer ist allerdings die Chance des Vollzugs zu bewerten. Eine dieser Maßnahmen, so z. B. eine gewisse De-Elektrifizierung des Haushalts oder der Bezug von Strom, der als Nebenprodukt industrieller Wärmeerzeugung in das Netz abgegeben werden könnte, dürften von den Elektrizitätsversorgungsunternehmen nur halbherzig durchgeführt werden, da angenommen werden muß, daß sie an dem Erfolg dieser Maßnahmen kein Interesse haben. Dies gilt besonders zur Zeit und in absehbarer Zukunft, in der Überkapazitäten in der Stromerzeugung bestehen. Die Abschwächung der Zuwachsraten, die für die Verantwortlichen gänzlich unerwartet kam, hat nämlich die Anpassungsfähigkeit vermindert. Besonders prekär ist die Situation dann, wenn, wie bei vielen Versorgungsunternehmen in den USA, auch Tariferhöhungen nicht mehr verfangen, weil ein Teil der Nachfrage elastisch reagiert.

Daher ergibt sich die Frage, inwieweit die Elektrizitätswirtschaft in ihrer gegenwärtigen Organisationsform den von alternativen Energiekonzepten an sie herangetragenen Aufgaben gewachsen ist. Zwar ist ein großer Teil dieser Branche im Eigentum der Öffentlichen Hand. Dennoch ist hier die Tendenz stark ausgeprägt, die Stromerzeugungs- und -verteilungsfunktion von den anderen Funktionen der Öffentlichen Hand abzuschotten. Das gelingt natürlich besonders gut in den Fällen, in denen die Elektrizitätsversorgungsunternehmen eigene Rechtspersönlichkeiten haben. Umgekehrt ist das Modell der Stadtwerke weit eher geeignet, die rationelle Energienutzung zu fördern. Hier ist der Stromverteiler bzw. -produzent institutionell eng an die kommunale Verwaltung angeschlossen, wobei verschiedene Versorgungsfunktionen – Strom, Gas, Wasser – typischerweise innerhalb einer Organisation vereinigt sind. Da die Gemeinden auf die Wettbewerbsfähigkeit ihres Standorts ihr Augenmerk richten müssen, was die Attraktivität sowohl für das Gewerbe als auch für die Einwohner anbetrifft, sind sie unmittelbar daran interessiert, ein auf die jeweiligen Stärken und Schwächen der einzelnen Energieträger abgestimmtes Gesamtkonzept zu realisieren. Andere Maßnahmen, wie z. B. eine massive Forcierung der Wärmedämmung von Gebäuden, dürfte nicht so sehr von wohlorganisierten Interessen behindert werden, als vielmehr von der Schwierigkeit, Tausende von Handwerkern, Mechaniker, Architekten und Ingenieure auszubilden oder anzuleiten, die nicht gewohnt sind, den Energiefluß eines Hauses als Gesamtsystem zu erfassen, d. h. zum Beispiel heiztechnische und bauliche Maßnahmen im Zusammenhang zu analysieren. Die eingefahrene Routine wird durch die teils langjährige Bindung an bestimmte Lieferanten, Großhändler und Produkte noch verfestigt.

Um dem Vollzug einer „weichen" Lösung überhaupt eine Erfolgschance zu bieten, bedarf es also zusätzlich zu entsprechenden Gesetzen und Verordnungen eines ganzen Bündels von flankierenden Maßnahmen, die in echt merkantilistischer Manier von Ausbildungs- und Umschulungsaktivitäten zu einem Mix von grundlegenden institutionellen Veränderungen führen. Insbesondere bedarf es der Heranbildung, ja geradezu der Pflege einer Gruppe von Unternehmern, die unmittelbar an der Durchsetzung der „weichen" Lösung interessiert sind. Dies wiederum setzt nicht nur Existenzmöglichkeiten voraus, sondern auch eine professionelle Subkultur, die erst in Wechselwirkung mit bestimmten Technologien zu entstehen pflegt. Hier ergibt sich die Aufforderung, das Entstehen solcher Subkulturen zu begünstigen, z. B. indem interdisziplinär organisierte Fachrichtungen in Hochschulen um Aufgaben wie alternative Energietechnik oder Umweltschutz gruppiert und indem die Absolventen solcher Fachrichtungen in den Laufbahnbestimmungen des Öffentlichen Dienstes berücksichtigt werden.

Literatur

Commoner, B. (1976): The Poverty of Power: Energy and the Economic Crisis, New York, Alfred A. Knopf.

Katona, G. und Strümpel, B. (1978): A New Economic Era, New York, Elsevier.

Lindberg, L. N. (1977): Energy Policy and the Politics of Economic Development, in: Comparative Political Studies, Bd. 10, Nr. 3, Okt. 1977.

Lovins, A. (1976): Energy Strategy: The Road Not Taken, in: Foreign Affairs, Bd. 55, Okt. 1976.

Meyer-Abich, K. (1977): Wirtschaftliche und politische Möglichkeiten bei der Einsparung von Energie, in: Hans Matthöfer (Hrsg.) Energiebedarf und Energiebedarfsforschung, Villingen: Neckar-Verlag.

Secretariat for Future Studies Sweden (1977): Energy in Transition – A Report on Energy Policy and Future Options, Stockholm: Office of the Prime Minister.

Steinbrunner, J. (1974): The Cybernetic Theory of Decision, Princeton University Press.

Straussmann, J. (1976): Technocratic Council and Societal Guidance, in: L. N. Lindberg (Hrsg.) Politics and the Future of Industrial Society. New York: McKay.

Strümpel, B. (1979): Energie Alternativ: Testfall Berlin. München Oldenbourg.

Strümpel, B. und Fiebes, K. (1978): Vorrichtungen zum Spitzenlastabwurf ersetzen Ausfallreserven der Berliner Stromversorgungskapazität, Arbeitspapier des Internationalen Instituts für Umwelt und Gesellschaft des Wissenschaftszentrums Berlin.

Strümpel, B. (1978a): Wirtschaftspolitische Strategien zur Senkung des Energieverbrauchs, in: V. Hauff (Hrsg.) Argumente in der Energiediskussion Bd. 6, Villingen 1978.

Strümpel, B. (1978b): Sozialwissenschaftliche Aspekte einer alternativen Energiepolitik, in: Zeitschrift für Umweltpolitik 1/78, S. 95–112.

Strümpel, B. (1977a): Die Krise des Wohlstands – Das Modell einer humanen Wirtschaft, Stuttgart: Kohlhammer.

Umweltpolitik

Zur Reichweite und Behandlung eines politischen Themas[1]

Jürgen Feick/Jochen Hucke

1. *Einleitende Bemerkungen*

Der umweltpolitische Elan auf Bundesebene, der die frühen siebziger Jahre prägte und zu einer Reihe von problemlos verabschiedeten Gesetzen führte (zur Übersicht siehe: BMI 1976), kam kurz vor der Jahrzehntmitte wieder ins Stocken. Wie immer man Qualität und Wirkung der einzelnen Gesetze auch beurteilen mag (siehe etwa Sachverständigenrat 1974, 1978; besonders kritisch Jänicke 1979), was nach der ersten Phase begonnen wurde, weist geringere umweltpolitische Schärfe auf und kam oder kommt schwer von der Stelle. Bezeichnenderweise deuten die Schwierigkeiten beim Vollzug der frühen Gesetze in die gleiche Richtung. Die Formel vom ‚Vollzugsdefizit' (Sachverständigenrat 1974) meint zwar zum einen die üblichen Reibungsverluste und Zielverschiebungen im administrativen Implementationsprozeß, sie weist jedoch gleichzeitig auf eine Rücknahme von Vorgaben im Verlauf von Interessenauseinandersetzungen hin, bei denen der Umweltschutz Einbußen erlitt.

Im folgenden soll die politische Karriere des Umweltschutzthemas nachgezeichnet werden. Hierbei zeigt sich, daß ökonomische Faktoren, insbesondere das Umschlagen der konjunkturellen Bedingungen 1973/74 und die Betonung marktwirtschaftlicher Ordnungsvorstellungen, zwar wesentliche Impulse für Auf- und Abschwung der Umweltpolitik liefern, daß diese jedoch durch spezifisch politische Bedingungen, wie Macht- und Interessenstruktur der beteiligten Akteure, Charakteristika des Themas, persönliche Involviertheit und situative Bedingungen moderiert und modifiziert werden.

2. *Die Aufschwungphase der Umweltpolitik*

Ende der sechziger Jahre löste Umweltschutz die Diskussion um die ‚Bildungskatastrophe' als dominierendes politisches Thema ab. Verantwortlich hierfür waren eine Reihe von begünstigenden Faktoren: Das Thema selbst eignet sich besonders, öffentliche Aufmerksamkeit in Beschlag zu nehmen, da es einen hohen Grad an Ungewißheit und Verunsicherung mit potentiell schweren, wenn nicht katastrophalen Gefährdungen verbindet (Jänicke 1978:30 f.). Seine immanente Dramatik wurde von den Medien in den ersten Jahren der Thematisierung voll ausgespielt.[2] ‚Umweltunfälle' wie das Fischsterben im Rhein 1969, Smog-Berichte und Giftmüllskandale kamen zusammen mit Erfahrungsberichten aus den USA, wo die öffentliche Problematisierung bereits zur Bildung von Umweltinitiativen und Gesetzgebungsaktivitäten fortgeschritten war. Begünstigend wirkte zudem die zunehmende Infragestellung tradierter gesellschaftlicher Zielvorstellungen als Folge der Studentenbewegung vor allem in der jüngeren Generation (Hollstein 1979). Die Berichte über die Grenzen des Wachstums (Meadows et al. 1973) und die Problematisierung des Wohlstandsindikators Bruttosozialprodukt lieferten schließlich den wissenschaftlichen Überbau der Thematisierung. Hinzu kam die generell positive Besetzung des Themas. Selbst diejenigen, die vor Überdramatisierungen warnten, waren selbstverständlich für Umweltschutz. Zu den fördernden Charakteristika der Anfangsphase gehörte auch das Abstraktionsniveau der Diskussion. Solange das erst bei Detailuntersuchungen zu gewinnende Bewußtsein für Folgewirkungen und Kosten von Umweltschutzmaßnahmen noch kaum vorhanden war, ließ sich relativ leicht Konsens herstellen, der gleichwohl Erwartungen weckte und Spielräume für eine gewisse Eigendynamik des Themas eröffnete. Es ist so nicht erstaunlich, daß Umweltschutz nach 1972 hoch oben auf der Prioritätenliste der Bevölkerung steht. Je nach Umfrage beurteilen zwischen 80 und über 90 % der Bevölkerung diese Aufgabe als (sehr) wichtig, wobei die Jüngeren unter den Befürwortern besonders stark vertreten sind.[3]

In der Diskussion um Umweltschutz als Beitrag zur Verbesserung der Lebensqualität versuchten Parteien und Verbände sich gegenseitig zu übertrumpfen. So legte etwa 1974 der DGB als Nicht-Umweltschutzverband ein umfangreiches Umweltprogramm vor, das über Papiere der Parteien weit hinausging. Die CDU/CSU-Opposition trug mit einem 25-Punkte-Forderungskatalog (BT-Drucksache 6/795) wesentlich dazu bei, daß das auf Initiative vor allem der FDP ausgearbeitete Sofortprogramm der Bundesregierung (BMI 1970) in der Öffentlichkeit als zuwenig weitgehend angesehen und ein Jahr später vom Umweltprogramm (BMI 2/1976) abgelöst wurde, das die Leitlinien für die folgende Gesetzgebungsarbeit bis in die Gegenwart hinein bildet.[4] Innerhalb der partei- und verbändepolitischen Arena trug eine Reihe von Faktoren dazu bei, daß sich die umweltpolitischen Vorhaben bis 1974 verhältnismäßig reibungslos durchsetzen ließen. Mit sicherem Instinkt für das politische Potential des Themas verstand es Innenminister Genscher, die bisher verstreuten Kompetenzen für Umweltschutz organisatorisch weitgehend in seinem Ressort zusammenzufassen. Zugleich stand Genscher als einer der Aspiranten auf die Scheel-Nachfolge unter dem Erfolgszwang, sich in der auf Bundesebene neuen SPD/FDP-Koalition als durchsetzungsfähig und innovativ zu bewähren. Ihm kam zugute, daß der Kanzler Brandt selber am Thema soweit interessiert war, daß dem Innenministerium in dieser Phase der Umweltpolitik weitgehend freie Hand blieb. Wegen der starken personellen Verflechtungen zwischen Innenministerium und FDP auf den Leitungsebenen konnten die programmatischen Vorstellungen der FDP, wie sie im Freiburger Programm (1971) niedergelegt sind, in die in der Administration ausgearbeiteten Regierungsprogramme eingebracht werden. Umweltschutz gewann als Reformthema innerhalb der Koalition noch an Bedeutung, als sich nach 1971 abzuzeichnen begann, daß die Mehrzahl der anderen Reformvorhaben an fehlender Finanzierbarkeit scheitern dürfte, während der Staatshaushalt von Umweltschutzmaßnahmen nach dem Verursacherprinzip nur in geringem Maß tangiert werden würde (Grottian 1978).

Entscheidend für die Anfangserfolge bei der Durchsetzung der Umweltgesetzgebung war schließlich das weitgehende Fehlen einer organisierten Opposition, für das es verschiedene Gründe gibt. Die Eigendynamik des allseits konsentierten Themas verbot eine offene Opposition. So verwies insbesondere die Industrie auf die bereits in der Vergangenheit erbrachten eigenen Umweltschutzleistungen, gab einige Kostenerwägungen zu bedenken, beteiligte sich jedoch ansonsten an der Detailarbeit der Gesetzgebung (Glagow/Murswieck 1971), sicherlich auch mit dem Nebengedanken, bei den Details einiges zu verhindern, was durch offenen Widerstand gegen die Programmatik dem eigenen Ansehen geschadet hätte. Die Industrieinteressen gewiß nicht fern stehende CDU unterstützte die heftigen Angriffe von Automobilindustrie und Autofahrerverbänden nicht, sondern trat sogar für eine Verschärfung des Benzin-Blei-Gesetzes ein (Deutschlandunion Dienst 1970; Nr. 193). Überdies arbeiteten SPD und CDU als Parteien eher der Regierungspolitik hinterher, was auch daran deutlich wird, daß erst seit Ende 1979 auf Parteitagen beratene und beschlossene Umweltprogramme vorliegen. Die Fraktionen zeigten generell kein besonders großes Interesse für Umweltpolitik, so daß die Administration den Gesetzgebungsprozeß dominieren und ihre Gesetze im Grunde ohne Mühe durchbringen konnte. Das Desinteresse im Parlament gestattete es den wenigen engagierten Umweltpolitikern in den Fraktionen zum Teil, Verschärfungen der Regierungsvorlagen durchzusetzen. Die später sehr aufmerksam Folgekosten nachrechnenden Wirtschafts- und Finanzausschüsse waren in der Anfangsphase bei dem neuen politischen Themenkomplex noch nicht richtig ‚aufgewacht'.
Ähnliches gilt auf Bundesebene im administrativen Bereich. Das Wirtschaftsministerium als umweltpolitischer Kontrahent des Innenministeriums begann erst 1973 mit dem Ausbau eines eigenen Umwelt-Referats, weil das Haus mit der Umweltgesetzgebung ‚nicht mehr mitkam'. Vorher hatte es lediglich fallweise zusammengestellte ad-hoc-Gruppen gegeben.

3. *Umweltpolitik im Gegenwind*

Die Faktoren, die seit etwa 1974 Umweltschutzpolitik zunehmend in die Defensive gedrängt haben, sind unterschiedlichster Natur. Wir gehen im folgenden so vor, daß wir aus der Perspektive verschiedener Aktorenebenen die Entwicklung und Wirkung der sich als Hindernisse bzw. Bremsen etablierenden Faktoren beschreiben.

3.1 Die parteipolitische und parlamentarische Ebene

Die FDP – in der Anfangsphase eine treibende programmatische Kraft im gedanklichen und personellen Austausch mit dem Bundesinnenministerium – begann nach dem Verabschieden des Freiburger Programms umweltpolitisch kürzer zu treten. Zwei Faktoren spielten hier eine besondere Rolle. Problematisierungen und programmatische Initiierungen können Sache von Parteien sein. In der Phase der Umsetzung in Gesetze und Verordnungen verlassen die Parteiorganisationen mehr oder weniger die

Bühne. Man vertraute darauf, daß das Innenministerium den Anstoß aufnehmen und weiterführen würde. Die ersten Jahre ließen eine solche Annahme gerechtfertigt erscheinen. Man kann hier von einem ‚Erledigungseffekt' sprechen, der umso deutlicher auftrat, als die Partei gleichzeitig feststellte, daß in den Jahren der Konzentration auf den Umweltschutz in anderen Bereichen programmatische Defizite entstanden waren. Themenwechsel erfüllte hier nicht den bloßen Zweck eines nach außen gerichteten Ablenkungsmanövers (siehe Grottian 1978). Themen wie Datenschutz, Radikalenerlaß, Energieversorgung, etc., die auch in FDP-Minister-Bereiche fielen, rückten in den Vordergrund.

Gleichzeitig erwies sich auf längere Sicht, daß mit der Besetzung des Wirtschaftsministeriums durch einen FDP-Politiker mit dessen wirtschafts- und energiepolitischen Zielprioritäten ein Konflikt zwischen umweltschutzpolitischen und wirtschaftspolitischen Zielsetzungen innerparteilich programmiert war. Mit diesen Umorientierungen ging für die Partei der gute Kontakt mit Bürgerinitiativen z. T. verloren. Eine durchaus denkbare und vom Parteivorstand durch Informationsmaterial und Schulungen geförderte Integration von Bürgerinitiativen zu einem in vielen Kommunen fehlenden örtlichen Parteiunterbau wurde so weitgehend unterbrochen. Optieren des Wirtschaftsministers für den Ausbau der Kernenergie sowie dessen abschätzige Äußerungen gegenüber bestimmten Umweltschutzgruppen stießen die gerade in Energiefragen öffentlich präsenten und aktivsten Gruppen ab.

Daß sich die SPD im Umweltschutz äußerst schwer tut, kommt im organisatorischen wie im programmatischen Bereich zum Ausdruck. Seit Beginn der siebziger Jahre lösten sich beim Parteivorstand verschiedene Kommissionen ab, die sich mit dem Thema befaßten. Ihre 10 Thesen zur Umweltpolitik wurden auf dem Mannheimer Parteitag 1975 zwar vorgelegt, aufgrund des Antragsdrucks jedoch nicht verabschiedet, sondern als Vorstandsthesen veröffentlicht. (Siehe SPD-Bundesvorstand 1975)

Die Position der SPD im Umweltschutz ist durch die Dominanz der klassischen Arbeitnehmervertreter in parteipolitischen Schlüsselfunktionen und vor allem in der Fraktion gekennzeichnet. Gerade die Gewerkschaftsvertreter in der Partei wurden durch die inzwischen weitgehend zurückgewiesene (siehe Sprenger 1979) These, daß Umweltschutz, volkswirtschaftlich betrachtet, Arbeitsplätze gefährde, nachhaltig beeinflußt. Aufgrund der auf einzelbetrieblicher Ebene nicht seltenen Konflikte zwischen Umweltschutzauflagen und Arbeitsplatzsicherheit und der weitgehend monetär-verteilungspolitischen Zielsetzung der Gewerkschaften, ist Umweltschutz für die Partei im Konfliktfall ein Thema, das gegenüber wirtschaftspolitischen Zielsetzungen zurückgestellt wird. Dabei zeigt sich zugleich, daß diese Konfliktfälle auch zu effektiven Eingriffen der Interessenten führen können, wenn es um die gesetzliche Reduzierung von Umweltschutz geht. Ein Beispiel sind die Novellierungsvorschläge zum BImschG (Bundesimmissionsschutzgesetz), die die Schwierigkeiten in Genehmigungsverfahren für Steinkohlekraftwerke umgehen sollen und gegenwärtig im parlamentarischen Beratungsprozeß liegen. Bergbauunternehmen, Gewerkschaften und Unternehmensverbände ziehen – wenngleich mit z. T. unterschiedlichen Motiven – am gleichen Strang. Auch der innerparteiliche Konflikt zwischen der traditionellen Mitgliederschicht der SPD und dem parteigeschichtlich und zum großen Teil altersmäßig jüngeren „Umweltschutzflügel" in Fragen der Kernenergie wirkt sich eher nachteilig auf den Umweltschutz aus. Einerseits gerät der Umweltbereich, der nicht unmittelbar mit der Kernenergiefrage zu tun hat, über deren Problematik zunehmend in Vergessenheit. Andererseits bröckelt der Kontakt der Partei zu den Bürgerinitiativen, deren Spitzenpositionen häufig von SPD-Mitgliedern besetzt waren, über die Kernenergiefrage immer mehr ab.

Parteipolitisch weist die CDU eine geringe umweltpolitische Aktivität auf, obgleich sie in der Anfangsphase zunächst sogar die Vorstellungen der Regierung zu übertrumpfen versucht hatte. Sie sonnte sich weitgehend im publizistischen Licht ihres Umweltexperten Gruhl, bis dieser 1978 die Partei aus inhaltlichen und persönlichen Gründen verließ. Das hiermit deutlich werdende Vakuum wurde durch Leitsätze zu einer ‚realistischen Umweltpolitik' (vgl. CDU Dokumentation 32, 1978) aufzufüllen versucht, die weitgehend mit den Vorstellungen des Bundesverbandes der Deutschen Industrie (BDI) übereinstimmen und vor „modischer Hektik" warnen. Seit 1977 arbeitet ein Bundesfachausschuß an einem umfassenden Umweltprogramm, dessen Betonung auf der marktwirtschaftlichen Einbettung von Umweltpolitik liegen wird. Wie in anderen Politikbereichen auch, ist hier ein deutliches ordnungspolitisches Diskussionsschwergewicht zu erkennen, weniger eine Auseinandersetzung mit konkreten Umweltproblemen. (Siehe auch ‚Umweltkongreß des CDU-Wirtschaftsrats' 1979) Dies hängt einmal mit der neo-konservativen Tendenz in der Bundesrepublik in den 70er Jahren zusammen, die dem Ordo-Liberalismus in weiten Teilen der CDU entspricht. Außerdem spielt der Einfluß der CDU-regierten Länder auf die Bundespartei eine erhebliche Rolle, was sich in der zunehmenden Abwehrhaltung gegen Bundeskompetenzen ausdrückt, die in der Anfangsphase durchaus mitgetragen wurden, z. B. in Zusammenhang mit der Luftreinhaltung.

Bei der Betrachtung der etablierten Parteien ist inhaltlich eine umso größere Ähnlichkeit festzustellen, je mehr man sich der Gesetzgebungsarbeit im Parlament nähert. Die Umweltgesetze wurden im Bundestag so gut wie einstimmig verabschiedet, was in der Anfangsphase mit jenem Gemisch aus positiver Grundstimmung in Bezug auf Umweltschutz und der gleichzeitigen Gleichgültigkeit gegenüber den Detailfragen zusammenhing. In der zweiten Phase spielte hier wohl zu einem großen Teil bereits die Antizipationsfähigkeit des interministeriellen Vorbereitungsprozesses (siehe Grottian/Murswieck 1974:34) eine große Rolle, indem man sich auf die zunehmende Aufmerksamkeit der Parlamentsausschüsse in Kostenfragen einrichten mußte.

Die etablierten Parteien sind deshalb, zumindest auf Bundesebene, keine oder nur sehr begrenzt Ansprechspartner für solche Umweltgruppen, die von ökologischen Gesamtprogrammen mit völlig neuen Bewertungen der bestehenden Gesellschaftsstruktur sowie vorherrschender Einstellungen und Verhaltensweisen ausgehen. Innerhalb der etablierten Parteien dominiert das Bewußtsein, daß solche Vorstellungen für Massenparteien keine Erfolgsgrundlage sein können, abgesehen davon, daß die Mehrzahl der Parteimitglieder solche Vorstellungen auch nicht hegt.[5]

3.2 Die verbandspolitische Ebene

Der konjunkturelle Umschwung hat bei den dominanten gesellschaftlichen Gruppen den nachhaltigsten Einfluß hinterlassen. Er stärkte vor allem die Argumentation der Industrie, die sich im Zeitablauf kaum geändert hat. (Zum Entwurf für das BImschG siehe Glagow/Murswieck 1971:16) Bereits 1970 wurden erste Untersuchungen auf der Basis von Umfragen vorgelegt, die die finanziellen Leistungen der Industrie im Umweltschutz herausstellten. Gleichzeitig wurde versucht, Umweltschutz als unproduktiven Kostenfaktor in den Vordergrund zu stellen, der Arbeitsplätze gefährde und Investitionsbereitschaft und -volumen reduziere. Daneben wurde auf die Einschränkung der internationalen Wettbewerbsfähigkeit der einheimischen Industrie durch nationale Alleingänge im Umweltschutz verwiesen. Für Umstellungen auf neue Gesetze wurden zumindest längere Übergangsfristen gefordert. Mit der einsetzenden Rezession 1974/75 wurden diese Bedenken zunehmend offensiv und öffentlich vorgetragen. (Vgl. etwa die iwd-Mitteilungen 1975 ff.; Kabelitz, 1977; BDI 1979) Die Interessenlage innerhalb und zwischen den Unternehmensverbänden ist jedoch nicht völlig homogen. Unterschiede bestehen hinsichtlich der Kostenbelastung und auch Gewinnmöglichkeiten im Zusammenhang mit Umweltschutzgesetzen.

Die öffentliche Diskussion um die negativen konjunkturpolitischen Folgen des Umweltschutzes fand einen gewissen Kulminationspunkt in dem Gymnicher Gespräch im Juli 1975 zwischen dem Bundeskanzler, Vertretern der Ministerien, Industrie- und Gewerkschaftsvertretern sowie Wissenschaftlern. Der befürchtete generelle Stop der Umweltpolitik wurde nicht beschlossen, sondern die Politikentwicklung unter Beachtung der konjunkturellen Randbedingungen fortzusetzen, was faktisch einer Verlangsamung gleichkam. (Siehe auch Ewringmann/Zimmermann 1978) Über Einzelargumente der Industrie wurden in der Folgezeit Untersuchungen angestellt, die die Argumentation überwiegend entkräfteten. So stellte ein Kabinettsausschuß fest, daß der „Investitionsstau" durch umweltrechtliche Verfahren und deren Verzögerung keineswegs 54, sondern lediglich 8 Mrd. blockierte, von denen weitere 2,5 Mrd. DM von Antragstellern ungenutzte Genehmigungen waren. Die Auseinandersetzung um die konjunkturellen Folgen der Umweltschutzkosten wurde in einer Reihe von Gutachten geführt, deren letztes, vom BDI in Auftrag gegebenes (Sprenger 1979), zum Ergebnis kommt, daß Umweltschutz zumindest konjunkturneutral, wenn nicht sogar leicht konjunkturfördernd sei.

Insbesondere die von einzelbetrieblichen Stillegungsdrohungen und der Ablehnung von Erweiterungsmaßnahmen betroffenen Betriebsräte machten auf Gewerkschaftsseite zunehmend gegen Umweltschutz Front, wobei es in mehreren Fällen zu lokalen Konfrontationen mit Bürgerinitiativen kam. Symptomatisch für solche Auseinandersetzungen ist etwa der Fall des Naturschutzgebiets Haardt (Nordrhein-Westfalen), wo dringend notwendige Arbeitsschutzmaßnahmen für Bergleute mit dem Versuch von Naturschützern kollidierten, Rodungen für den Bau von Belüftungs- und Fluchtschächte zu verhindern. Die Demonstration für den Ausbau der Kernenergie und die in konzertierter Aktion mit den Industrievertretern abgesprochene Initiative zur Novellierung des Bundesimmissionsschutzgesetzes markieren die entscheidenden Wendepunkte bei der Abkehr der Gewerkschaften vom anfänglichen Umweltschutzenthusiasmus des DGB. Insgesamt haben die Gewerkschaften aufgrund des Drucks der von konkreten Auswirkungen unterschiedlicher Art betroffenen Basis im Umweltschutz kaum einen Manövrierraum. Allenfalls dort, wo sich Ziele des Umweltschutzes mit denen des Arbeitsschutzes decken, etwa beim Chemikaliengesetz, macht sich das Gewicht der Gewerkschaften zugunsten des Umweltschutzes bemerkbar.

Umweltschutzgruppen und -verbände im weitesten Sinne sind zwar außerordentlich zahlreich (siehe Umweltbundesamt 1979), aber in ihren Ziel- und Zusammensetzungen zu unterschiedlich und, von den Ressourcen her betrachtet, zu schwach ausgestattet, um mit den anderen Interessengruppen in der politisch-administrativen Entscheidungsarena wirksam konkurrieren zu können. Dies wird insbesondere vom Bundesinnenministerium bedauert, wobei man gleichzeitig zwischen den Umweltgruppen und -verbänden unterscheidet, mit denen man ‚reden' kann und denen, die zu kompromißlos und in der Selbstdarstellung zu eigenwillig sind, um auf dieser Ebene der Politikentwicklung hilfreich zu sein.

Die deutliche Asymmetrie zwischen den Gruppen und Verbänden zugunsten der Unternehmensverbände zeigt sich nicht zuletzt in der personellen und finanziellen Ausstattung von Umweltreferaten etwa beim VCI (Verband der Chemischen Industrie), BDI (Bundesverband der Deutschen Industrie) und auch DIHT, (Deutscher Industrie- und Handelstag), denen etwa die entsprechenden Gliederungen im DGB und in den Einzelgewerkschaften nichts gleichwertiges entgegenzusetzen haben. Auch können die Unternehmensverbände jederzeit fachlich auf Experten in den Unternehmen zurückgreifen. Bei den Gewerkschaften, für die Umweltschutz sowieso „Nebenkriegsschauplatz" ist, besteht deshalb auf der Seite der Referenten die Tendenz, durch gute Kontakte mit Wirtschaftsvertretern die eigene Informationsbasis zu verbessern. Dies bezieht sich etwa auf im Raum stehende politische Vorhaben („die hören in Bonn doch das Gras wachsen") ebenso wie Details der wirtschaftlichen Kostenbelastung oder technischer Umsetzungsprobleme. Das Problem einer Grenzüberschreitung vom Informationsaustausch zur Beeinflussung wird durchaus gesehen.

Im fachlichen Bereich der Detailregelung erweisen sich die Unternehmen und deren Verbände zusammen mit dem Bundeswirtschaftsministerium als hartnäckige Konkurrenten des Bundesinnenministeriums. Gerade die auch politisch wichtigen Detailregelungen, etwa auf Verordnungs- oder Richtlinienebene, entziehen sich einer breiten Beteiligung und sind nur solchen Partizipanten zugänglich, die nicht nur organisatorisch präsent und kooperationswillig sind, sondern auch Informationsressourcen anzubieten haben. Dies ist bei den Vertretern der Wirtschaft gegeben. (Vgl. auch Glagow/Murswieck 1971:16) Die in der Politikarena der Problematisierung und Intiierung besonders aktiven Umweltgruppen sind hier weitgehend unbeteiligt.

3.3 Die administrative Ebene

Im interministeriellen Abstimmungsprozeß sind bestimmte Konfliktlinien programmiert, die insbesondere zwischen dem als Umweltministerium figurierenden BMI

(Bundesinnenministerium) und dem als Wächter ordnungs- und wirtschaftspolitischer Belange agierenden BMWi (Bundes-Wirtschaftsministerium) bestehen, das sich gleichzeitig großen Wohlwollens von Seiten des Kanzleramts erfreuen kann. Seit 1973/74 hat das Wirtschaftsministerium verstärkt „gegengehalten" und rechnet es sich zugute, daß „umweltpolitisch die Kirche im Dorf geblieben ist". Die personellen Verstärkungen des BMWi im Umweltbereich in diesen Jahren dokumentieren dessen aktivere Rolle.

Konflikte zwischen dem BMI und dem Bundesverkehrsministerium (BMV) äußerten sich darin, daß anstelle einer Verordnung durch das BMI im Rahmen des Bundesimmissionsschutzgesetzes nunmehr ein Verkehrslärmschutzgesetz parlamentarisch gescheitert ist, für das die Federführung bei dem aufgrund der Aufgabenstellung konzilianteren Verkehrsministerium lag. Die generell gute Kooperation zwischen BMI und BMJFG (Bundesministerium für Jugend, Familie und Gesundheit) im Umweltbreich wird getrübt durch die vom Kanzler gewollte Übertragung der Federführung im Falle des Chemikaliengesetzes auf das BMJFG. Hier zeigt sich auch, daß das generell eher koordinierende Kanzleramt durchaus auf der Basis der Richtlinienkompetenz des Kanzlers eingreift, wenn dies taktisch geboten erscheint. Im Verein mit dem Bundesfinanzminister (BMF) wird das Kanzleramt besonders dann hellhörig, wenn die zur Diskussion stehenden Maßnahmen die öffentliche Hand belasten. Hier wird ein „Interesse des Staates an sich selbst" (Offe 1975) wirksam, vorgesehene Grenzwerte eher niedrig zu halten, wie dies bei den die öffentlichen Haushalte belastenden Umweltvorhaben, Abwasserabgabengesetz und Verkehrslärmgesetz zu beobachten war.

Durch die interministerielle Konfliktkonstellation ist zugleich ein Ansatzpunkt für Interventionen von außen gegeben. Vertreter von Wirtschaftsinteressen werden sich an das Wirtschaftsministerium oder auch direkt an den Bundeskanzler wenden, während das Innenministerium die vorrangige Anlaufstelle für Vertreter des Umweltschutzes ist, sofern diese Unterstützung und Anregungen geben können.

Mit der Einbeziehung und Belastung öffentlicher Haushalte und insbesondere auch den Auswirkungen auf die föderalistische Struktur der Bundesrepublik nehmen die politisch-administrativen Bund-Länderbeziehungen zunehmende Bedeutung an. Die Verweigerung der konkurrierenden Gesetzgebungskompetenzen für Gewässer- und Naturschutz machte bereits in der Frühphase der Umweltpolitik deutlich, daß mit dem Widerstand der Länder zu rechnen war. Hier wurden föderalistische und bürokratische Eigeninteressen sichtbar. Der Widerstand der Länder war zunächst nicht parteipolitisch motiviert. Die Polarisierung im Bundesrat hat inzwischen jedoch auch den Umweltschutz erreicht, so daß in vorgeschalteten Sitzungen der „A- und B-Ländervertreter" versucht wird, jeweils gemeinsame Linien vor Umweltministerkonferenzen abzustecken. Von besonderer Bedeutung sind fiskalische und wirtschaftspolitische Interessen der Bundesländer, die für den Umweltschutz Schwellenwerte definieren, die durch bundeseinheitliche Regelung nicht überschritten werden können. Diese liegen in der Ablehnung von Eingriffen des Bundes, die die Finanzbasis der Länder und Kommunen oder aber die erwartete wirtschaftliche Entwicklung einengen könnten. Ihre Auswirkung läßt sich an verschiedenen Einzelgesetzen zeigen.[6]

Die von den Ländern durchaus im Interesse ihrer Kommunen verfolgte Linie (vgl. Ewringmann/Zimmermann 1978) entspricht im wesentlichen auch der Interessenrichtung der Industrie, die an einer möglichst klaren Ausgangslage mit geringer Behinderung von Industrieansiedlungen interessiert ist.
Vielfach müssen Unternehmensvertreter gar nicht selbst über das Maß allgemeiner Stellungnahmen hinaus aktiv werden, da bereits der inneradministrative Konflikt dazu beiträgt, daß ihre Grundinteressen schon auf einer noch sehr generellen politischen Ebene nachhaltig zum Tragen kommen. Diese Wirkungsrichtung wird in den weiteren Phasen des Politikprozesses noch verstärkt, wobei die direkteren Einflüsse zunehmen. Zuletzt gelingt es dem Einzelunternehmen häufig in der Phase Implementation, durch Aushandeln günstigerer Grenzwerte, Verzögerung von Sanierungsmaßnahmen oder schwer aufzudeckende Mißachtungen von Umweltschutzfragen, die bestehenden Normen weiter zu entwerten. (Vgl. Mayntz u. a. 1978, Hucke/Ullmann 1980)
Der inneradministrative Konflikt wirkt sich um so stärker aus, je mehr die Umweltgesetzgebung in die Details von Verordnungen und Einzelregelungen vorstößt. Diese Bereiche sind aufgrund ihrer hohen Technizität kaum noch der politischen Aufmerksamkeit zugänglich, so daß sie zum vorrangigen Feld der ‚Grabenkämpfe‘ zwischen Fachbeamten der verschiedenen Ministerien und Lobbyisten werden. Inhaltlich befindet sich der Umweltschutz hier häufig in einer schwachen Position, weil seine Kontrahenten auch im Detail mit leichter eingänglichen und objektivierbaren Daten, wie etwa zusätzlicher Kostenbelastung der öffentlichen Haushalte oder der Industrie, operieren können. Die Vertreter des Umweltschutzes sind dagegen häufig auf Schadens- und Risikoschätzungen angewiesen, die beträchtliche Unsicherheitsbandbreiten aufweisen oder sich auf Phänomene beziehen, die – wie etwa der Schutz von Mirkoorganismen und Biotopen – angesichts der handgreiflicheren ökonomischen Gegenargumente kaum einsichtig erscheinen. Die bloße Technizität der Details setzt hier eine zusätzliche Schwelle, die sich der anfänglichen Umweltschutzdynamik entgegenstellt.

3.4 Welche Rolle spielt der ökonomische Faktor?

Die Beschreibungen bis zu diesem Punkt betonen eher politik-dynamische und politisch-administrative Faktoren, die zu einem Nachlassen aktiver Umweltschutzpolitik geführt haben. Nach einer Phase umweltpolitischer Dynamik war eine Mobilisierung von Gegenkräften zu erwarten und dies umso mehr, je deutlicher und präziser Umweltpolitik kodifiziert werden, damit aber auf Gegeninteresse treffen mußte. Wir haben weiterhin die programmierten Konflikte im interadministrativen Bereich betont, die gerade jenen Kräften besondere Einflußmöglichkeiten eröffnet, die einmal politische Schützenhilfe geben können, aber insbesondere auch zu einem hohen Grad über die Ressource Information verfügen.[7]
Die Berücksichtigung solcher Faktoren führt zu dem durchaus plausiblen Argument, daß die Umweltschutzpolitik auch ohne den Konjunktureinbruch von 1974/75 zumindest in langsameres Fahrwasser geraten wäre.

Der ökonomische Faktor kommt auf verschiedenen Ebenen und in unterschiedlicher Gestalt in das Kalkül. Auf der einen Seite haben wir nach den konjunkturell-situativen Bedingungen zu fragen, auf der anderen Seite nach den strukturellen Vorgaben der Wirtschaftsordnung und -verfassung mit den in ihnen liegenden Interessen- und Machtverteilungen.

Ganz sicher hat die 1974/75 rückläufige Konjunktur das generelle Klima für Umweltpolitik, die ja noch in einem erheblichen Maße im Geruch des unproduktiven Luxus stand, beeinträchtigt. Wir haben weiter vorne (siehe Anmerkung 3) darauf hingewiesen, daß in der Bevölkerung Fragen der wirtschaftlichen, sozialen und persönlichen Sicherheit eine höhere Priorität einnehmen als die des Umweltschutzes. Angesichts hoher Arbeitslosigkeit entsteht dann ein Klima, in dem Argumente zumindest für eine Verlangsamung umweltpolitischer Vorhaben offensiv vorgebracht und wirksam werden können, unbeschadet ihrer später erwiesenen Brüchigkeit. Schließlich hatten ja auch bereits die Regierungsprogramme, die SPD-Thesen von 1975 oder auch das Programm des DGB bei aller „Umweltfreundlichkeit“ deutlich gemacht, daß Umweltschutzpolitik die wirtschaftspolitischen Ziele des Wachstums und der gesicherten Arbeitsplätze nicht beeinträchtigen dürfe. Die eigentliche Stoßrichtung, auch z. B. der Freiburger Thesen der FDP, war ja, Umweltschutz überhaupt als gleichrangiges Ziel neben anderen zu etablieren (FDP 1971:71). Mit der Gefährdung einiger dieser anderen Ziele – aus welchen Gründen auch immer – gewannen diese größere Bedeutung.

Mit der einsetzenden Rezession wurden aber nicht nur die Fragen der Folgekosten von Umweltschutzmaßnahmen für die Wirtschaft eingehend untersucht und hoch angesetzt, auch die Kostenbelastungen für die öffentliche Hand spielten eine zunehmend größere Rolle. Zwar wurden Umweltschutzmaßnahmen, wie der Kläranlagenbau im Rahmen des Zukunftsinvestitionsprogramms, zum Teil sogar als konjunkturpolitisches Instrument eingesetzt, aber auch dieser Möglichkeit sind von der Art der Maßnahme wie den Kreditspielräumen her Grenzen gesetzt. Die fehlenden Finanzmittel in den öffentlichen Kassen machten sich nicht nur in den Politikentwicklungsphasen bemerkbar, sondern gerade auch bei der Umsetzung von Gesetzen und Verordnungen, indem es in der Implementation vielfach an Personal, technischer Ausstattung und auch Durchsetzungswillen mangelte. (vgl. Hucke/Müller/Wassen 1980)

Ökonomisch spielt die ordnungspolitische Komponente eine erhebliche Rolle. Insbesondere von der Industrie und der CDU werden die zunehmenden Eingriffe staatlicher Stellen in die Handlungsmöglichkeiten der Wirtschaftssubjekte auch im Gefolge der Umweltpolitik beklagt (vgl. BDI 1979, S. 41). Hier herrscht die Tendenz vor, eine Minimierung der Eingriffe auch im Umweltbreich zu fordern. Wenn es richtig ist, daß die siebziger Jahre eine altliberal-konservative Tendenzwende erlebt haben, dann läßt das ordnungspolitische Argument um so mehr Wirkung im Blick auf die eingesetzten Eingriffstypen, -tiefen und -instrumente erwarten, wie auch die Regierungsparteien grundsätzlich von einer Ausrichtung an der marktwirtschaftlichen Ordnung ausgehen. Bei allen programmatischen Differenzen zwischen den Parteien wird damit ein Ordnungsrahmen festgelegt, der auch die Ziel- und Mitteldiskussion einer staatlichen Umweltpolitik dominiert. Oblgeich von Anbeginn keine Verletzung dieses generellen ordnungspolitischen Rahmens durch die bestehenden Umweltgesetze erkennbar ist, hat doch die in der Öffentlichkeit offensiv geführte Diskussion um den Interventionsstaat zu einem Klima beigetragen, in dem staatliche Eingriffe auch dann generell schwieriger geworden sind, wenn Lösungen über den Markt strukturell nicht möglich erscheinen. Die Diskussion um „Bürokratisierung" und „Dirigismus", die über weite Strecken rein propagandistisch emotional geführt wird, hat letztlich die Funktion, unter dem Vorwand der individuellen Freiheit der Wirtschaftsbürger, die in der Wirtschaftsverfassung vorhandene Ungleichheit der Machtverteilung gegen vom politischen Souverän möglicherweise induzierte Verschiebungen ordnungspolitisch abzusichern.

4. Neue Entwicklungen

Seit „grüne" Parteien in Landtags- und Kommunalwahlen 1978 und 1979 erhebliche Stimmenanteile, sei es unter 5 % aber auch gebietsweise über 5 %, zu verzeichnen haben, ist Unruhe im Parteienspektrum entstanden. Die „Grünen" haben einen Wahlsieg der CDU in Schleswig-Holstein, Niedersachsen und Nordrhein-Westfalen mitverursacht, ebenso die FDP aus der Bürgerschaft in Hamburg und dem Landtag in Niedersachsen verdrängt bzw. gehalten. Es ist nicht so sehr die aktive Manövrierfähigkeit, die sich Grüne in einigen Parlamenten verschafft haben, als vielmehr die große Wirkung kleiner Prozentanteile auf das Machtgefüge zwischen den großen Parteien, die hier von Bedeutung ist. Das Wählerpotential der ‚Grünen' ist vorwiegend in der jüngeren Generation zu finden, was im Vergleich zuungunsten von SPD und FDP gegenüber CDU und CSU ausschlägt. (Siehe Peck 1979) Der Wahlforscher und CDU-Berater Kaltefleiter sah hier eine deutliche Möglichkeit für CDU und CSU die Bundestagswahlen 1980 selbst bei eigenem Stimmenrückgang mit absoluter Mehrheit zu gewinnen. (Siehe Frankfurter Rundschau, 15.10.79:4)

Während CDU und CSU hier eher Zuschauer sein können, versuchen FDP und SPD sich umweltpolitisch zu profilieren, zumeist gegeneinander. Das Kanzleramt drängte darauf, das Chemiekaliengesetz und Verkehrslärmschutzgesetz noch in dieser Legislaturperiode zu verabschieden. Gleichzeitig wurde die Federführung überraschend an ‚SPD-Ministerien' delegiert, womit das FDP-Innenministerium etwas in den Hintergrund gedrängt wurde. Die SPD hat außerdem durch den Vorstand die 1975er Umweltthesen überarbeiten lassen und auf dem Berliner Parteitag, Dezember 1979, die Bildung einer Kommission für Umweltfragen beschlossen, die die Formulierung einer SPD-Umweltpolitik weiterführen soll.

Die FDP versucht, sich gegen die SPD zu profilieren, indem sie das Verkehrslärmschutzgesetz im Bundestag mit der Forderung nach niedrigeren Grenzwerten scheitern ließ, als Kanzler und der SPD-Finanzminister dies für vertretbar hielten – wie übrigens auch Länder- und Gemeindevertreter. Außerdem versucht die FDP, alte Forderungen wie das Grundrecht auf menschenwürdige Umwelt und die Verbandsklage zu reaktivieren. Schließlich wurde im Dezember 1979 vom FDP-Innenminister und FDP-Landwirtschaftsminister eine „Steuerungsgruppe Ökologie-Programm" gegründet, die einen ‚ökologischen Situationsbericht' erarbeiten und die Verbindung Wissenschaft – Politik in diesem so informationsabhängigen Bereich verstärken soll. (Siehe FAZ, 8.12.79:4;

Kölner Stadt-Anzeiger 8.12.79:2) Zum Wahlkampf wurde ein ökologisches Gesamtprogramm vorgelegt.

Die Frage ist berechtigt, inwieweit diese Aktivitäten, die unter dem Etikett einer starken Betonung ökologischer Vorsorge gegenüber bisheriger Umwelt-Nachsorge angeboten werden, auch im Blick auf die Wahlziele erfolgreich sein können. Wenn man bedenkt, daß die „grünen Parteien“ ihre ‚Wahlerfolge‘ weitgehend unter dem schwachen Dach des Energiethemas erringen, dann man bezweifeln, daß die erwähnten Profilierungsversuche jene wenigen Prozente Wähler ansprechen können.

Eine andere Frage ist natürlich, inwieweit diese Entwicklungen Umweltpolitik substantiell zu beeinflussen vermögen. Die Reaktionen der Parteien und Regierungsministerien bewegen sich auf der einen Seite im Bereich politischer 'public relations'. Die Einrichtung von Kommissionen, Abhaltung von Fachtagungen, Foren und ähnlichen Veranstaltungen, das Ankündigen von Programmarbeiten, Verfahrensbeschleunigungen und das Gerangel um Kompetenzen, all dies macht natürlich Schlagzeilen und soll signalisieren, wie intensiv man sich mit dem Thema beschäftigt. Wird hier nach außen der Eindruck erzeugt, als sei das Optimum der Problemlösungsversuche gewährleistet (siehe Grottian 1978), so muß dies intern nicht viel heißen, kann sogar – etwa im Falle von 'commission politics' – Verzögerungsstrategie bei zur Schau gestellter Aktivität beinhalten.

Allerdings sind in diesen Aktivitäten – wenn auch schwer abschätzbare – Potentiale enthalten. So könnte in der kommenden Legislaturperiode eine neue Initiative zur Verkehrslärmgesetzgebung im Endeffekt zu einer Reduzierung der Lärmhöchst- über das zunächst vorgesehene Maß hinaus führen. Die Bildung der Steuerungsgruppe Ökologie-Programm kann zu einer Stärkung des Umweltschutzes gegenüber den Gegenspielern im administrativen Bereich führen. Gleichzeitig läßt sich die Strategie erkennen, die traditionellen Umweltgruppen und -verbände stärker in den politisch-administrativen Prozeß einzubinden und damit den mitgliederschwächeren aber aktiveren und unbequemeren Gruppen, die sich speziell auf Kernenergiefragen konzentrieren, ein Gegengewicht gegenüberzustellen.

Auf Seiten der SPD eröffnet sich neben den rein reaktiven, auf Wahlausgänge abzielenden Strategien eine Perspektive, die der internen Parteientwicklung entstammt. In den letzten Jahren ist innerhalb der SPD eine Gruppierung entstanden, die sich als Ansprechpartner gerade für ökologisch Interessierte und Besorgte verstehen kann, die aber gleichzeitig nicht einseitig auf Umweltschutzfragen oder sogar Teilaspekte davon fixiert ist. Der relative Minderheitserfolg der Parteitagsdelegierten um Erhard Eppler in der Frage der friedlichen Nutzung der Kernenergie auf dem Berliner Parteitag (in der Endabstimmung erreichte diese Gruppierung immerhin 41 %) ist hierfür ein Indiz. (Vgl. Schwartz, 8.12.79:3) Zwar hat sich die SPD gegenüber den ‚grünen“ Konkurrenzparteien für einen klaren Konfrontationskurs entschieden. (Vgl. Roth, 30.11.79:64; siehe auch Frankfurter Rundschau, 5.12.79) Gleichzeitig will man nach Möglichkeit solche ‚Grüne‘ in die Partei integrieren, die sich nicht als Parteigegner organisieren. (Siehe Brandt, 1979:36 ff.) Auf dem Berliner Parteitag 1979 hat sich gezeigt, daß die SPD mit eigenen ‚Grünen‘ gegen Konkurrenz-‚Grüne‘ antreten will. Diese SPD-Gruppe ist inzwischen so groß, daß sie sich nicht ganz ohne Berechtigung als eine mögliche kommende Mehrheit fühlen darf. Ihr Gewicht wird jedenfalls in den programmatischen Entwicklungen der SPD im Ökologiebereich – wie in anderen auch – zu erkennen sein.

Was die ‚Grünen Parteien' selbst angeht, so erscheint es gegenwärtig eher unwahrscheinlich, daß sie etwa auf Bundesebene nach den kommenden Wahlen Politik aktiv gestalten können. Ihre Wirkung wird deshalb – von lokalen und regionalen Ausnahmen abgesehen – vorwiegend indirekt sein. Diese Parteien weisen eine von einer Partei kaum aushaltbare Heterogenität auf, sobald der oft außerordentlich eng definierte Umweltschutzbereich verlassen wird. Im Falle einer breiteren Programmfundierung stehen sie außerdem sofort vor dem Dilemma, daß mit der Aufnahme anderer Politikbereiche und damit zusätzlicher Zielvorstellungen der als Gruppenkitt wirkende umwelt- oder sogar nur energie-politische Purismus verlassen werden muß. Ihre indirekten Folgen für die Umweltpolitik könnten darin bestehen, daß sie gerade solchen Parteien machtpolitisch schaden, bei denen die relativ größten Potentiale für die Berücksichtigung umweltpolitischer Ziele vorhanden sind. Dies mag bei einigen sogar Strategie sein.

Anmerkungen

1 Zur Vorbereitung dieses Beitrages wurden u. a. 18 Interviews mit Umweltschutzexperten der Bundesgeschäftsstellen der Parteien sowie deren Bundestagsfraktionen, der Ministerialverwaltung, Spitzenverbänden der Wirtschaft, der Gewerkschaften und Umweltschutzorganisationen geführt. Unseren Gesprächspartnern danken wir für informative Gespräche. Selbstverständlich gegen die in diesen Beitrag eingegangenen Stellungnahmen von Interviewpartnern unsere eigene Beurteilung der in Einzelfragen zum Teil unterschiedlichen Einschätzungen wieder. Das Manuskript war im August 1979 im wesentlichen abgeschlossen. Ergänzungen zur Weiterentwicklung bis Juli 1980 waren aus drucktechnischen Gründen nur in geringem Umfang möglich.

2 Siehe etwa die Überschrift „Der Tod wird wiederentdeckt" in einem Kommentar der Nürnberger Nachrichten vom 28.9.1970.

3 Eine gewisse Relativierung sollte allerdings schon an dieser Stelle eingefügt werden. Umweltschutz rangiert im öffentlichen Bewußtsein hinter den Problemen der wirtschaftlichen, sozialen und persönlichen Sicherheit. Man muß deshalb darauf verweisen, daß, trotz des gleichbleibend hohen Problembewußtseins, in konkreten politischen Fragen wie im Blick auf Kernkraftwerke, Wirtschaftswachstum oder Arbeitsplatzsicherung sich die Zahl derer, die dem Umweltschutz Priorität geben, stark verringert (Sachverständigenrat 1978:447 ff.). Bei einer Umfrage der Illustrierten Stern in Norddeutschland über den Bau und Betrieb von Kernkraftwerken sprachen sich ‚nur' 37% dagegen aus. (Stern, 1978)

4 Von den im Programm angekündigten Vorhaben wurden nur das Verkehrslärmschutzgesetz im parlamentarischen Beratungsprozeß abgelehnt. Das reine Abhaken erledigter Vorhaben sollte jedoch nicht darüber hinwegtäuschen, daß die meisten Gesetze inhaltlich beträchtlich hinter den Intentionen zurückblieben.

5 Das neue Phänomen ‚grüner' Parteibildungen als Wahlkonkurrenz für etablierte Parteien ist bisher eher indirekt relevant, jedenfalls von der Bundesebene aus gesehen. Wir gehen hierauf im Schlußkapitel ein.

6 Beim Abwasserabgabengesetz und der vierten Novelle des Wasserhaushaltsgesetzes trug der Widerstand der Länder zur Abschwächung der geplanten Vorhaben bei. Im Falle der Abwasserabgabe trat man einerseits als Fürsprecher der eigenen Kommunen auf, denen bei konsequenter Anwendung des Gesetzes erhebliche Abgabenlasten bzw. Investitionskosten im Kläranlagenbau entstanden wären. Andererseits existierte auch Interesse an Kostenentlastung der Länderhaushalte, da die Abwasserbeseitigung beträchtliche finanzielle Förderprogramme der Länder umfaßt. Nach der Verabschiedung des Gesetzes 1976 haben die Länder Bayern und Baden-Württem-

berg eine Revision oder Streckung des Gesetzes aus Kostengründen gefordert. Zeitweilig hat Bayern angekündigt, die Landesregierung werde das Gesetz nicht vollziehen. (Vgl. Melder 1979) Bei der Novelle des Wasserhaushaltsgesetzes zeigte sich vor allem das Interesse der Länder an der Wirtschaftsförderung. Im Entwurf des Bundes waren einheitliche Immissionsstandards, also Höchstbelastungsgrenzen für Gewässer, vorgesehen. Die Länder lehnten die Standards mit dem Argument ab, die Ausweisung von Höchstbelastungen müsse Ländersache bleiben. Dies läßt die Tatsache unberücksichtigt, daß Gewässer vielfach Landesgrenzen überschreiten und deshalb sinnvollerweise nicht in einzelnen Ländern isoliert behandelt werden sollten. Zudem hatte man bereits die Erfahrung gemacht, daß die Länder das vorhandene Instrument der Ordnung des Wasserhaushalts durch wasserwirtschaftliche Rahmenpläne nicht genutzt hatten. Dennoch setzten sich die Länder durch. Bei der Novelle des Bundesimmissionsschutzgesetzes versuchte der Bund auf der Basis der konkurrierenden Gesetzgebungskompetenz für das Bundesgebiet restriktivere Immissionswerte vorzugeben und fügte später eine Klausel ein, die es den Ländern ermöglichen sollte, ihrerseits Ausnahmeregelungen für einzelne Belastungsgebiete zuzulassen. Die Verantwortung, Ausnahmeregelungen zur Lockerung von Umweltschutzmaßnahmen zu treffen und die zu erwartenden Proteste von Umweltschützern hätten dann bei den Ländern gelegen. Da diese hierzu nicht bereit sind, verlangen sie, daß für das Bundesgebiet generell schwächere Grenzwerte gelten sollen. Verschärfungen für besonders schützenswerte Gebiete sollen den Ländern vorbehalten bleiben.

7 Wir haben hier einen generellen Vorteil der Unternehmen und ihrer Verbände innerhalb verschiedener Politikphasen gesehen. Aber auch auf der anderen Seite, hier der des BMI, wurde versucht, etwa mit Hilfe des Sachverständigenrats für Umweltfragen und des Umweltbundesamtes solche Ressourcen aufzubauen. Bei der Änderung des Benzinbleigesetzes 1975 hat das BMI Argumenten der Industrie gegen die zweite Stufe der Bleireduzierung im Benzin mit Hilfe eines Gutachtens begegnen können. (Der Rat der Sachverständigen für Umweltfragen 1975)

Literatur

BDI (Bundesverband der Deutschen Industrie) (Juni 1979), Umweltschutz und industrielle Entwicklung in der Bundesrepublik Deutschland, Köln.

BMI (Bundesministerium des Innern) (1970), Umweltschutz Sofortprogramm der Bundesregierung, Bonn.

BMI ([2] 1976), Umweltpolitik, Bonn.

BMI (1976), Umweltbericht '76, Bonn.

CDU-Dokumentation 32 (28.9.78), Für eine realistische Umweltpolitik, Bonn.

DGB-Bundesvorstand (1974), Umweltprogramm des DGB, o. Ort.

Ewringmann, Dieter und Zimmermann, Klaus (1978), Umweltpolitische Interessenanalyse der Unternehmen, Gewerkschaften und Gemeinden, in: Jänicke 1978:66 ff.

Fietkau, Hans Joachim (1979), Umweltbewußtsein und Wahlverhalten, in: Zeitschrift für Umweltfragen, 1/1979, S. 93 ff.

FDP (1971), Freiburger Thesen, Bonn.

FDP (1979), Beschluß Umweltpolitik, 30. Ordentlicher Bundesparteitag, Bremen.

Frankfurter Rundschau, 15.10.79: Wahlforscher hält Grüne für „Ausfransung am linken Bereich", S. 4.

Frankfurter Rundschau 5.12.79: Kanzler läßt nur gute Absichten der Grünen gelten, S. 2.

Glagow, Manfred/Murswieck, Axel 1971: Umweltverschmutzung und Umweltschutz in der Bundesrepublik Deutschland, in: aus politik und zeitgeschichte, 27/71.

Grottian, Peter/Murswieck, Axel (1974), Zur theoretischen und empirischen Bestimmung von politisch-administrativen Handlungsspielräumen, in: dies. (Hrsg.) 1974: Handlungsspielräume der Staatsadministration, Hamburg.

Grottian, Peter (1978), Thematisierungs- und Dethematisierungsstrategien des Staats anhand der Steuerreform, in: Grauhan, Rolf Richard und Hickel, Rudolf (Hrsg.), Krise des Steuerstaats? Widersprüche, Perspektiven, Ausweichstrategien, Opladen.

Hollstein, Walter (1979), Die Gegengesellschaft, Bonn.

Hucke, J./Müller, A./Wassen, P. (1980), Implementation kommunaler Umweltpolitik, Frankfurt/ New York.

Hucke, Jochen und Ullmann, Avieh (1980), Konfliktregelung zwischen Industriebetrie und Vollzugsbehörde bei der Durchsetzung regulativer Politik, in: Mayntz, Renate (Hrsg.), Implementation politischer Programme. Königstein/Ts., S. 105 ff.
IG Metall (Hrsg.) (1972), Aufgabe Zukunft, Band 1, Frankfurt/M.
iwd-Mitteilungen, Jahrgänge 1975 ff.
Jänicke, Martin (1978), Umweltpolitik im kapitalistischen Industriesystem. Eine einführende Problemskizze, in: ders. (Hrsg.), Umweltpolitik. Beiträge zur Politologie des Umweltschutzes, Opladen, S. 9 ff.
Jänicke, Martin (1979), Wie das Industriesystem von seinen Mißständen profitiert, Opladen.
Kabelitz, Klaus (1977), Mehr Umweltschutz setzt höhere Rentabilität voraus, in: Blick durch die Wirtschaft, 30.4.77.
Mayntz, R./Bohne, E./Derlien, H.-U./Hesse, B./Hucke, J./Müller, A. (1978), Vollzugsprobleme in der Umweltpolitik, Stuttgart.
Meadows, Dennis u. a. (1973), Die Grenzen des Wachstums, Reinbek.
Melder, Heinz-Joachim (1979), Bonn gegen Bayerns Alleingang, in: Kölner Stadtanzeiger, 25.10.79, S. 2.
Offe, Claus (1975), Berufsbildungsreform, Frankfurt/M.
Peck, Christoph (1979), Den Grünen ist die Jugend grün (Emnid-Untersuchung), in: Kölner Stadtanzeiger, 29.22.79, S. 4.
Der Rat der Sachverständigen für Umweltfragen 1974: Umweltgutachten 1974, Stuttgart u. a.
ders. (1975), Auto und Umwelt, Stuttgart u. a.
ders. (1978), Umweltgutachten 1978, Stuttgart u. a.
Roth, Wolfgang (1979), Mit den Grünen nicht ins Bett, in: Die Zeit, 30.11.79, S. 64.
Schwartz, Rolf-Dietrich (1979), Die andere Flanke der Partei' ..., in: Frankfurter Rundschau, 8.12.79.
SPD-Bundesvorstand (1975), Thesen zur sozialdemokratischen Umweltpolitik, Bonn.
Sprenger, Rolf U. (1979), Beschäftigungseffekte der Umweltpolitik, Berlin/München.
Stern (1978), Kernkraftwerke, Nr. 47/1978, Hamburg.
Umweltbundesamt (Hrsg.) (1978), Bürger im Umweltschutz, Berlin.
Umweltkongreß des CDU-Wirtschaftsrats 1979, siehe: Süddeutsche Zeitung, 31.10.79, S. 9.

Autorenverzeichnis

Bolle, Michael, Prof. für Politische Ökonomie; Fachbereich Politische Wissenschaft, FU Berlin

Dohse, Knuth, Dr. rer. pol.; wiss. Mitarbeiter am Internationalen Institut für Vergleichende Gesellschaftsforschung im Wissenschaftszentrum Berlin

Dragendorf, Rüdiger, Diplom-Volkswirt u. Dipl.-Pol.; wiss. Mitarbeiter am Fachbereich Wirtschaftswissenschaft, FU Berlin

Feick, Jürgen, Dr.; wiss. Mitarbeiter, Institut für angewandte Sozialforschung Universität Köln

Grottian, Peter, Prof. für Staats- und Verwaltungsforschung; Zentralinstitut für sozialwissenschaftliche Forschung, FU Berlin

Heinze, Rolf G., Dr. soz. wiss.; wiss. Assistent am Fachbereich 1 (Soziologie), GHS Paderborn

Hohn, H.-Willy, Dipl.-Soz.; Projektmitarbeiter am Wissenschaftszentrum Berlin

Hucke, Jochen, Dr.; wiss. Mitarbeiter, Institut für angewandte Sozialforschung, Universität Köln

Isensee, Dieter, Dipl.-Pol.; wiss. Mitarbeiter im Berlin-Forschungsprogramm über Industrie- und Arbeitsmarktstruktur Berlins

Jänicke, Martin, Prof. für Vergleichende Analyse politischer Systeme; Fachbereich Politische Wissenschaft, FU Berlin

Jürgens, Ulrich, Dr. rer. pol.; wiss. Mitarbeiter am Internationalen Institut für Vergleichende Gesellschaftsforschung im Wissenschaftszentrum Berlin

Olk, Thomas, Dipl.-Päd.; wiss. Mitarbeiter an der Fakultät für Erziehungswissenschaften, Universität Bielefeld

Russig, Harald, Ass.-jur.; wiss. Mitarbeiter am Internationalen Institut für Vergleichende Gesellschaftsforschung im Wissenschaftszentrum Berlin

Salfer, Peter, Dipl.-Pol.; wiss. Mitarbeiter im Berlin-Forschungsprogramm über Industrie- und Arbeitsmarktstruktur Berlins

Schmidt, Manfred G., Dr. rer. soc.; wiss. Mitarbeiter am Fachbereich Politische Wissenschaft, Universität Konstanz

Strümpel, Burkhard, Prof. für Allg. Betriebswirtschaftslehre, Handels- und Marktwirtschaft; Fachbereich Wirtschaftswissenschaft, FU Berlin

Ulrich, Otto, Dr. rer. pol.; Referent Bundeskanzleramt

Wagner, Wolf, Priv.-Doz., Dr. rer. pol.; Fachbereich Politische Wissenschaft, FU Berlin